鎌倉府と地域社会

山田邦明 著

同成社 中世史選書 16

序―本書の構成―

室町時代の関東は、鎌倉府とよばれる政権の管轄下にあった。足利氏の幕府は京都に置かれたが、鎌倉には将軍の一門にあたる鎌倉公方がいて、関東八か国に伊豆・甲斐を加えた十か国を管轄していたのである。

室町期の歴史については、京都やその周辺を中心に語られることが多いが、鎌倉や関東地方でも独自の歴史的展開があったはずだから、具体的史実を広く解明し、一般に知られるようにできないものか。こうした問題関心に導かれて、卒業論文以来、鎌倉府とその時代の関東の社会を、自身の研究対象の一つの軸としてきた。卒論作成から十五年ほど経た一九九五年に、それまでの成果をまとめて『鎌倉府と関東―中世の政治秩序と在地社会―』（校倉書房）という論文集を上梓したが、これに収められなかった論考もあり、また著書上梓のあとも、細々ながら論文を書き続けた。前著刊行から二十年近く経過して、論文もそれなりの量になったので、二冊目の論文集をまとめてみることにした次第である。

室町期の関東に関わる研究論文のうち、前著未収録のものを本書に収めた形になるので、まずこれまで発表した論考を全体的に紹介し、そのなかでどの論考を本書に収めたかを示すことにしたい。三十年余の間に発表した論考を年次順にまとめると以下のようになる（講演や報告の記録などは省いた）。

1「足利尊氏と関東」（『季刊中世の東国』七号、一九八三年十月）…**本書第Ⅰ部序章**
2「南関東における鎌倉府直轄領の展開」（『日本史研究』二九三号、一九八七年一月）…『鎌倉府と関東』に収録
3「鎌倉府の奉公衆」（『史学雑誌』九六編三号、一九八七年三月）…『鎌倉府と関東』に収録

4「鎌倉府における訴訟手続きについて」（『歴史と地理』三八五号、一九八七年九月）…『鎌倉府と関東』に収録
5「常陸真壁氏の系図に関する一考察」（中世東国史研究会編『中世東国史の研究』東京大学出版会、一九八八年二月）…**本書第Ⅲ部第一章**
6「千葉氏と足利政権—南北朝期を中心に—」（『千葉史学』一二号、一九八八年五月）…『鎌倉府と関東』に収録
7「室町期における鶴岡社の所領支配と代官」（『三浦古文化』四四号、一九八八年十一月）…『鎌倉府と関東』に収録
8「享徳の乱と鶴岡社」（『戦国史研究』一七号、一九八九年二月）…『鎌倉府と関東』に収録
9「鶴岡遍照院頼印と鎌倉府」（『関東学院大学文学部紀要』五八号、一九九〇年五月）…**本書第Ⅰ部第二章**
10「鎌倉雲頂庵と長尾忠景」（戦国史研究会編『戦国期東国社会論』吉川弘文館、一九九〇年十二月）…『鎌倉府と関東』に収録
11「室町期関東の支配構造と在地社会」（『歴史学研究』六二六号、一九九一年十月）…『鎌倉府と関東』に収録
12「南北朝・室町期の六浦」（『六浦文化研究』三号、一九九一年十二月）…**本書第Ⅱ部第一章**
13「三浦氏と鎌倉府」（石井進編『中世の法と政治』吉川弘文館、一九九二年七月）…『鎌倉府と関東』に収録
14「室町時代の鎌倉」（五味文彦編『中世を考える　都市の中世』吉川弘文館、一九九二年十一月）…**本書第Ⅰ部第一章**
15『川崎市史』通史編1（自然環境・原始・古代・中世）（神奈川県川崎市、一九九三年三月）
16「南北朝内乱と関東武士—大名層の動きを中心に—」（『中世内乱史研究』一四号、一九九三年五月）…『鎌倉府と関東』に収録
17「真壁氏の家臣団について」（『茨城県史料』付録三三、一九九四年三月）…**本書第Ⅲ部付論**

18「上総佐坪にみる室町期の在地社会」（千葉歴史学会編『中世東国の地域権力と社会』岩田書院、一九九六年十一月）…**本書第Ⅱ部第四章**

19『三和町史』通史編　原始・古代・中世（茨城県猿島郡三和町、一九九六年十一月）

20「香取文書にみる中世の年号意識」（『千葉県史研究』六号、一九九八年三月）…**本書第Ⅲ部第二章**

21「中世三浦の寺院とその展開」（『三浦一族研究』二号、一九九八年五月）…**本書第Ⅱ部第二章**

22「長尾景春と長尾忠景」（『日本歴史』六〇〇号、一九九八年五月）

23「鶴岡八幡宮再興と上総・安房」（『中世房総』一〇号、一九九八年八月）

24「鎌倉府の八朔」（『日本歴史』六三〇号、二〇〇〇年十一月）…**本書第Ⅰ部第四章**

25「古代・中世の江戸」（『街道の日本史20　江戸』吉川弘文館、二〇〇三年二月）…**本書第Ⅱ部第三章**

26「犬懸上杉氏の政治的位置」（『千葉県史研究』一一号別冊　中世特集号「中世の房総、そして関東」二〇〇三年三月）…**本書第Ⅰ部第三章**

27「香取の小字と天正検地」（『佐原の歴史』四号、二〇〇四年三月）…**本書第Ⅱ部第六章**

28『千葉県の歴史』通史編　中世（千葉県、二〇〇七年三月）

29『横須賀市史』通史編　自然・原始・古代・中世（横須賀市、二〇一二年五月）

30「宇塚道慶の活躍―室町期関東の有徳人―」（『栃木県立文書館研究紀要』一八号、二〇一四年三月）…**本書第Ⅱ部第五章**

前著の刊行は一九九五年なので、1～17の論考がこの段階で発表されており、18～30の論考がそのあと書かれたことになる。前著の刊行にあたっては、構成をわかりやすくするために、発表したすべての論考を収めることは避けたが、ここで未収録となったいくつかの論考と、前著刊行後に発表した論考の大半を本書に収録することができた（自治体史に執筆したものや、著書の表題と関わりの薄い小論は割愛した）。

本書の表題は「鎌倉府と地域社会」とし、「鎌倉と鎌倉府」「関東の地域社会」「史料に迫る」の三部構成とした。第Ⅰ部「鎌倉と鎌倉府」には、関東における政治の中心地だった鎌倉と、支配を担った鎌倉府に関わる論考（「室町時代の鎌倉」「遍照院頼印と鎌倉府」「犬懸上杉氏の政治的位置」「鎌倉府の八朔」）を収録し、四章構成とした。また論考一覧の最初にある「足利尊氏と関東」という小文を、序章として冒頭に置いた。これは付論として末尾に収めるべきものかもしれないが、鎌倉府の成立期に関わる内容なので、冒頭に置くのが適当と判断した次第である。

第Ⅱ部「関東の地域社会」には、室町期を中心に、関東各地のありさまを具体的に解明しようとした論考（「南北朝・室町期の六浦」「中世三浦の寺院とその展開」「古代・中世の江戸」「上総佐坪にみる室町期の在地社会」「宇塚道慶の活躍—室町期関東の有徳人—」「香取の小字と天正検地」）を収録し、六章構成とした。分量も本書全体の過半を占め、内容的にも中心部分といえる。前著（『鎌倉府と関東』）では政治権力の考察が中心となったが、本書（『鎌倉府と地域社会』）はこの時代の地域の実情をとらえようと試みた論考を中心とした構成になっている。これらの論考のうち、「中世三浦の寺院とその展開」「古代・中世の江戸」は、室町期に限らず、前後の時代のことも含めて論じており、「香取の小字と天正検地」はかなり下った時代を対象としているが、地域の歴史を探るという方向性をもつものなので、本書収録の対象に加えることにした。

「鎌倉と鎌倉府」「関東の地域社会」という枠組みに含まれる論考は以上の通りであるが、この枠には入らないが、本書に収録する価値があると判断したもの（「常陸真壁氏の系図に関する一考察」「香取文書にみる中世の年号意識」）を、第Ⅲ部「史料に迫る」に収録し、二章構成とした。前者は系図、後者は古文書を読み解きながら、あらたな史実を見出そうと試みたものなので、「史料に迫る」という表題のもとにまとめることにしたのである。また「真壁氏の家臣団について」という小文は、前者の論考で対象とした真壁氏について述べたものなので、付論として末尾に収めた。

　すでに発表した論考を本書に収録するにあたって、字句の統一などは一部行ったが、内容については改変を加えず、そのまま転載することにした。現在では新たな史料集が刊行されていて、史料の出典注記を書き改めたほうがいい箇所もあるが、論考発表当時の状況を示す意味もあると考え、あえて改変しなかった。論考の表題もほとんど原題のまとしたが、第Ⅰ部第二章だけは、「鶴岡遍照院頼印と鎌倉府」を「遍照院頼印と鎌倉府」に改めた。頼印は鶴岡八幡宮の供僧であるが、遍照院は八幡宮の二十五坊に含まれておらず、頼印は「遍照院頼印」と一般に呼ばれているので、「鶴岡遍照院頼印」という表記は適切でないと考えたからである。また、この論考のなかに、頼印を八幡宮の子坊遍照院の院主であると誤って記載した部分があったので、文章を一部改めた。

目 次

第Ⅲ部　史料に迫る

第Ⅰ部　鎌倉と鎌倉府

序章　足利尊氏と関東

足利氏が幕府を鎌倉にではなく京都に置いたことは動かしがたい事実である。しかし、幕府開創の当初、尊氏段階では、政庁をどこに置くかということを含めて、幕府の体制はきわめて流動的であり、本拠地である鎌倉・関東を安定的な支配下にくみこむことは、幕府の重要な課題であった。事実、尊氏は、弟直義の追討のために鎌倉に入った観応二年（一三五一）末から、文和二年（一三五三）七月まで、一年半の間在倉して、関東の安定につとめている。当時、尊氏や幕府首脳部が、鎌倉・関東をどのように認識しており、どのような経緯で、鎌倉府が関東を支配する体制が確立したかは、関東の中世後期の歴史の起点をとらえるという意味からしても、注目すべき問題であるが、ここでは、この問題に少しでも関わると思われる史料を一点紹介したい。

堯全御房御上洛之御状、委細拝見仕候了、抑金沢寺領塩浜事、任御寄進状旨、可有御知行候、殊更此間姫君之御方御違例之時分候、弥可賜致御祈禱精誠候、猶々相残御訴訟事者、御所明春御下向候ハんすれハ、追可有御申候、就其て○《いまゝて》此御僧御在京候条、無御心本相存候、恐々謹言、

十一月二日　　河内守貞頼（在判）

謹上　金沢長老侍者御中(1)

これは、金沢称名寺の雑掌堯全が、上洛して幕府に寺領のことについて訴えたのに対し、訴訟担当者と思われる村上貞頼(2)が、称名寺の長老（実真か）にあてて返答した書状であり、金沢塩浜については「御寄進状」にまかせて知行

せよ、「姫君」が病気なので祈禱を行なえ、残りの訴訟は「御所」が明春「御下向」するから、その時あらためて訴えよ、との旨指示している。

『神奈川県史』では、この文書の年次を「文和二年カ」と推定しているが、私もこれに従いたい。金沢塩浜に関する訴訟は、文和元年（一三五二）に裁決をみ、三月三日、在倉中の尊氏から称名寺にあてて寄進状が出されたが(3)、本文書の「御寄進状」とはこれを指すと思われるから、この文書は文和元年以降のものとみられること。さらに、堯全がわざわざ上洛して訴訟していることから、文和二年九月の尊氏上洛以後のものと思われること。また、当時病気であった「姫君」とは、尊氏の女の頼子であろうと思われ、彼女は文和二年十一月初旬に病み、九日没したから(4)、文和二年とすればちょうど付合すること。以上の三点からこの文書は文和二年のものと推定される。とすれば、これは尊氏が鎌倉から上洛した二カ月後のものといえる。

そこで、「猶々相残御訴訟事者、御所明春御下向候ハんすれハ、追可有御申候」という文言に注目したい。貞頼は足利方の武士であるから(5)、「御所」とは将軍尊氏をさすと思われる(6)。また、「御所」が「御下向」する先は、称名寺に直接そこで訴えよといっていることからみて、鎌倉と考えてよかろう。とすると、貞頼は、称名寺長老に対して、「塩浜以外の地の訴訟については、将軍（尊氏）が明春鎌倉に下向されるであろうから、その時に改めて鎌倉に訴えてほしい」と返答しているととれるのである。この返答を、度重なる訴訟の煩雑さを避けるための方便ととることも不可能ではないが、私はやはり、当時の情勢からみても、尊氏が文和二年十一月の段階で、翌三年の春に再び鎌倉に下向しようと考えていたということは、充分ありうると考えたい。

尊氏が鎌倉を出発して西上の途についたのは、文和二年七月末であるが、この西上は、尊氏の自発的な意志によるものというより、むしろ、畿内を守っていた後光厳・義詮からの強い要請に応じて行なったものであった。尊氏が在倉している間、関東は、新田氏の鎌倉奪取が一時成功するなど、不安定な情勢であったが、京都の情勢は関東以上に深刻であった。文和二年六月、南朝と直冬党との連合軍のために、義詮は京都を追われ、後光厳を奉じて美濃に逃走し、たまらずに尊氏に救援を請うたのである。尊氏の上京は、直接的には義詮の危急を救うためのものであり(7)、決して、関東が安定し、関東の経営が一段落したから上洛した、というものではなかった。実際、関東における南朝方の抵抗は続き、尊氏は上洛にあたって関東公方基氏を武州入間河に発向させており(8)、基氏は入間河で六カ年もの間、南朝対策に追われなければならなかった。また、尊氏の上洛を機に、南朝方の動きはむしろ活発化したらしく、九月二十五日には、「関東宮方軍勢乱入、已及合戦」という噂が京都に伝えられている(9)。さらに、尊氏の在倉期に、佐々木高氏(導誉)・島津忠兼ら畿内西国の武士に与えられた関東の所領の多くが、尊氏の上洛を機に、関東の武士によって次々と押領されはじめていた(10)。このような情況であったから、京都の政情が一段落した十一月段階で、尊氏の再度の鎌倉下向が計画されていた可能性はきわめて高いといえよう。あるいは、鎌倉を去る時に、京都の平定後はまた鎌倉に帰るという約束がなされていたのかもしれない。

しかし、尊氏の再度下向は実際には行なわれなかった。おそらくは、文和三年以後の南朝・直冬方の巻き返しによって、沙汰やみとなってしまったのであろう。ただ、実現はしなかったが、尊氏が上洛後も、関東の直接的把握を意図していたらしいということは、やはり注目すべきである。おそらく、尊氏のこのような意識は、当時の尊氏が、関東の有力武士の多くを、自らの基盤として直接かかえこんでいたということと、密接に関わるものであろう。事実、文和二年十一月当時、佐竹義篤・結城直光・小山氏政といった関東の有力豪族は、尊氏に従って在京しており、文和三～四年の京都争奪戦では、尊氏の「御馬廻り」として活躍しているのである(11)。こうした足利政権と東国武士との関係の問題も含めて、関東の南北朝期の政治史を再構成する必要があろうが、ここでは文書一点の紹介にとどめ、すべてを今後に託したい。

注

（1）「賜蘆文庫文書一〇所収称名寺文書」（『神奈川県史』資料編三・古代中世三上〈以下同〉四二四四号）。

（2）『神奈川県史』は「河内守貞頼」を村上氏としている。文和三年（一三五四）に実真のあとをついで称名寺長老となった什尊の書状に、彼が「村上河内守」なる人物に茶一箱を送ったことがみえ（「金沢文庫所蔵横帖第七裏文書」七月二十二日、什尊書状、『神奈川県史』四三一〇号。なお、『神奈川県史』は、この「村上河内守」を「信貞」としているが、時期からみて貞頼のほうがよかろう。注（5）参照）、また、文和四年（一三五五）段階に「村上河内守貞頼」なる人物が実在することも確認できる（「慈照寺文書」文和四年十一月七日、足利義詮御教書）から、『神奈川県史』の比定は正しいと思われる。

（3）「金沢文庫文書」（『神奈川県史』四一四〇号）。

（4）「門葉記」文和二年十一月六日・九日条。

（5）村上貞頼については史料が乏しく不明の点が多いが、文和四年当時、「山城国平等院末寺善縁寺・同下司職以下」をめぐって三宝院賢俊と争っており、その際、同所が「武家領」であると主張して、足利義詮の裁決をうけている（「慈照寺文書」。注（2）参照）から、貞頼が足利方の武士であることは明らかである。そして、本文で紹介した貞頼書状や、注（2）に引いた什尊書状の内容からみて、称名寺と関係が深く、称名寺関係の訴訟を担当していた幕臣である可能性が高い。系譜も明確にはしがたいが、建武頃には信濃で足利方として活躍していた村上河内守信貞（「市河文書」建武四年三月日、市河助房代小見経胤軍忠状、『信濃史料』五―三五九頁、ほか）と、官途が同じく、「貞」の字を共通にしているから、彼と何らかの関係をもっているのではないかと想定される。この信貞は、建武三年（一三三六）までは「村上源蔵人」と称していた（「市河文書」建武三年十一月三日、市河親宗軍忠状、『信濃史料』五―三五〇頁、ほか）が、貞和三年（一三四七）に没した称名寺長老湛睿の自筆稿本が紙背にある書状断簡に、「村上蔵人」の本を「伝借」したという記事がみえ（「金沢文庫文書」年月日欠、某書状、『神奈川県史』三九五〇号）。納富常天「湛睿の基礎的研究―古文書資料を中心として―」（『金沢文庫研究』一三五号参照）、時期的にみて、この「村上蔵人」は村上信貞である可能性が高い。とすると、村上信貞も称名寺とつながりをもっていたことになり、貞頼が信貞の流れ（子か、同一人物か）である可能性はかなり高くなるといえよう。

（6）「御所」が尊氏ではなく、その子の義詮か基氏をさす可能性もありうるが、基氏は当時関東におり、義詮は、尊氏と区別して「京御所」「下御所」とよばれている（「黄薇古簡集」一、文和二年十月三十日、波多野清秀代同信氏軍忠状写、「源威集」文和四年一月二十八日条）から、義詮や基氏であるとは考えにくく、尊氏とみるのが適当であろう。

（7）六月十七日、尊氏は陸奥の結城小峯朝常に、鎌倉に馳せ参ずるよう命じている（「結城小峯文書」、『福島県史』七―五二六頁）が、その御教書に「依南方凶徒蜂起、京都難儀之由有其聞、早今月中可馳参」とあり、尊氏の西上が直接的には「京都難儀」を救うためのものであったことがうかがえる。

（8）「鶴岡社務記録」文和二年七月二十八日条。

（9）「園太暦」二一二、文和二年九月二十五日条。

（10）「佐々木文書」文和二年十二月十七日、足利義詮御教書、「源姓越前島津正統家譜」二、（文和三年）六月二十四日、将軍足利尊氏御教書写（『神奈川県史』四二五八号）、ほか。

（11）「源威集」（『結城市史』一所収）、五八三―五八六頁、ほか。

第一章　室町時代の鎌倉

一　鎌倉府と武家

鎌倉陥落の後

正慶二年（一三三三）五月二十二日、鎌倉は新田義貞を中心とする軍勢の攻撃をうけ、北条高時をはじめとする北条一門や御内人《みうちびと》は滅亡した。この鎌倉陥落は都市鎌倉の歴史のうえで画期的事件であった。この戦闘で由比ケ浜から大町に至る一帯が大きな被害をうけ、北条氏の滅亡によって鎌倉が全国の武家を統率する政庁であった時代は終わったのである。

しかし都市鎌倉はこれで消滅したわけではなかった。その後ただちに足利尊氏の子の千寿王（義詮）が鎌倉を押さえ、尊氏が京都に幕府を創出すると、義詮を中心とする鎌倉の政庁（鎌倉府）は関東を管轄する政権として認められた。そしてこれから一二〇年もの間、鎌倉は関東の中心として繁栄するのである。

源頼朝が鎌倉を拠点としてから、北条氏が滅亡するまでの間はおよそ一五〇年であるから、足利氏の支配下にあった時代は決して短くはない。しかしこの時期の鎌倉のことはいままで本格的には問題にされなかった。中世の鎌倉を扱った書物は、一般書を含めれば相当の量にのぼるが、そのほとんどは鎌倉期を対象としたものである。鎌倉の観光ガイド風の書物でも同様であり、南北朝・室町期の鎌倉に生きた人々のことはあまり書かれていない。これは鎌倉期が都市鎌倉にとっていかに輝かしい時代だったかを示しているともいえるが、やはりそこに偏りすぎるのは不健康であり、それでは南北朝・室町期の人々が浮かばれないという気がする。

室町期の鎌倉については概説的なものがないから、当時の鎌倉にどのような人々が生活していたかというごく基本的なところから入っていくことにしたい。

上杉氏の成長

鎌倉府の頂点に立っていたのは義詮・基氏・氏満・満兼・持氏・成氏と続いた鎌倉公方であるが、その下で実際の政治に携わっていたのは公方の直臣たちであり、その筆頭の地位にあったのは、上杉憲顕を始祖とする上杉氏であった。

上杉氏は数家にわかれて繁栄するが、鎌倉を拠点としていたのは山内《やまのうち》・犬懸《いぬかけ》・宅間《たくま》・扇谷《おうぎがやつ》の四家であった。山内家は憲顕の流れの上杉本流である。憲顕はどこに居住していたかわからないが、その子の憲方は山内に住んでいたらしい（「湘山星移集」）。憲方のあとは憲定—憲基—憲実と続くが、憲基は佐助に館を構えていた。このようにこの家の館は動いたようであるが、この一流は一般に山内家とよばれている。

犬懸家は憲顕の弟の憲藤の流れの一族である。憲藤の子の朝房は憲顕の死後一時関東管領をつとめ、朝房の弟の朝宗は山内憲方や憲定とともに上杉氏の中心として活躍し、関東管領もつとめた。この一流は山内家に次ぐ実力をもっていたが、朝宗の子の氏憲（禅秀）が反乱をおこして失敗し滅亡すると、鎌倉における勢力は壊滅した。いつから犬懸にいたかはわからないが、朝宗や氏憲は犬懸にいたのではあるまいか。

上杉憲顕の子で憲方の兄にあたる上杉能憲は、宅間と称して宅間ヶ谷の地にいた（「空華日用工夫略集」永和四年四月十七日条)。この能憲は憲顕の従兄弟にあたる上杉重能の養子になっていたが、この重能の弟の重兼も同じく宅間を称している。そしてこの重兼の家系が宅間上杉氏として存続してゆく。また憲顕の従兄弟の朝定の家系は扇谷に居住して扇谷上杉氏とよばれた。宅間・扇谷の両家は山内・犬懸の両家に比べれば傍流であり、その勢力も弱かった。

公方の奉公衆たち

このように上杉氏は公方直臣の筆頭であったが、上杉氏以外にも足利一門や古くからの足利氏の被官を中心とする直臣たちははじめから存在しており、彼らは公方の近臣集団を構成してしだいにふくれあがっていった。足利一門の一色氏や、足利氏の被官である木戸・野田・梶原・海老名氏などが早くから活動しており、また鎌倉幕府の政所執事をつとめた二階堂氏は、そのまま鎌倉府の政所執事として登用され、二階堂一族は公方の家臣となって繁栄した。そして氏満の代になると、関東各地の有力な武家が直臣として個別に公方のもとに確保され、直臣集団は膨張する。相模の本間氏、上野の那波・高山氏、常陸の宍戸・筑波氏、下総の海上・印東氏などのそうそうたる武家が公方に直接仕えることになったのである。

こうした直臣たちは基本的には鎌倉に居住して、番を組んで公方の御所を警備していたようであり、奉公衆(奉公中)という集団として成長していった。上杉氏はもともと彼らと同じく公方の直臣であったが、鎌倉府の内部で公方に準ずる特別な地位を確保したために、公方の権力から独立していくが、このようななかで奉公衆たちは公方に結集し、公方—奉公衆と上杉氏という対立がやがて顕在化するのである。

政治の担い手

鎌倉府の中心にあって政治を運営していたのは、公方足利氏と、重臣筆頭の上杉氏、そして奉公衆の上位者であった。奉公衆といっても内部にはかなりの身分差があり、その最上位の武家は評定衆《ひょうじょうしゅう》とよばれ、鎌倉府の政治審議機関である評定に参加する権利をもっていた。また評定衆の下の武家は引付衆《ひきつけしゅう》と呼ばれた。評定の参加者は公方と上杉一門と評定衆であり、この三者が鎌倉府の政治を直接担ったのである。

公方の御所は鎌倉東部の御所ノ内にあったが、この御所のなかに評定所があり、評定はここで行なわれていたようである。持氏の代の初頭には毎月五日、十五日、二十五日の三回ずつ評定が開かれていたことが知られる。この評定が政治機関としては最高のものであり、評定を中心とした政務は公方の御所で行なわれていたと考えられる。また各種の訴訟は管領の所にもちこまれることが多く、管領の館もう一つの政治の拠点であった。関東管領は山内上杉氏と犬懸上杉氏が交互につとめたから、管領の館はそのつど移動したとみられる。

外様の武家の位置

関東ことに北関東には、平安以来の大領主が多く存在しており、なかでも下総の千葉・結城、常陸の佐竹・小田・大椽、下野の小山・宇都宮・那須の諸家は多くの一族や被官を従えて広い所領を支配していた。またこうした大名層のほかに、より小規模な国人がおり、またさらに小規模な武士は一揆《いっき》として集団をなして活動していた。こうした関東各地の武家たちが、この当時鎌倉に住んでいたかどうかはほとんどわからないが、先にあげた大名たちも多くは鎌倉にはいなかったようである。「鎌倉年中行事」という鎌倉府の年中行事書に、大名たちが鎌倉にいる時は正月十五日以前に公方に出仕すると書かれてあり、これから彼らが鎌倉にいないことも多かったことがわかる。また応永二十三年（一四一六）の上杉禅秀の乱の時に鎌倉にいたのが佐竹と結城であったという「鎌倉大草紙」の記事も参考になろう。当時佐竹は常陸の守護であり、結城は下野の守護であった。下総の守護の千葉は禅秀に味方して鎌倉を離れていたのであり、この時の状況から守護をつとめた武家は鎌倉にいて、それ以外の大名は鎌倉にはいなかったと判断できる。なお相模の守護は三浦氏であったが、三浦氏は名族ではあるが規模の小さい武家であり、大名としては位置づけられていないという複雑な存在である。この三浦も守護として在鎌倉していたらしく、禅秀の乱の時にも鎌倉にいる。鎌倉府にとってこうした大名層をいかに扱うかは大きな課題であったが、足利尊氏や鎌倉公方は彼らをひとしなみには待遇しなかった。南北朝の内乱のなかで武家たちは尊氏のもとに結集して活動するが、結果的にはそのうち佐竹と結城の二家が特別に優遇された形になった。この両家は鎌倉期にはそれほどの存在ではなかったが、足利氏との関係をとりつけて成長し、佐竹氏は常陸の守護となり、結城氏は下野の守護に任じられたのである。また千葉氏は下総の守護に任じられたが、これはもとから守護であったものを確保したのであり、千葉氏はこの時期に勢力を保持したという程度であった。そしてそれ以外の小山・宇都宮・小田氏などは比較的疎外されていたのである。千葉・結城・佐竹の三氏は鎌倉府の政治の中心にはいないが守護として鎌倉府の地域支配を担っていたのであり、そうした職務を果たし、かつ鎌倉府との関係を確保するためにほぼ常時在鎌倉していたのである。おそらく関東の武家で常時在鎌倉していたのは、公方の直臣たちと守護となった武家であり、それ以外の武家はほとんどその根拠地に居住していたのであろう。そして鎌倉にいる武家たちが鎌倉府の政治に関与していたのである。関東の武家たちは鎌倉府に近づいて成長するか、一定の距離と独立性を保つかを判断し、その選択にしたがって在鎌倉するか否かを決めていたのであり、そのことがそのままその家の関東における政治的位置を決定していたのである。

武家相互の礼儀

このように鎌倉には多くの武家が集まって生活していたが、彼らは同じレベルで存在していたわけではなく、かなりはっきりとした身分差をもっていた。そして武家相互の交流が深まるなかで、身分を反映した一種の作法が形成されていった。この武家相互間の礼儀作法の実態が、「鎌倉年中行事」に書かれている。これは管領・奉公衆・外様の間のいろいろな場面における礼儀を整理したもので、紹介するのも難しいが、とりあえず自分が一人の奉公衆になった気分になって、奉公衆が他の武家と交流する時、どのようにすることが求められていたかを書いてみよう。

まず他の武家の館に行って挨拶する時の礼儀をみよう。奉公衆が管領のところに行く時には、その奉公衆が評定衆か引付衆以下かで管領の応対が異なっていた。評定衆の場合は客を先に座に招くが、引付衆以下では管領が先に座にすわって対面している。また見送りの時も、評定衆は縁まで送るが、引付衆以下は座敷で見送るだけと決まっていた。評定衆と引付衆以下では大きな身分差があることがここからもわかる。外様の武家の館にいった際の礼儀については、その時の事情によって判断せよと書かれている。

武家同士が道で行きあった時はどうしたか。奉公衆が管領に行きあった際は、遠くにいる時に気付いたら早めに馬を止めて道を譲り、近くで気付いたら馬から下りることになっていた。また足利一門で家格の高い吉良《きら》氏に対しては、同じく下馬することに決められていた。相手が外様の武家の場合は、その人によって判断して、必要とあれば馬を返して馬上で礼をせよと書かれている。なお相手が輿に乗って来た時には、相手が誰であろうと馬から下りろとある。これは単に道が狭かったからかもしれないが、あるいは輿に乗ることに特別の意味があるのかもしれない。

手紙を出す時の作法も決まっていた。奉公衆が管領に手紙を出す時は、管領本人ではなく執事の名前を宛所に書き、その上に「謹上」と書く決まりであった。外様に対して公方の命令を伝える時には、相手の名前を宛所に書くが、相手の家格を尊重して、用事がなくても奉公衆の手紙を一通書いて同時に届け、その宛所には名前の左下に「御宿所」と記すのが作法であった。おそらく奉公衆が私の用事で外様に手紙を書く時には、同じく「御宿所」と書き加えていたのであろう。

鎌倉にいて公方に仕えた奉公衆は、日常的にこうした礼儀作法を守って生活していたのであり、それは管領や外様の武家も同様であった。鎌倉で生活し、政権と関わっていくことは、けっこう気苦労の多いことだったのである。

二　鎌倉寺院の繁栄

鎌倉寺院の繁栄

鎌倉府の政治に直接携わったのは、鎌倉にいる武家たちであったが、鎌倉には多くの寺院があって、僧侶が多数生活しており、この寺院と僧侶が大きな勢力を形づくっていた。寺院と僧侶は鎌倉公方や上杉氏などの直臣たちと関係を結び、彼らのために祈禱をしたりするかわりに手厚い保護を受けていたのである。鎌倉は現在でも寺院がきわめて多い土地であるが、中世の鎌倉の寺院は門前だけでなく各地に多くの所領をもつ領主であり、その勢威は現在とは比較にならないものであった。

鶴岡八幡宮・建長寺・円覚寺・極楽寺をはじめとする鎌倉寺院は、鎌倉期に開創されて繁栄したが、北条氏が滅亡したあとも、足利氏やその家臣たちの保護をうけて繁栄したのである。そのありさまを具体的に述べていきたい。なお、当時の鎌倉には神社もあり、鎌倉の宗教勢力は「鎌倉寺社」としてくくったほうがいいかもしれない。ただ今は完全に神社になっている鶴岡八幡宮も、当時は「鶴岡八幡宮寺」とも呼ばれる神仏習合の寺院であり、その構成員もほとんど僧侶であったし、それ以外の社は小規模なものが多かった。このように寺社といっても圧倒的に寺院勢力が中心であり、神社も含めながら「鎌倉寺院」と表現するほうが実態にあっているように思う。

鶴岡八幡宮の繁栄

数多い鎌倉寺院の中心にいたのは鶴岡八幡宮（鶴岡八幡宮寺）であった。鶴岡八幡宮は鎌倉期から鎌倉の宗教的中心であったが、北条氏の滅亡後も足利氏と関係を結ぶことによってその勢力を確保することに成功した。足利尊氏が後醍醐天皇と戦い、京都を制圧して比叡山の後醍醐と対決していた建武三年（一三三六）六月に、足利一門の仁木氏の出の頼仲が八幡宮の別当になり、その直後から彼は鶴岡の上宮に籠って百日間の祈禱を開始した。これは「世上御祈」つまり世の中の安泰を祈る祈禱であったが、要するに足利氏の戦勝祈願であった。そして十月十日に百日の参籠が結願《けちがん》したが、ちょうどその日に後醍醐が降伏した。結願日に敵が降伏したことは評判になり、京でも鎌倉でもさすが鶴岡の祈禱は効験《こうげん》があるともちあげられ、大いに面目を施したと「鶴岡社務記録」に書かれている。

このあと後醍醐が吉野に籠って、足利方と吉野方の戦いが各地で展開されるが、このようななかで、鶴岡八幡宮の別当や僧侶たちは、足利方の勝利を祈願して祈禱活動を活発に行なった。そして関東や畿内での合戦の情報が鎌倉にもたらされ、足利方の勝利は八幡宮の祈禱の効験として記録された。「鶴岡社務記録」のこの時期の記事は、八幡宮での祈禱の内容と、その効験としての戦勝の具体的な記事とで埋められている。

このような活動によって鶴岡八幡宮は足利氏と鎌倉府の信頼を獲得し、関東の宗教的中心として繁栄した。鎌倉府の支配下の関東において、八幡宮の地位がいかに高かったかは、「鎌倉年中行事」にみえるいくつかの記事からよくわかる。「鎌倉年中行事」には武家や寺家が公方の御所に年頭の出仕をするさまがくわしく記されているが、鶴岡八幡宮の別当（若宮社務）は、他の寺院に先んじて正月の八日に御所に赴き、公方のために祈禱をしたあといったん帰り、あらためて御所に出仕して公方と対面している。さらにそのあと八幡宮の僧侶が、御所の大御門に神額を掛けるという注目すべき儀式がある。おそらく大御門の神額は歳末にとりはずされ、八幡宮で祈禱をうけて年始にあらためて掲げられたのであろう。また公方の鶴岡への参詣は正月二十日ごろに行なわれた。この参詣はかなりの規模のもので、奉公衆の面々は命じられて多くこれに従ったという。八幡宮参詣の日取りは決まっていなかったが、これがすまないと他の社へは参詣できないという決まりであった。

こうした権威をもつ八幡宮は、かなり大規模な組織であり、数多くの構成員がいた。その頂点にいるのは別当であるが、鶴岡には二十五坊といわれる二五の坊舎があり、そこを管轄している二五人の供僧《ぐそう》たちが鶴岡の宗教活動を主導していた。そしてこのほかに神主と小別当がいた。神主は大伴氏の世襲で鶴岡八幡宮の神事を司り、小別当は大庭氏で、建物の管理や掃除を担当するほか、所領の管理などにも携わっていた。八幡宮の上層部を構成するのは、別当・供僧・神主・小別当で、あわせて二八人であった。

このように八幡宮には多くの僧侶たちがいたから、それを統轄することは容易ではなく、儀式や所領支配のやりかたなどをめぐって、僧侶たちの意見と立場はかなり異なり、内部での競合と対立は絶えなかったが、個性のある僧侶たちが競いあうことによって、鶴岡八幡宮は全体としてその権威を保っていたのである。

鶴岡の高僧たち

鶴岡八幡宮の僧侶は多数存在して活発な活動を行なっていたが、ここでとくに活躍の目立つ僧侶を何人か紹介したい。まず注目されるのは氏満の代に活躍した遍照院《へんじょういん》権僧正頼印《らいいん》である。彼は二十五坊の一つである我覚院の供僧であるが、一供僧としてとどまることなく、その祈禱行為を通じて公方氏満の信頼を獲得し、公方の護持僧《ごじそう》になるまでに出世した。その活躍は「頼印大僧正行状絵詞」という記録に詳しく書かれている。彼は大名の結城直光や、関東管領の上杉能憲の病気平癒の祈禱を行なって、奇跡的な効験を示し、さらに公方氏満の命で天下安寧のために大勝金剛法を修し、やがて公方の護持僧に迎えられた。そして永徳元年（一三八一）に下野の小山義政討伐のために氏満が出兵すると、その求めに応じて陣所に赴いて、戦場を前にして兼六字法・不動法・百座不動供・如法愛染法といった祈禱を行なって武士たちを励ました。また永徳三年（一三八三）の十二月四日に公方の発願による結縁灌頂を金沢の光徳寺で挙行し、この後毎年この日に結縁灌頂を行なっている。

頼印は病気平癒の祈禱を中心とする祈禱行為によって名声を獲得したが、その活動の対象は、公方や管領だけではなく一般の奉公衆にまで及んでいた。「頼印大僧正行状絵詞」には、吉原薩摩守義直という奉公衆が頼印に頼んで符をもらって服用したところ、たちどころに病気が治ったという記事がある。公方・管領や大名などの病気平癒の祈禱の際にはその邸宅に赴いて祈禱をしていたが、下層の奉公衆に対してはこのように符を与えるという形で関与していたのである。また光徳寺で挙行した結縁灌頂の際には多くの人々が灌頂を受けたことであろう。頼印は多くの人々の尊崇を得ていたのである。

明徳三年（一三九二）に頼印が七〇歳で死去したあと、実質的にそのあとをうけて活躍したのは南蔵坊の供僧の俊《しゅん》誉《よ》（法照院・相承院と号する）であった。彼は頼印より一一歳年少で頼印から授法を受け、八幡宮の執行や修正の際の初夜導師をつとめていたが、頼印死去の翌年の三月十八日に氏満の命で、頼印と同じく金沢光徳寺での結縁灌頂の導師をつとめ、この後毎年この日に結縁灌頂を挙行した。また応永四年（一三九七）からやはり命じられて毎年の四季の不動護摩の祈禱を行なった（「鶴岡八幡宮寺供僧次第」）。そして応永十年（一四〇三）に七〇歳で死去する。

頼印や俊誉が活躍していた時期に別当職にあった西南院弘賢《せいなんいんこうけん》の活動も目立っている。彼は文和四年（一三五五）に三一歳で別当になってから、応永十七年（一四一〇）に八五歳の高齢で死去するまで、実に五四年もの間別当の職にあって活躍した。彼は関東護持奉行として公方の護持僧の中心にあり、出世も早く大僧正にまでなっている。また多くの僧に授法したこともわかり、「鶴岡八幡宮寺供僧次第」に記載されているだけでも、弘賢が授法して育てた弟子の数は三〇人にのぼり、その影響力は他を圧している。さらに多くの寺院や社の別当職を兼帯していたことも注目される。彼が別当職を兼帯した場所は一五カ所にのぼるが、松岡八幡宮・雪下新宮といった鶴岡八幡宮内部の社だけでなく、伊豆の走湯山《そうとうさん》、下野足利の鑁阿寺《ばんなじ》、安房の清澄寺といったように関東各地に及んでいた（「鶴岡八幡宮寺社務職次第」）。鶴岡八幡宮の別当で公方の護持僧の中心にあり、また関東各地の寺社の別当職を兼ね、さらに多くの弟子を組織するという形で、弘賢は半世紀以上にわたって関東の宗教界の中心にいたのである。

こうした僧侶たちはお互いに競いあって存在していた。「頼印大僧正行状絵詞」のなかに、至徳四年（一三八七）に公方氏満が病気になった時、西南院弘賢が祈禱したが効果がなく、かわりに頼印が祈禱したら病気が治ったという記事がある。当時弘賢は六三歳、頼印は二歳年長の六五歳であった。この二人が祈禱の効験を競っていたことがこれからわかる。また他の別当職や供僧職を兼帯することも、鶴岡の高名な僧侶には一般的なことであった。頼印は鶴岡新宮や鎌倉二階堂の永福寺《ようふくじ》の別当であり、俊誉は武蔵麻生の王禅寺や品川の妙行寺・常陸山岡山の別当を兼ねていたのである。こうした別当職や供僧職の兼務によって、鶴岡八幡宮の僧侶たちは鎌倉や関東各地の宗教界で大きな位置を占めたのである。

密教寺院と護持僧

当時の鶴岡八幡宮の首脳部はほとんどが密教僧で、八幡宮も密教寺院ととらえたほうが実態にあう。そして当時の鎌倉においては、鶴岡を中心とする密教寺院が繁栄し、多くの密教僧が活躍した。鶴岡につぐ格式をもっていたのは大御堂《おおみどう》の谷にあった勝長寿院《しょうちょうじゅいん》である。正月の勝長寿院の門主の御所への出仕は、鶴岡の別当についで早い十二日に行なわれた。そしてこの出仕の時には、公方専用の門である大御門が開き、門主はここから御所に入った。公方に対面して酒を飲む時も、門主が先に酒を飲むことが許されていた。このように勝長寿院の門主は公方とほぼ対等の礼儀で遇されていた。勝長寿院の門主には公方の弟などが任命されるのが一般的だったようであり、そのためその地位も高かったのである。

二階堂の永福寺は、応永十二年（一四〇五）に火災にあって、その後復興されなかったようであるが、それ以前は勝長寿院に次ぐ寺として存在しており、あの遍照院頼印が別当職を兼帯していた時期もあった。鶴岡八幡宮・勝長寿院・永福寺の三所は、鎌倉でも最も古い寺院として他とは別格の扱いをうけていた。正月十一日の御所での評定始において、三カ条の事書を右筆が書き、評定衆がこれについて発言する決まりがあったが、この事書に載るのは、伊勢神宮のことと鶴岡八幡宮のことの二つと、勝長寿院もしくは永福寺のことであった（「鎌倉年中行事」）。この三寺は密教寺院の中心として特別の地位にあったのである。

このほかに心性院・月輪院・遍照院・一心院という公方の護持僧たちがいた。「鎌倉年中行事」によれば、鶴岡八幡宮の別当および勝長寿院の門主と、この四人の僧のあわせて六人が公方の護持僧として認められていた。正月十二日の勝長寿院の門主の出仕がすんだあとに心性院が出仕し、そのあと十五日までの間に月輪院・遍照院・一心院が出仕することになっていた。彼らは公方の護持僧であるため、その対面の儀礼は鶴岡別当と同様であったという。

この四院のことは史料が乏しいが、遍照院は先にみた遍照院頼印とその後継者であろう。「鶴岡八幡宮寺供僧次第」によれば、一心院契覚・一心院乗基・月輪院増瑜・心性院澄守といった僧が鶴岡の供僧に授法しており、彼らが密教僧として活動していたことがわかる。このうち契覚は鎌倉末から観応の頃に活動した僧で、他は氏満の代に活動した僧のようである。こうした密教僧が公方の護持僧として祈禱を行なっていたわけだが、その住院のあとはほとんど残っていない。一心院は御所の東の明石ケ谷にあったというが、ほかは確かな証拠がない。

禅宗寺院の繁栄

このように鎌倉の宗教界で最も高く遇されていたのは密教寺院であったが、これと拮抗する勢力をもっていたのが禅宗（臨済宗）寺院である。鎌倉五山として位置づけられた建長寺・円覚寺・寿福寺・浄智寺・浄妙寺がその中心で、この他に十刹の位に位置づいていた禅興寺・瑞泉寺・東勝寺・万寿寺・大慶寺・興聖寺・法泉寺や、諸山の位にあった長寿寺など、数多くの禅寺が各地にあり、多くの禅僧が活動していた。鎌倉の禅宗は鎌倉中期に勃興したが、南北朝以降もその勢力は弱まらず、室町期は鎌倉期と同様禅宗が興隆した時期ととらえることができる。北条氏にかわって鎌倉を支配した足利氏や、その政権を担った上杉氏などが、禅宗寺院を保護して多くの寺領をあらたに寄進したために、鎌倉の禅寺は衰退を免れたのである。

この禅寺のなかで最も大規模なのは建長寺と円覚寺である。建長寺は五山一位、円覚寺は二位で、他の寺とは格式が違っていた。このうち建長寺については史料が乏しく、往時の様子を知ることができないが、円覚寺のことはかなりわかる。南北朝の内乱のなかで、遠方にあった円覚寺の所領は不知行化し、円覚寺は経営の危機にみまわれるが、一方で足利氏から関東内部の所領を寄進され、これによってその勢力を温存することに成功した。また多くの塔頭《たっちゅう》のなかで黄梅院と正続院は、ことに足利氏の保護を得て繁栄した。この時期に鎌倉公方が円覚寺を重視していたことは、火災の時につねに公方から出資をうけていることからもわかる。応安七年（一三七四）に円覚寺は放火により全焼するが、義堂周信らが翌日公方氏満に田地の寄進を願うと、氏満はその場でこれを受け、自ら火災の現場を実見して、駿河の佐野郷を寄進し、さらに関東十カ国から棟別銭を徴収し、そのうえ鎌倉の間別銭を三年分円覚寺の造営のために使わせた（『空華日用工夫略集』）。その後応永八年（一四〇一）、同十七年、同二十八年と、円覚寺はしょっちゅう火災にあい、いつも造営の最中という状況であったが、鎌倉府は円覚寺の造営のために関所を寄進したり、武蔵・相模の材木を伐採することを許可したり、鎌倉市内の酒壺別銭を寄進したりした。これだけ火事が続いていたわけだから、室町期は円覚寺にとって大変な時期だったわけだが、鎌倉府の援助で造営工事を進めることができたわけで、このことは円覚寺の地位の高さを却って示しているといえよう。

禅僧たちの活動はまだよくわかっていないが、そのなかで最も具体的なことがわかるのは、漢詩文の名手としても知られた義堂周信である。義堂は延文四年（一三五九）に三五歳で京から関東に赴き、康暦二年（一三八〇）に五六歳で京に戻るまで、二〇年余りの間鎌倉にあって活動した。義堂が鎌倉に来たのは、夢窓疎石を尊敬していた鎌倉公方の基氏が、夢窓の直弟を鎌倉に受け入れたいと希望したからであり、鎌倉に入った義堂は基氏と親しく交わった。

はじめは円覚寺の黄梅院にいたが、その後瑞泉寺に移り、さらに管領上杉能憲が開いた西御門の報恩寺の開山に迎えられ、長く報恩寺に住んだ。そしてこの間関東管領の上杉朝房・上杉能憲や、政所執事の二階堂行春などの鎌倉府の首脳部の面々の尊崇を得て、たびたび寺に訪れてくる彼らと対談して、その悩みを聞きつつ問答によって教戒を与えていた。

公方基氏は二八歳の若さで病死し、子の氏満が九歳の幼年であとをついだが、義堂はこの若い公方の教育にも携わった。応安元年（一三六八）の暮に氏満の母が義堂のもとに来て、幼い公方を補佐して大器に育ててほしいと頼み、翌年の正月に義堂は御所に出仕して一一歳の公方と対面した。氏満は一三歳になったころから義堂のもとに来て焼香し、その後に談話するようになり、義堂も学文を勧めたり、「貞観政要」を献じたりしてこれにこたえ、また公方が寺の法会にいく時にはこれに随行した。義堂は護持僧として公方に仕えていたわけではないが、祈禱よりも哲学的な問答によって公方や武家の尊敬を得ていたのである。

律宗寺院と尼寺

五山以下の禅宗寺院の住持は、毎年正月十六日に御所に出仕し、公方に対面することになっていたが、このあと極楽寺以下の律宗寺院の住持が対面し、その後に太平寺以下の尼寺の長老が対面するというしきたりになっていた（「鎌倉年中行事」）。禅宗寺院に次ぐ位置に律宗寺院と尼寺が位置づけられていたことがわかる。この対面の記事に律宗寺院として名前がみえるのは極楽寺・宝戒寺・成龍寺・浄光寺・覚園寺・慈恩寺・千秋大楽寺である（もっとも宝戒寺は天台宗の可能性が高く、これらがみな律寺であるかは疑問もある）が、このうち極楽寺は別格の扱いであり、たとえば管領の門送儀礼は五山第一の建長寺と同格であった。律宗寺院は禅宗寺院と同じく公方に近づいてその命脈を保ったが、禅宗寺院ほど繁栄することはなく、かろうじて寺勢を保持したという状況であったようである。

またこの対面の儀式にみえる尼寺は太平寺・東慶寺・国恩寺・護法寺・禅明寺の五カ寺であるが、これはみな禅宗（臨済宗）で比丘尼五山《びくにござん》とよばれた。また太平寺には長老のほかに天寿院と呼ばれる貴人がおり、また東慶寺にも長老のほかに瑞松院・積善院がいた。そして太平寺長老・天寿院・東慶寺長老・瑞松院・積善院の五人がまず公方と対面して、御茶のあと御酒の儀があり、そのあとで国恩寺ほかの三カ寺の住持が出仕して御茶をいただく決まりであった。太平寺の長老には公方持氏の娘や成氏の娘が就任していたことが知られるが、おそらく先に公方と対面する五人は、公方の近親が多かったのであろう。

鎌倉寺院と鎌倉府

このように鎌倉には多数の寺院が存在したが、「鎌倉年中行事」の正月儀礼の記事から、こうした寺院が一定の序列を与えられていたことがわかる。正月の公方との対面の順序は、鶴岡八幡宮・勝長寿院・護持僧・禅宗寺院・律宗寺院・尼寺の順であり、これはこれらの宗派の鎌倉における地位を示しているといえよう。もちろん同じ宗門内部での序列もあるから、ある寺の位置は、その宗門の位置と宗門内部でのその寺の位置によって決まることになるが、おおまかにいって密教寺院が公方権力と最も結びついて高い地位にあり、それとともに禅宗寺院も鎌倉府の保護をうけて高く位置づけられたとみてよかろう。当時の鎌倉の宗教界の中心にあったのは密教と禅宗であったのである。

密教と禅宗があい拮抗していたことは「頼印大僧正行状絵詞」にみえる次の話からもうかがえる。二階堂（永福寺か）にあった地蔵菩薩は義堂周信が造進したもので、建長寺の前住であった椿庭和尚が開眼供養をしたが、公方氏満は思うところあって遍照院頼印に重ねて開眼供養をするよう命じた。頼印はこれをうけて開眼供養を挙行するが、禅僧が開眼供養したあとに、こんどは密教僧が供養するということがあったのである。

遍照院頼印らの密教僧は主として祈禱を通じて公方や武家と関係をもっていたが、禅僧や律僧なども祈禱を行なっており、多くの僧侶たちが祈禱の効験を競っていたことがうかがえる。そして公方や武家たちによって構成される鎌倉府という政権は、この鎌倉寺院を保護し、僧侶たちに祈禱を行なわせることによって関東の支配を円滑に行なおうとした。戦争に勝つのも神仏の加護によると信ぜられていた時代であり、鶴岡八幡宮を中心とする宗教界を押さえているることは、関東の武家たちを押さえるためにも必要であったのである。

このような意味で鎌倉寺院は直臣層と並んで鎌倉府の支柱であった。しかし実際に政治に直接関与するのは武家で、鎌倉の僧侶たちはあまり政治に介入する動きをみせていない。遍照院頼印は小山義政の乱のときに氏満の命で前線に赴き祈禱するが、このとき大将の上杉憲方と上杉朝宗が、氏満の命令を拒んで出兵をやめるということがおきた。困った氏満は頼印のもとに赴いてなんとか二人を説得してほしいと頼み、やむなく頼印が説得して二人も了承した（「頼印大僧正行状絵詞」）。この頼印の行為は祈禱僧としてのものではなく、世俗のことに関与した事例といえようが、頼印でさえも世俗的な行為はこのくらいしか記録されていない。

義堂周信も政治には関わらないという姿勢を保っていた。応安六年（一三七三）のこと、二階堂行春が来て政治を論じたが、義堂はこれに応ぜず、「仏法と世法はどちらも人のためということで一致する。政治を嫌わなくてもいいのでは」という行春の説得に対しては、「仏教には声門《しょうもん》と菩薩の二門がある。菩薩は他を利し、声門は自らを利する。菩薩でもないのに人のためになろうなどと思うのは、泳げない人が溺れた人を救おうとするようなものだ。わたしはこの泳げない人だ」と答えている。また彼は「私は平生世間と交わることを望んでいないが、やむをえず官人とも会っている。これは仏恩に報じるためで、自分のためではない。君たちも政治家との関係を誇りにしてはいけない」と人々に話している（「空華日用工夫略集」応安五年七月三日条）。武家たちと交わりながらも政治からは遠ざかっていたのである。

三　鎌倉に生きる人々

鎌倉に生きる人々

室町期の鎌倉には、多くの武家が集住し、多数の寺院がひしめきあっていた。こうした武家や寺院は、関東各地の郷の地頭職をもつ領主で、トップクラスの支配者といえる。彼らは鎌倉にいて公方に仕えることによって、多くの所領を公方から与えられ、その所領からの年貢によって都市生活を営んでいたのである。

しかし鎌倉に住んでいたのは彼ら領主だけではない。いうまでもないが、領主のもとにはその従者たちがおり、またそうした領主側の人々に対して、一般の都市住民も多数存在していた。こうした人々が鎌倉で生活する人々の圧倒的多数を構成していたのである。彼らの活動を示す史料はそれほど多くないが、残された史料から鎌倉で生活した従者や一般住人の姿を追ってみたい。

武家の家臣たち

鎌倉に居住していた武家は、おおまかにいって上杉一門と奉公衆、それに守護をつとめた大名たちであったが、こうした武家には多くの家臣がいて、家臣団という集団を構成していた。武家の中心は惣領であるが、その家の政治や財務は家臣たちがとり行なっており、その家の政治的行動を決定したのも多くの場合家臣たちの意向であった。こうした武家の家臣たちが相当数鎌倉にいて生活していたのである。

さきに鎌倉の武家たちの間の交流には一定の礼儀が定められていたことを述べたが、武家の家臣たちの行動も礼儀によって制約されていた(「鎌倉年中行事」)。奉公衆の家臣が道で他の奉公衆に出会った時は、家臣のほうが下馬しなければならなかった。ただ自分の主人が評定衆であった場合には下馬する必要はなく、場合によって判断せよとある。前にみたように奉公衆といっても評定衆とそれ以外の奉公衆では大きな身分差があり、それがその奉公衆の家臣の身分と行動も決定したのである。

また管領・足利一門や大名たちの家臣の礼儀も決まっていた。彼らが道で評定衆に出会った時には、馬を止めて礼をし、そのうえでまた馬を返してもう一度礼をする決まりであった。ただ相手が一般の奉公衆の場合にはそこまでしなくてもよく、相手をみて判断せよと書かれてある。

公方と直接つながっていた武家たちの間には、複雑な身分差があったから、その家臣たちの位置もきわめて複雑であった。主人の地位と、その家における自分の地位によって自分の位置が決まるわけだが、自分の家のなかでの位置ならともかく、他の家の主人や家臣と比べて自分が上位にいるか下位にいるかは即座には判断できなかったであろう。他の家の主人や家臣とのつきあいはかなりあり、実際には格式にこだわらなかったとも思えるが、それにしても武士たちがひしめいている都市での生活は大変だったと想像される。

また公方の奉公人にも武家の家臣と同じレベルの者がいた。公方に仕える武士のうち、家柄がいい領主で、御家人クラスのものは奉公衆として位置づけられたが、同じく公方に仕えながらも、領主クラスの出身でない下層の武士は公方人（御中居殿原）として位置づけられ、またこの公方人の下に雑務を実際に行なう公方者がいた。公方者は公方に仕える最下層の雑仕であった。

この公方者が奉公衆に対する時の礼儀も決まっていた。公方者と奉公衆が道で出会った時は、奉公衆が下馬することは決してしてはいけない。また公方者が奉公衆の所に訪れた時にも、縁に置いて対面すべきで、決して座中に喚《よ》びあげてはならない。「鎌倉年中行事」にはこのように書かれてある。公方者は公方に近く仕えていたから、奉公衆もこれを高く待遇する動きがあり、この行事書ではそれを戒めているのである。奉公衆と公方者には越えがたい身分差別があったのである。

寺院の奉公人たち

鎌倉の寺院の場合も上層部を構成する僧侶のほかに、より下層の一般の僧侶や雑仕たちがいた。そしてさらに寺院や僧侶に仕えた侍たちも鎌倉には多くいたのである。鶴岡八幡宮においては別当や供僧に仕える侍（宮下部《みやのしもべ》）がいて、八幡宮内部の警備や、僧侶の間の連絡などを命じられてとり行なっていた。応永二十五年（一四一八）のこと、八幡宮の社頭で田楽や猿楽をやる時の供僧の桟敷の場所について公方から指示が出されたが、その時同時にもし狼藉の事があったならば、宮下部たちに命じて押さえよという命令もなされている（『神奈川県史』資料編、古代中世三上、五五七五号）。宮下部が境内の治安維持にあたっていたことがわかる。

彼ら侍たちが実際に警備にあたって活動したことを示す記事もある。建武三年（一三三六）八月二十日のこと、鶴岡八幡宮の社頭に悪党が五〇余人で乱入し、神宝を奪おうとするという事件がおきた。この時宿直《とのい》番にあたっていたのは八幡宮に仕える横地という侍の養子の小栗十郎であったが、彼は事変を聞くとただちに下宮にかけつけ、奮闘の末に悪党たちを追い払った。しかしここで多くの傷をうけた小栗は、上宮の廻廊の妻で絶命した。さらにこの八日後、また悪党たちが宝蔵におしよせたが、こんどは横地が中心になって奮闘し、またもや悪党を追い払った（『鶴岡社務記録』）。八幡宮に仕える侍たちは命がけで神宝を守ったのである。

室町期には別当に奉公する横地・高水らと、供僧に奉公する平川・綿貫・肥田らの活動がみえる。このうち供僧に奉公していた平川らは「衆中奉公人」と呼ばれ、警備や伝令にあたるほか、場合によっては鶴岡の所領に赴いて百姓との交渉を行なったりもした。また鶴岡の所領の支配は一般的に代官に任されていたが、この代官には供僧に奉公している侍が任命されることが多く、またそうでない場合も、代官に任命すると同時に供僧への奉公を義務づけることが多かった（「鶴岡事書日記」）。こうした代官をしながら供僧に奉公する侍たちが鎌倉にはかなりいたのである。

禅宗寺院や律宗寺院の場合はこうした侍がいたかどうかわからないが、境内の警備のために侍を雇うことは充分ありえたと思われる。また僧侶の下層部分はおそらくこうした階層出身の者で構成されていたであろう。鎌倉の寺院のもとには相当数の従者が組織され生活していたのである。

武家の家臣たちとこの寺院の奉公人たちとは、ともに御家人ではない下層の武士であり、階層としては同じレベルであった。彼らは関東各地に根拠地をもちつつ郷単位の所領をもたない存在であり、公方に仕えることはその身分からいって不可能で、公方に仕える武家や寺院のもとに結集したのである。そして場合によっては一族がわかれていろいろな主人をもつこともあった。鶴岡八幡宮の供僧の奉公人に肥田という侍がいたと前に述べたが、同じ時代に公方持氏の重臣であった上杉憲直の家臣に肥田勘解由左衛門という武士がいて、永享の乱で戦死しており（「鎌倉大草紙脱漏」）、また肥田太郎次郎という武士は公方の奉公衆の筑波の家臣として結城合戦に参加している（『神奈川県史』資料編、古代中世三下、六一八七号）。こうした階層の武士たちは鎌倉に多く存在して、互いに交流していたのである。

住人たちの姿

ここまでみてきたのは一応領主側の人々であるが、そうではない一般の住人のこととなると史料はあまりに少ない。円覚寺の造営に際して鎌倉の住人から間別銭や酒壺別銭が徴収されたことが史料にみえ（「空華日用工夫略集」、『神奈川県史』資料編古代中世三上、五四七六号）、鎌倉の住人が間口のある家に住み、酒壺をもつ商人もいて、間別銭や酒壺別銭を徴収されていたことがわかるが、個別の住人たちの動きを具体的に示す史料はほとんどないのである。ただそれでも少しは目につく記事もあるので、ここではそのわずかな記事を紹介することにしたい。

まず義堂周信の日記「空華日用工夫略集」にみえる次の記事をみたい。応安七年（一三七三）十一月二十三日の夜、円覚寺が大火にみまわれたが、この火災の原因は柴売の放火であった。円覚寺の上副寺《ふうす》（財政の管理者）がその日に柴を売る者と柴の値段をめぐって口論し、柴売を罵ったので、頭にきた柴売が、夜中にひそかに寺に入り、松明を柴屋に投げ入れたのである。このことを知って後悔した上副寺は、責任をとって自ら火中に身を投げて自殺した。円覚寺の門前の柴売の活動を示す記事である。

「空華日用工夫略集」には円覚寺の瓜売の記事もある。貞治五年（一三六六）の七夕の日、当時円覚寺の黄梅院にいた義堂のもとに数人の友人が尋ねてきた。話の最中に瓜を売る声が聞こえたので、義堂は客をもてなすために瓜を買ってこいと侍者に命じた。ところがしばらくして帰ってきた侍者は、「瓜はほとんど熟れすぎて腐っていたので買いませんでした」と報告した。そして客が帰ったあと、侍者は義堂にこう話した。「前に茶を買うために浴具を質にいれたので、こんど瓜を買おうとしても質草がなく、しかたないので瓜が腐っていたと言いました」。黄梅院のなかで聞こえるほど、瓜売りは声をはりあげていたのである。また寺で接客に使う茶も商人から買っていたことがわかる。

円覚寺の正続院には長寿寺の鐘があったが、この鐘には次のような銘が刻まれていた。康応元年（一三八九）に長寿寺の僧堂は落成したが、鐘はまだなく、銅の鐘を売る人がいたので買おうとしたところ、三万銭という高値であった。そこで縁を募ってようやくこれを買い、応永四年（一三九七）に堂の前に掛けた（「新編相模国風土記稿」巻八十）。この鐘の銘文から、銅の鐘を売る商人の存在が明らかとなる。寺の鐘は鐘工が寺や檀越から依頼されて製造したと思っていたが、商人が売っている鐘を買ってそれに銘文を刻むこともあったのである。

柴売と瓜売と鐘売。室町期の鎌倉における一般住人の姿を示す記事はこの程度しかまだみつからず、相互に関連性もあまりない。ただこの三つの記事がすべて商人の記事であることには注目してよかろう。鎌倉は領主とその従者が集住する一大消費都市であり、住人のかなりの部分が彼らを相手に商売をする商人だったと思われる。それからこの関連性のない三つの話には、実はけっこう共通点があることにも気づく。三つとも商人と僧侶の応酬であり、そこでは売り物の値段が問題になっているのである。柴売と円覚寺の上副寺は柴の値段で喧嘩をしているし、長寿寺の僧は鐘売の売る鐘が高価なので困っている。瓜売と黄梅院の侍者の話には相互の応答の場面はないが、これも瓜を買う金がなくて困っているという点で共通性をもつ。商人の売る商品が高価で、これを買おうとした僧侶が困惑しているのである。鎌倉は大都市であるから、そこで交易される商品はかなりの高値がつけられており、領主側の人々も困っていたのではないかと想像される。

しかし商人にしてみれば値段が高いのはそれなりに理由のあることであった。そして気位の高い人間相手にする商売も苦労が多かったと思われる。円覚寺に放火した柴売の言い分を聞き出すわけにはいかないが、おそらく上副寺は柴が高いと柴売を罵り、柴売が主張する値段では買わなかったのであろう。実際の財力はともかく商人は寺の僧侶とは身分が違い、結局はまともに反抗することができなかった。そうした日頃の欝憤が一挙に爆発して放火に及んだとみることもできよう。

こうした商人が住人の中心であったと思われるが、大工をはじめとする職人も多くいたらしい。前にみたように円覚寺はたびたび焼失し、常に造営工事をしている状況であったが、円覚寺だけでなく建長寺・寿福寺・浄智寺なども一度は焼けており、また公方の御所も火災で全焼している。当時の鎌倉ではいつもどこかで大規模な造営工事が行なわれており、鎌倉の大工たちはそこで大いに腕をふるっていたのである。

室町時代の都市鎌倉

室町期においても鎌倉は関東の中心で、鎌倉府の支配を担った武家や僧侶が集住し、彼らの所領からの年貢が集積されていた。関東各地の所領からの年貢は、いろいろな手段で鎌倉にもたらされたが、その中心となったのは船運で、六浦《むつうら》の湊で陸あげされて、朝比奈を通って鎌倉に至るのが最も主要なルートであったようである。この鎌倉の外湊の六浦は南北朝・室町期に繁栄をきわめ、多くの寺院が造営されたりしている。鎌倉に多くの領主が集住し、彼らの所領が関東のかなりの部分を占めていたために、鎌倉は関東の中心としての位置を保ち、関東各地と鎌倉を結ぶ交通路の整備とあいまって、多くの物資が鎌倉になだれこむという求心的な構造は、この時代に却って強化されたのである。

鎌倉には領主とその従者たちが多数生活していた。彼らの姿をいままでできるだけ具体的にみてきたが、彼らが消費生活を営んでいた場はやはりみえてこない。鎌倉を空間的にとらえたとき、この時期の史料にみえるのは盆地の外縁の谷あいの部分だけである。公方の御所は東のはずれにあったし、上杉一門の屋敷も宅間ケ谷・犬懸ケ谷・扇ケ谷・佐助ケ谷といった谷間や、山内のような郊外にあった。また寺院もほとんど谷あいにあった。大蔵から若宮小路に至る平地部一帯のことはほとんどみえず、この地域がどういう状況だったのかうかがうことができない。かつて幕府の中心があった大蔵の地にも、足利尊氏が一時居を構えたという伝えがある（「梅松論」）だけで、その後は政権の中心がここに置かれた形跡はない。公方の御所は早い時期に東に移ったようであり、氏満の代の初期には、御所のすぐ西の宅間ケ谷に管領上杉能憲の屋敷があったから、鎌倉の東端が政治の中心の観をなしていた。その後管領の屋敷は山内・犬懸・佐助などに移るが、いずれにしても鎌倉の外縁部である。この時期には鎌倉の中央部は政治の中心ではなかったと考えるよりほかはない。

正慶二年（一三三三）の新田義貞の鎌倉攻めのとき、戦場となったのは鎌倉の西部で、由比ケ浜から若宮大路に至る一帯はかなりの被害を被ったようである。そしてそのあと、建武二年（一三三五）の中先代の乱、建武四年（一三三七）の北畠顕家軍の来襲、文和元年（一三五二）の新田義興らの来攻と、この地域はたびたび戦禍を被った。こうしたことでこの一帯はかなり疲弊したと想像される。そのためここは政治の中心になりえなかったのであろうか。またこの一帯が交易の中心であったという史料もない。商人たちの店もあるいはこの一帯ではなく、谷に近いところにあったのかもしれない。

鎌倉期に比べて、室町期の鎌倉はその中心が中央部から縁辺部、とくに東部に移動しているとみることができるかもしれない。中央部は衰退したが、谷々には新たに館や寺院が建てられており、都市鎌倉は空間的にはこの時代にいっそうのひろがりをみせたのである。

第二章　遍照院頼印と鎌倉府

はじめに

中世後期における関東の社会の構造を総合的にとらえ、かつその変化の道筋を明らかにしてゆくことが、私の当面の研究課題であるが、関東の社会のあり方を考えるうえで、鶴岡八幡宮や建長寺・円覚寺などの鎌倉寺社の存在を無視するわけにはいかない。鎌倉期に多く創建されて繁栄した鎌倉寺社は、南北朝・室町期においても鎌倉公方などの保護をうけて栄え、多くの所領を支配しており、鎌倉や関東の社会に大きな影響力をもっていたと考えられる。

しかし鎌倉府という政権が関東を支配した南北朝・室町期における鎌倉寺社の存在形態に関する研究は乏しく、鎌倉公方足利氏や関東管領上杉氏を中心とする鎌倉府と鎌倉寺社との間の関係もあまり明らかにされていない。鎌倉府が鎌倉寺社を保護したことは一般的に認められているが、その保護の中味や、保護の理由などは具体的に解明されているとはいい難いのである。しかし当該期における関東の政治秩序のあり方を考えるためには、鎌倉府と鎌倉寺社との関係をより具体的に明らかにしていくことが必要である。

ただ鎌倉寺社といっても、鶴岡八幡宮・建長寺・円覚寺をはじめとして数多くあり、それぞれの寺社と鎌倉府の関係を直ちにすべて検討するわけにはいかないので、ここではその手はじめとして、十四世紀の後半、鎌倉府がようやく確立期を迎えたころ（鎌倉公方足利氏満の代が中心）に活躍した、鶴岡八幡宮の供僧の一人である遍照院頼印という人物に注目し、その行動をみながら、彼と鎌倉公方をはじめとする鎌倉の人々との関係を整理してみることにしたい。検討の際の素材とする史料は、「頼印大僧正行状絵詞」という記録である(1)（以下「頼印絵詞」と略）。この記録は遍照院頼印の一代の活躍のさまを詳しく記したもので、当該期からさほど下らない時期の成立と考えられる。記事の内容は頼印の祈禱僧としての効験を示すものがほとんどで、宗教的な奇跡に類する出来事も書かれており、その記事をすべて信用することはできないかもしれない。しかし頼印の行動そのものの記述はおおむね信用しうるものと考えられる。本章ではこの記録を読みながら、まず祈禱の目的ごとに頼印の祈禱のさまを順次述べ、そのうえで鎌倉の諸階層と頼印の関係について整理してみることにしたい。

一　病気平癒の祈禱

「頼印絵詞」にみえる頼印の活動としてまずあげられるのは、鎌倉にいる公方・管領・大名などの病気に際し、その平癒の祈禱（加持）を行なっていることである。「頼印絵詞」のなかに書かれているのは、

応安六年（一三七三）、結城直光の狂気平癒の祈禱を行なう(2)。
永和二年（一三七六）、上杉能憲の病気平癒の祈禱を行なう(3)。
永和五年（一三七九）、上杉憲方の病気平癒の祈禱を行なう(4)。
至徳四年（一三八七）、足利氏満の瘧病平癒の祈禱を行なう(5)。

の四場面であるが、このうち内容の詳細な結城直光と上杉能憲の病気の場面をまず検討し、頼印の行動を具体的にみてみたい。

応安六年四月七日、結城中務大輔入道聖朝（直光）俄ニ狂気ヲコリ、随而諸寺ノ律僧、諸社ノ山臥加持ヲイタス処ニ、病者マノアタリ其浅智ヲアラハシ、其破戒ヲセムルアイタ、各退出ス、ココニ聖朝御加持力ニアツカルヘキヨシ院主ヘ懇望ス、日来ノ師檀ノ義モタシカタキニヨリテ領掌、同十六日ノ朝病者申テ云、今日八幡大菩薩来臨アルヘシ、不浄ノ者退ヘシ、聞者皆辟易ス、院主未剋ニ及テ彼亭ヘ向ヒ給フ、加持ノ後、病者着座シテ申テ云、面々拝シ申ヘシ、是コソ八幡大菩薩ニテワタラセ給ヘ、願ハ今ヨリ後来ルヘカラス、御加持ヲトトメラルヘシト、慇懃ニ歎申アイタ、種々ニ誓状ヲ立テ後、加持ヲトトメ給フ、先日加持ノ者各面目ヲ失フ処ニ、今日大菩薩ノ真躰□ヨシ病気ヲノソキ申セシ事、一家ノ者若党以下耳ヲヲドロカス者也、

同十七日、院主加持ノタメニ病者ノ亭ニ至ル、今日ハ稲荷ノ御咎メナリ、院主弘法大師御作木像ノ不動ヲモチテ加持シ給処ニ、病者申テ云、不動ノ烈焰我ヲコカシ、剣鋒ワレヲサク、痛苔（苦）忍ヒカタシ、再ヒ来ル事ヲ得シ、院主コレヲ怖ニ威ヲモツテシ、是ヲ諭ニ慈ヲモツテス、病者気ヲ噴テ云、今厳誡ニヨリテ悪霊跡ヲ潜トテ本心ニナリシカハ、院主ノ（モカ）帰坊シ給ヒケリ、

同廿一日病者再発ス、此ヨシヲ告来ルアイタ、院主カノテイニヲモムク、深更ニヲヨヒテ人シツマリテ後、霊託ヲ聞ニ、新宮御影向ナリ、密談翰墨ニ載カタシ、所詮刑部僧正五代ノ孫弟タリ、イカテカ新宮我ヲ捨給ハム、聖朝師檀ノ契ヲフカクス、神盧（慮）トイヒ、加被ト云、豈感応ナカラムヤ、神病者ニ詫シテ曰、□往躅由緒シロシメス処也、但シ細川ノ相州カ欝墳（憤）イマタトケス、須良策ヲメクラスヘシ、次ニ諸社ヘ神馬ヲ奉ル、当社ヘ献セス、此恨ミナリ、明日神馬ト砂金ヲ進スヘシト、院主申云、神馬砂金ノ事子細有ヘカラス、次ニ相州欝墳ノ事、御眷属ト成候上ハイカテカ叡慮ヲ背クヘキ乎ト申時、イカサマ明日病者効シアルヘキヨシ勅答アリ、比十日ハカリ痢トトコホリテ病者難儀ノ所、神馬進上ノ後痢下リテ本心ニ復ス、神慮虚ナラサル事、諸人耳目ヲ驚ス者也、(6)

長文の引用を行なったが、記事の概要は次のごとくである。下総結城の大名の結城直光（当時鎌倉にいたのであろう）が、突然狂気に襲われ、「諸寺ノ律僧、諸社ノ山臥」が加持を行なったが、全く効験がなかったので、直光は頼印の加持力に頼りたいと思い、頼印に加持をしてほしいと懇願した。頼印は「日来ノ師檀ノ義モタシカタキニヨリ」、すなわち前から直光とは師檀の関係を結んでいたので、その求めを無視できず、了承して加持を行なったところ、八幡大菩薩が来臨して狂気が鎮まった。翌日は「稲荷ノ御咎」により狂気が起こり、頼印は弘法大師の御作の不動明王を持参して加持を行ない、悪霊を退けた。さらに四日後に直光の狂気が再発すると、頼印は直光邸に赴いて夜更けに「霊託」を聞き、鶴岡の新宮の託宣を得て、託宣に従って神馬の献上を約束したことなどによって、直光の狂気を平癒させることに成功した。

この記事で注目されることの一つは、直光の発狂に際して、まず「諸寺ノ律僧、諸社ノ山臥」の加持が行なわれ、その効験がなかったために頼印が加持を行なったと記されていることである。「諸寺ノ律僧、諸社ノ山臥」とは結城直光と縁の深い人々であろうが、鎌倉の寺社の律僧・山臥も含まれていたと思われる。直光のような大名クラスの武士の病気平癒のために、寺の律僧や神社の山臥、そして頼印のような鶴岡八幡宮の供僧が、依頼をうけて加持を行なっていたのであり、その効験の有無が常に注目されていたのである。

この記事からわかる第二の点は、頼印が病者の状況に応じて種々の異なる方法での加持を行なっていることである。二度目は弘法大師御作の不動明王の木像を持参して加持を行ない、三度目は霊託を聞くという方法で病者を鎮めている。同じ人物の病気でもその場面によって対応を変えているのである。直光の場合は物怪による発狂であり、二度目は「稲荷ノ御咎」、三度目は「細川ノ相州カ欝憤」などが発狂の原因であった（細川相模守清氏はこの一一年前の貞治元年（一三六二）に、将軍足利義詮に叛いて敗死している）。病者の狂気の原因をそのつどつきとめて、加持によってそれを払うことが、祈禱者頼印に期待されていたのである。

永和二年三月廿五日、関東管領上杉兵部少輔入道道謹（能憲）、病気俄ニ発リテ旬ニ渉間、幣巫スルニシルシナシ、翌月八日、寺尾次郎左衛門尉業重ヲ使トシテ道謹申云、カノ病気弥ヨ難義也、加持力ヲ憑奉ル外余術ナシ、願ハ私宅ニヲヒテ一壇勤行シ玉ヘ、院主師壇（檀）ノ義モタシカタキニヨリテ、同夕ヨリカノ亭ニヲモムキテ、普賢延命ノ護摩ヲ修ス、其故ハ去春ノ頃、カノ人魂屋ヲ出テ去ヌ、人皆コレヲミル、此秘法ニハ殊ニ招魂ノ誓アルニヨリテ修セシメ給フ処ニ、同十日酉ノ剋、マサシク人魂還来テ寝所ニ入ル、諸人ミル所也、法末ノ時分ナリトイヘトモ、法験地ニヲチサル事ヲ、万人感嘆スル者也、

道謹再発ノ間、重参住ノ事ヲ申サルルニヨリテ、同年六月廿五日ヨリカノ亭ニ移住、今度ハ不動・愛染ヲ付テ、二七日参住ス、其故ハ先師殿大僧正房道承相伝ノ効験地蔵菩薩在ス、カノ御厨子ヲ壇上ニ案シテ加ヘラルヲ乞ト也、カノ二明王ハ地蔵一躰ノ秘伝アルニヨリテ勤行セラル、重加持ノ為ニ、同七月十三日カノ亭参向ノトキ、御筆所用事アリテ地蔵ノ御厨子ヲ開所ニ、其気法（洪カ）然タリ、雨露ノコトシ、驚テ是ヲミレハ、像ノ双眼ヨリ涙ヲ流シテ、御筆ニナガレカカリ悉ク混合ス、坊人皆コレヲ拝シテ奇特ノ思ヲナス、院主カノ亭ニ至リテ病者ニ子細ヲトウ、病者ノ云、御参住ノ時、且ハ御加持力ヲタノミ、且ハ地蔵菩薩ノ本誓ヲ仰所ニ、忽ニ沙門一人前ニ現ス、身ニ緇（緇）衣ヲ着ス、スコシモタカヒ奉ラズ、唯院主ノコトシ、示テ云、今度ノ病脳折角也、御手ニ物ヲ書ヘシトテ、陰陽道ノモツ身堅ノヨウナル物ヲ取出シテ、左右ノ掌ニ字ヲカカルル時、地蔵菩薩ニテヤワタラセ玉フラムト、ウレシケニタノモシク覚ヘテ、目ヲフサキテ念シ奉処ニ、忽然トシテ失給ケルヨシ申サルル間、院主地蔵落涙ノ事ヲ語ル、病者ナミダヲナガシ、手ヲ合テ悦フ、此事其隠ナカリシカハ、鎌倉殿（足利氏満）ヲ始タテマツリテ、僧俗貴賤此尊像ヲ拝見セスト云事ナシ、凡此薩埵ハ生身ノコトクシテ、持者ノ命ニカハリテ冥途ヨリ還シ、盗賊ニトラレテ二タヒ還リ給シ霊仏ナレハ、信力竪固ナラハ、イカテカ神変ナカラムト、人々敬ヒケリ、(7)

これは頼印が時の関東管領上杉能憲の病気平癒の加持を行なった時のことを書いた部分である。能憲は病気平癒のため「幣巫」すなわち幣帛によるお払いや、巫女の祈禱などに頼ったが効果はなく、頼印の加持力に救いを求めた。頼印は結城直光の時と同様、「師檀ノ義モタシカタキニヨリテ」承諾し、能憲の邸宅に赴いて普賢延命法を修した。これは以前に人魂が能憲の家から出て行ったのを人々がみていたので、招魂の効力のある普賢延命法を選んだのであったが、加持の結果人魂が還って来て能憲の寝所に入り、能憲の病気は平癒した。その後病気が再発したので、頼印はまたその亭に赴き、こんどは不動法と愛染法を二七日（一四日間）修した。これは頼印が道承大僧正から相伝した、効験のある地蔵菩薩の御厨子を壇上に置いて行なわれる加持をしてほしいと能憲が所望し、また不動明王と愛染明王は地蔵と一体であるという秘伝があるために、この法を修したのであった。頼印はこの地蔵菩薩の御厨子と、不動明王と愛染明王を、みな能憲の邸宅に持参して加持を行なったのである。そして二七日の修法が終り、再び加持を行なおうとして、頼印が能憲の邸に向かう時、地蔵菩薩の両眼から涙が流れ、同時に能憲は地蔵菩薩の化身である頼印の夢をみたという話である。

ここでは頼印が修した加持の具体名がわかる。頼印は病者の状況や希望に応じて、普賢延命法や不動法・愛染法という修法を行なっているのである。また二回目の加持の時には地蔵菩薩の御厨子を、わざわざ能憲の邸宅まで持参していたこともわかり興味深い。

結城直光と上杉能憲の場合は、頼印の加持の内容が詳しく書かれているが、次にみる鎌倉公方足利氏満の病気平癒の加持の場面では、頼印が加持を行なうに至る経緯が詳しく書かれている。

同（至徳）四年八月十三日、鎌倉左武衛氏満俄ニ瘧病ノ気出来、同十八日ヨリ若宮別当僧正弘賢殿中ニ参住、北斗法始行、伴僧六口、同廿一日、門弟ヲ卒シテ、ヲコリノ時分ヨリ一時早ク尊勝陀羅尼ヲ同音ニ誦満ス、僧正ハ拱テ加持ヲイタストイヘトモ、一時早発病シテ苦痛以外、仍佐々木近江守使トシテ、明日廿三日ヨリ参住シ玉フへキヨシ、院主ヱ仰ラル、是非ナク領状シテ、仏眼法始行、件僧六口、同廿二日発日ノアイダ、雲加持五古（鈷）ヲ持シテ加持申サルル処ニ、其気モナク平癒ス、随而管領以下諸大名壇所へ参賀ス、効験ノ至リ耳目ヲ驚者也、[8]

公方氏満の瘧病を治すため、まず鶴岡の若宮別当僧正弘賢が殿中に参住して北斗法を修し、ついで門弟を率いて瘧の時分より早く尊勝陀羅尼を誦満したが、氏満はやはり発病してしまった。そこで氏満は頼印に修法を命じ、これに応じて頼印が参住して仏眼法を修したところ、こんどは見事に平癒したという話である。氏満の病気が弘賢の加持では直らずに、頼印の加持によって平癒したことを強調しているわけであるが、公方の病気平癒の実現をめぐって、鶴岡八幡宮内の有力な僧侶たちの間でも競いあいがなされていたのであり、誰の加持が効験があるかということが、世間から常に注視されていたのである。

以上、頼印による公方・管領・大名の病気平癒の加持の記事をみてきたが、当時の鎌倉の僧侶たちが、武将の病気を誰が平癒させるかをめぐって競いあっていたことがわかる。結城の場合は「諸寺ノ律僧、諸社ノ山伏」が加持を行ない、上杉の場合もまずは「幣巫」が行なわれ、氏満の時には頼印と同じ鶴岡の僧である弘賢が参住して加持を行なっていたのである。また頼印の加持の場面をみてわかるように、病気平癒の加持も一様のものではなく、病者の状況に応じて適切な方法の加持を行なっていたのであり、これを見事になしうる者が名僧として尊崇されていたのである。

公方・管領・諸大名の病気の場合は、頼印が願主の邸宅に赴いて加持を行なっていたが、より身分の低い一般の武士の場合は別の方法がとられていたようである。

吉原薩摩守義直ト申ハ、鎌倉武衛（足利氏満）奉公者也、不断ニ虚病身ヲ犯シ、昼夜病苦シノヒカタシ、カノ院主ノ符ヲ所望シテ服スル時、タチトコロニ其ノシルシアリテ、今ハ本複（復）ノ躰也、敬信ノアマリカノ符五粒ヲ護ニカクル処ニ、マサシク生身ノ仏舎利トナリヌ、不審ノアマリ、嘉慶元年十一月五日奉請シテ拝シ奉ルニ、全身ノコトシ、凡経巻ハ仏舎利タルヨシ経文明鏡也トイヘトモ、末世ノイマニアタリテハ感応道交マレナルヨシ、

拝スル人尊重セストイフ事ナシ、(9)

鎌倉公方の奉公衆であるという吉原薩摩守義直は、永徳三年（一三八三）十月に氏満から常陸南郡小河郷の地の円覚寺雑掌への打渡しを命じられている「吉原薩摩守」(10)と同一人物と思われ、おそらく常陸に根拠地をもつ一般的な国人クラスの武士だったと考えられるが、病気に際して頼印に符（護符）を所望し、与えられた符を服用して本復し、感激して符五粒を護に掛けたところ、生身の仏舎利になったという話である。符が仏舎利になったというのは説話であり事実ではなかろうが、義直が頼印から符をもらって服用したことは事実であろう。他にこのような記事はみえないが、吉原のような一般の武士は病気の時に頼印から符を与えられて服用していたのであろう。

また病気平癒の祈禱に類する記事として、野田等忠の頓死に際して、頼印の加持により等忠が蘇生したという興味深い記事がある。野田等忠は公方氏満の近臣であり、(11)大名ではないが上層の武士といえようが、康暦二年（一三八〇）五月二十七日の夜に厠で頓死した。等忠の妻は執事を頼印のもとにつかわし、「在生ノ時院主ヲ信敬申セシ事他事無シ」、つまり等忠が生前頼印を深く尊敬していたから、なんとか来てほしいと懇願した。頼印はこれに応じ、前に書いた弘法大師御作の不動明王像を持参して加持を行なったところ、その場で等忠が蘇生した、という話である。(12)これは頼印の加持がいかに効験をもつものであったかを強調した記事であるが、これから野田のような武士の尊崇を頼印が受けていたことをうかがうことができる。

二　厄除の祈禱

また病気平癒の祈禱に近いものとして厄除の祈禱がある。「頼印絵詞」にみえるものは、公方氏満の重厄の時に頼印が加持をしたという二回の記事のみであるが、その内容を少しみてみたい。

最初は永和五年（一三七九）、氏満の太一定分重厄にあたって、頼印が殿中に参住して一字金輪法を修したという記事である。頼印はこの前年に公方氏満の護持僧（関東護持僧）になっていたが、これは護持僧としての最初の祈禱であった。そしてこの修法中に、上杉憲方の還参、将軍義満から氏満への赦免状の到来、京都の管領の補任という三つの慶事のあったことが特記され、「豈天下ノ大慶ニアラスヤ、此三ケ条修中ノ法験タルヨシ、一人ヨリ万人ニ至ルマデ、是ヲ悦バスト云事ナシ」と結ばれている(13)。

ついで至徳二年（一三八四）の氏満の太一定分重厄の時も、頼印は召されて殿中で仁王経法を勤修した。修法の間は風雨の煩いや水火の災いもなく、この時も新田の謀叛が露顕し、関係者が捕えられるという慶事がおきたと記されている(14)。

公方の重厄の際の祈禱は、基本的には公方の健康を保つことが目的であろうが、それだけでなく天変地異や政治的凶事がおきないようにするという、天下安全の祈禱に近い性格ももつものであったのである。

三　所願成就の祈禱

さらに頼印の祈禱は、所領の回復など武将たちの種々の所願を成就させる効験も有すると信じられていた。観応の擾乱で足利直義を擁して尊氏と戦い敗れた上杉憲顕は、観応三年（一三五二）二月に上州石上の寺において、当時榛名山に参籠していた頼印を召請し、「今度将軍尊氏に叛いたのは本意ではない。なんとか帰伏して赦しを乞いたい。この所願が成就するよう祈禱してほしい」と依頼し、頼印が和睦の懇祈を行なったところ、尊氏が没して子の義詮の代になって赦されて越後の守護となった、と記されている(15)。これは頼印と上杉氏の親交を示す最初の記事であり、憲顕の尊崇を得た頼印は、前述のようにその子の能憲・憲方の帰依をうけることになったのである。

この憲顕の復帰とあい前後して、関東管領の畠山国清が失却して伊豆に籠るという事件がおきるが、この時さきの観応の擾乱で憲顕とともに直義にくみして没落した岩松直国（新田の一流で上野新田庄の領主）が、国清の籠る伊豆立野城を攻め落とす高名をあげた。この功により本領を還補されるだろうと直国は期待していたが、何の音沙汰もないので、「此事人間ノ力及サル処也、併御加持力ヲ仰ヘキヨシ歎申」、すなわち頼印の加持力でなんとかしてほしいと歎願した。頼印はこれをうけて八幡本地護摩を一七日（七日間）勤行して巻数を渡したが、ちょうどその時に所領還補の御教書が到来したという(16)。

また頼印は、このような個々の武将の所願成就の祈禱だけでなく、鎌倉府政権全体に関わる所領獲得の祈禱も行なっていた。

至徳三年五月十四日、京都へマイラセラレシ両使彦部左馬助幷布施兵庫助入道得悦下着、御申無キ所ニ下河辺庄ヲマイラセラル、凡此庄ノ事ニヨリテ都鄙讒言等アリシカハ、イカニシテモ鎌倉へマイルヨウニ祈念ヲイタサルヘキヨシ、密ニ院主ニ御談合ノ処、ハカラサルニ当庄ヲマイラセラルル事、誠ニ懇念ノイタリナリトテ、将軍自筆御書幷義堂（周信）和尚ノ状二通、及政（二階堂）御使トシテ壇所へヲクラル、其後参ヘキヨシ仰ラルルアイダ、参入ノ処ニ、仰ラレテ云、御参住時分此事、併法力ノ感応也トテ、勧盃三献、梅花作太刀一、御乳人ヲモツテ院主ニ献セラル、仏法ノ再興此時ナルヨシ、万人掌ヲ合スル者也(17)、

下総の下河辺庄が幕府のもとに確保されるか、鎌倉府（鎌倉公方）のものになるかという問題をめぐって紛糾していたが、頼印が公方氏満から下河辺庄が鎌倉府の所領となるように祈念してほしいと頼まれ、参住して懇祈を尽くしたところ、願いの通り鎌倉府の所領として認められたという話である。下河辺庄は下総西部の広大な所領で、ここを確保するか否かは、鎌倉府の関東支配の成否を左右する重大なことであった。こうした重要な所願成就の祈禱も頼印は行なっていたのである。

四　天下安寧の祈禱

ここまで主として願主の個人的な問題に関わる祈禱についてみてきたが、頼印は鎌倉公方足利氏満の命で、天下安寧・武運長久の祈禱という、鎌倉府の関東支配に大きく関わる祈禱も行なっていた。

同（永和二年）十二月十八日、鎌倉武衛（足利氏満）感夢事アリ、大勝金剛法ヲ修セラレハ、天下安寧・武運長久ナラムト、夢サメテ一心院僧正乗円ニ此法ヲ懃（勤）行事仰ラルル所ニ、申テ云、当流ニハ此尊ヲ伝ヘスト、随而小田筑後入道性宗ヲモツテ、院主方へ仰ラルルアイダ、領掌シテ、一壇懃行シテ、御巻数ヲ進セラル、非護持ニヲヒテ巻数御返事直ニ仰ラレ、龍蹄ヲ引ルル事、関東ニハ是ゾハジメナリ、(18)

永和二年（一三七六）十二月に、時の公方氏満が、大勝金剛法を修したらば天下安寧・武運長久であろうという夢をみて、一心院乗円に勤行を命じたところ、この流にはこの修法を伝えていないというので、護持僧ではないが頼印に白羽の矢が立ち、頼印が勤行を行なうことになったという話である。「非護持ニヲヒテ巻数御返事直ニ仰ラレ、龍蹄ヲ引ルル事、関東ニハ是ゾハジメナリ」、すなわち護持僧でないのに公方から直接巻数の返事を与えられ、駿馬も送られるというのは、関東ではじめてだ、とあるので、天下安寧の修法のような公方の命による修法は、基本的には公方の護持僧（関東護持僧）のつとめであったことがわかる。頼印はこの二年後の永和四年に関東護持僧に任命される(19)が、その後も氏満の命で天下安寧の修法などを行なったと想定される。またこの記事から、天下安寧・武運長久の修法が、定期的にではなく、公方の夢見などの理由によって行なわれることがあったことがわかり興味深い。

五　戦勝祈願の祈禱

天下安寧の祈禱のような鎌倉府政権そのものに関わる政治的な祈禱の一つに、戦争の際の戦勝祈願の祈禱があるが、頼印も康暦二年（一三八〇）から永徳二年（一三八二）にかけて行なわれた公方氏満の小山義政討伐の際に、氏満の命で祈禱を行ない活躍したことが「頼印絵詞」に詳細に描かれている。(20) ここではその記事の内容を要約して、頼印の活躍のさまを整理してみたい。

関東で一、二を争う大名であった下野小山の小山義政は、まず康暦二年に公方に叛き、氏満が出陣して攻めると間もなく降伏したが、なかなか出仕しなかったので、翌康暦三年、氏満は再び出陣し、上杉朝宗・木戸法季の両人が先鋒の大将となり、一三か国の軍勢が集結して小山の鷲城を囲んだ。しかし義政は野臥を四方に放って鎌倉勢の通路を塞ぎ、また火事が毎夜のようにおきて、陣中は穏やかでなかった。困った氏満は、「仏神之加護ニアラズハ、静謐其期ナカラム」、つまり仏神の加護を得なければ平静にはならないだろうと考え、頼印に参陣するよう度々依頼した。そこで頼印は、十一月九日に鎌倉を立ち、十二日に太田範連の陣に着いた。この下向の時の様子は、垂輿の前に、前述した道承から相伝された地蔵菩薩の御厨子をかつがせてもってくるというものであった。(21)

氏満に対面した頼印は、翌十一月十三日から殿中で兼六字法を始行した。そうした所が、十六日になって、武蔵・上野の白旗一揆が鷲の外城に入って、これを攻め落とし、鷲城を内城だけに孤立させてしまった。この日はちょうど六字法の中日にあたっていたので、味方はみな法験を悦び、敵は恐れおののいた。二日後の十八日、氏満は御感御教書を頼印に与えた。

十一月二十日に六字法が結願すると、頼印はまたその日から一七日（七日間）の不動法の加持を始めた。そして二十七日に結願すると、その日から十二月三日まで百座の不動供を行なった。この間幕府から義政を赦免せず誅伐せよとの御教書が到来したが、これも頼印の加持の法験だと人々を悦ばせた。

十二月三日、氏満のたっての所望により、頼印は「調伏の法」の一つである如法愛染法をとり行なった。これは十一月十七日に氏満が頼印に「調伏の法」には何があるかと問い、頼印があげたいくつかの法のなかから氏満が選んだものであった。頼印は如法愛染法は法具が揃っていない等の理由で修法は難しいと何度も辞退したが、氏満に再三乞われてついに加持にふみ切ったのであった。そうしたところ、十二月八日になって義政が降伏を申し入れ、十日に如法愛染法を結願して巻数を進上したその時に、義政は鷲城を開城し、鎌倉方の軍勢が入城した。そして翌十一日に管領上杉憲方と、上杉朝宗・木戸法季の両将が頼印の壇所に参上し、ついで公方氏満自身が壇所に来て法験を賀した。十二日には義政が剃髪して降伏し、義政の乱はひとまず終結し、十三日に氏満はまた御感御教書を頼印に与えた。

以上が義政の乱の発端から、ひとまず和議が成立するまでの「頼印絵詞」の記事の概要であるが、頼印は氏満の求めに応じてその陣所に赴き、六字法・不動法・百座不動供・如法愛染法と、休む間もなく加持をつとめたのである。そして鷲の外城の没落、ついで鷲城の開城、義政の降伏と事態は進むが、こうした鎌倉方の勝利は、頼印の加持の効験と認知され、氏満から御感御教書が頼印に与えられたのである。戦争の際に頼印に与えられた御感御教書は、一般の武士が戦功に対して与えられる御感御教書と同じく、その功績を明記し、その集積によって恩賞を与えられる理由になりうる性格のものだったと思われる。当時の戦争には武士たちと同じく、頼印のような僧侶も参加しており、武士は戦闘により、僧侶は祈禱によって敵と戦っていたのである。僧侶の祈禱が武士たちの士気に大きな影響を与えたことも充分考えられる。そしてその功労に対しては、武士にも僧侶にもともに御感御教書が与えられたのである。

なお前述のように頼印は氏満の陣中での祈禱に際して、地蔵菩薩の御厨子をもっていったのであり、合戦の際の祈禱がこのような大がかりな準備を行なったうえでなされていたことがわかり興味深い。また義政討伐のためにどの修法を行なうかの選択は、基本的には頼印に任せられていたが、公方氏満も修法に大きな関心をもち、如法愛染法の加持をたびたび依頼するなど、その修法の内容について指示していたこともわかる。

またこの戦いの最中の十一月十八日に、頼印が氏満に命ぜられて、先陣の笠験と小旗の神号を書いて、加持を行なって進上したという記事がある(22)。戦争の際の笠験・小旗の神号が、その加持に効験ありと敬われていた名僧の手で書かれていたのであり、僧侶の加持力は、このような形でも利用されていたのである。

さて、翌永徳二年の三月になって、小山義政はまた叛いた(23)。三月二十二日の夜、義政は祇園城に放火して、糟尾の山中に籠城したのである。二十三日に氏満と対面した頼印は、神慮があるならば二〇日の間に義政の首をみることができるだろうと豪語し、四月三日から求められて二七日（一四日間）の大勝金剛法を修した。そうしたところ、十三日に義政はついに自殺し、十五日に義政の首を送るという上杉朝宗の注進が氏満のもとに届けられた。この日は先に頼印が豪語した日からちょうど二〇日目にあたっていたので、感動した氏満は、すぐさまこの旨を頼印に伝えてその効験をたたえた。そして十八日に義政の首実検が行なわれ、小山義政の乱は完全に終息した。この再度の反乱に際しても、頼印は陣所において大勝金剛法を修しており、義政の自殺のあと氏満からまた御感御教書を与えられている。

ところでこの義政の糟尾での挙兵に際して、出兵を急ぐ氏満と、これに躊躇する上杉朝宗・木戸法季の両将の間で意見が対立したが、氏満に乞われて頼印が両将のもとに赴いて説得した結果、両将もようやく納得して出陣したという興味深い記事がある。

同廿三日、問注所入道浄善・野田入道等忠ヲ使トシテ、両将ニ仰セテ云、諸軍ヲ卒シテ急発向スヘキヨシ、一日ニ両三度問答アリトイヘトモ、両将命ニ随ハス、ツヰニ廿五日ニハ申キリテ、立ヘカラザルヨシ治定ス、武衛大ニ驚テ、同廿六日ノ早旦ニ壇所ヘ来臨シテ云、両使ヲモテ三ケ日問答ストイヘトモ、中務入道禅助（上杉朝宗）固辞スルアイダ、術ヲ失フ者也、所詮其憚アリトイヘトモ、尊駕ヲ彼方ニ屈シテ、愚慮ヲ伝ヘ給ヘト、則チ命ニ応シテ申云、陣ニ向テ問答スル事両度ニ及ヘリ、其時禅助仰ニ随テ、来廿九日進発スヘキヨシヲ申スアイダ、武衛始メテ歓顔ス、万物皆以春也、院主仏法ノ効験ノミニアラス、世間ノ理非モ明察ニマシマシケルニヤト、諸人不思義ニソヲモヒケル(24)、

頼印は加持祈禱という僧侶本来の職務から離れて、大将に早く出兵するよう説得するという、きわめて世俗的・政治的な活動を行なうことになったのである。そして彼の説得は成功するわけだが、これに対して「頼印絵詞」では、「院主仏法ノ効験ノミニアラス、世間ノ理非モ明察ニマシマシケルニヤト、諸人不思義ニソヲモヒケル」と賞讃している。頼印が「世間ノ理非」も明確に判断し行動する能力をもっていたことが人々から讃えられたというわけである。戦争の際、僧侶は加持祈禱に止まらずに、このような政治交渉に類することも行なっていたのであろうし、それに対して、それを分を越えたことと咎めないで、その世俗的なことを処理する力を賞讃するという意識が存在していたことがわかり興味深い。僧侶が戦争の際だけでなく、平時においても政治の場に参入していくことがあるが、このようなことがなにゆえ可能なのかを考える際の素材になるかもしれない。

小山義政の乱に際しての頼印の活躍のさまは以上の通りである。なお義政滅亡の四年後の至徳三年（一三八六）に、義政の子の小山若犬丸が、小山の祇園城に籠って挙兵した時も、頼印は出陣中の公方氏満の求めに応じて、下総古河の陣において御修法を八か度、護摩を二か度、十二時不動供を六か度とり行なっている(25)。また翌四年に逃亡した若犬丸と、これをかくまった常陸の小田氏が、男体城に籠って氏満に叛いたが、この時も頼印は鎌倉の殿中で千手法を修し、その中日に男体城が陥落したため、のちに氏満からまた御感御教書を与えられている(26)。

六　頼印と鎌倉の人々

これまで遍照院頼印の祈禱活動のさまを、祈禱の目的ごとに述べてきたが、ここでいままでみた記事に新たな記事を若干加えて、当時の鎌倉の諸階層と頼印の関係を整理してみたい。

まず鎌倉公方足利氏満と頼印の関係をみてみたい。前述のように頼印は氏満の瘧病平癒の祈禱を行なったり、重厄除けの祈禱を行なったりしていたが、それに止まらず、頼印と氏満の親交を物語る記事は「頼印絵詞」のなかの随所にみられる。

同（永和二年十一月）廿九日、三七日断食願満ストイヘトモ、生涯ノ間菜食スヘキコヽロサシナリ、爰同十二月七日、鎌倉武衛（足利氏満）ノ御使トシテ、梶原備中守先社務僧正ヘマイリ申云、遍照院数日断食驚入候ノ処、重テ菜食ノヨシ承リ驚歎入候也、祈禱事憑入候処、若シ大事出来候ハ珍事候、心ヲ一ニシテ教訓ヲ加ヘラレ候ハ本意ニ候、猶以異儀ニ及ハハ光儀アルヘキヨシ仰ラルル間、備中守ニ頼俊大僧都ヲ相製（副カ）テ院主ヘマイリ、子細同前、院主尊意ノ厚キニ応シテ、使節ノ前ニシテ始テ飲食スルモノナリ、殊更龍蹄一疋御使ニ引トナム、(27)

頼印は永和二年（一三七六）の十一月九日より期するところあって断食をはじめ、その期間もしだいにのびて三七日（二一日間）に及び、そのあとも生涯菜食するとの誓いを立てた。これを聞いた公方氏満は、「祈禱のことを頼印にたよっているのに、もし健康を害したりしたら大変だ」と心配して、使者を頼印のもとに遣わして食事をとるように説得した。この氏満の懇願に感じた頼印は、使者の前ではじめて飲食した、という話である。公方氏満と頼印がかなり個人的な感情で結ばれていたことを示すエピソードである。

また下って永徳四年（一三八四）、金沢光徳寺に閑居している頼印のもとに、突然氏満が訪れ、「護身之法」の伝授をしてほしいと懇願した。この数年前に前述の小山義政の乱があり、その時の頼印の法験に感動したので、護身法の伝受を許してほしいと氏満は懇願し、頼印もついに了承して印明を授けた。そしてその際の布施として氏満から秘剣を献じられた、ということも記されてある。(28)

頼印は永和四年（一三七八）二月に「関東護持僧」に加えられているが、公方氏満との交わりはそれ以前からあり、氏満の命をうけて天下安寧・武運長久の祈禱をしたりしていた。前述した頼印の菜食を氏満が止めたという記事も、頼印がまだ護持僧でなかった時のものである。頼印は上杉や結城などの武将と師檀関係を結ぶとともに、公方氏満とも祈禱を通じて親交を結び、その結果関東護持僧に任命されるに至ったのである。また小山義政の乱の際も、頼印は氏満のかなり個人的な命令に従って行動しているようにみえ、前述のように氏満の意をうけて上杉朝宗らを説得したりもしている。頼印は鶴岡八幡宮の供僧の一人であるが、その個人的力量によって、公方氏満の厚い信任を得たのである。

ついで頼印と鎌倉の有力な武将たちとの関係について考えたい。前述のように、関東管領（関東執事）上杉憲顕が一時没落した時、その再起の祈禱を頼印は行なっており、憲顕の復帰後は、その子の能憲と憲方が病気に際して頼印の加持を頼っている。前記のように上杉能憲の病気の際、頼印は「師檀ノ義モタシカタキニヨリテ」その平癒祈禱を了承したと書かれており、頼印と関東管領上杉氏が「師檀」の関係にあったことがわかる。

大名クラスの武士との関係を物語るものとしては、前述の岩松直国の所領還補の祈禱の記事と、結城直光の狂気平癒の祈禱の記事がある。この結城の場合も頼印は「師檀ノ義モタシカタキニヨリテ」祈禱を行なっているから、頼印と結城との間に師檀の関係が成立していたことがわかる。なお頼印が祈禱によって蘇生させたという野田等忠は、伝統的な領域支配を行なっている大名ではないが、鎌倉府の宿老クラスの公方直臣であり、大名クラスに準ずる有力武士といってよかろう。

頼印はこのように管領上杉氏や結城などの大名と師檀関係を結んでいたのであり、その依頼をうけて祈禱を行なっていたのであるが、ここで注目されるのは、このような祈禱の効験があり、所願が成就した場合、願主から一定の所領が頼印や鶴岡八幡宮に寄進されているということである。上杉憲顕の復帰が成った時には上野大前の保司職が頼印に寄進され[29]、岩松直国の本領還補に際しては上野丹生郷の慈恩寺の別当職が頼印に寄進されている[30]。また上杉能憲の病気平癒の祈禱の時は上野萩原春近が鶴岡八幡宮に[31]、上杉憲方の病気平癒の祈禱の時には上野片山春近が鶴岡本地供道場と新宮社に[32]それぞれ寄進されている。頼印は檀家である武将たちの求めに応じて祈禱を行なうことによって、その所領を獲得していったのである。

なお「頼印絵詞」には、永徳三年（一三八三）に二階堂式部大夫入道及政が武蔵塩船寺を頼印に寄進したという記事があり[33]、またその前年に梶原美作入道が景栖を、問注所浄善が新方の田畠十町を、光徳寺結縁灌頂のために寄進したと記されている[34]（光徳寺結縁灌頂については後述）。この二階堂及政は鎌倉府の政所執事であり[35]、梶原美作入道と問注所浄善はともに公方氏満の重臣である[36]。ここには直接には彼らと頼印との関係が書かれてはいないが、彼らが頼印に所領を寄進していることからみて、頼印と彼らがやはり師檀の関係にあったことが推測できよう。

頼印はこのように公方氏満だけでなく、管領上杉氏や、二階堂・梶原・問注所・野田といった公方の重臣層、結城・岩松らの伝統的大名層という、鎌倉にあって政治を左右していた階層の武将たちの広汎な尊崇を得ていたのである。

さらに頼印は鎌倉にいる中下層の武士たちにも尊敬され、彼らとの間にも一定の関係をもっていたようである。前述した公方氏満の奉公衆の吉原薩摩守義直が、病気に際して頼印に所望して「符」をもらい、それを服用したという話は、頼印と一般の武士との関係を物語る興味深い記事である。公方氏満や管領上杉氏、諸大名などの病気の際には、頼印は自らその邸宅に赴いて加持を行なっていたが、より身分の低い一般の武士の病気に際しては、このような「符」を与えるという形がとられていたのである。

このほかにも鎌倉の一般の武士たちと頼印の関係を示す記事はいくつか散見する。

　永和三年六月廿二日夜、潮田掃部丞実安夢ミラク、或交衢ニ人群集ス、是ヲ見ルニ堂アリ、中ニ壇アリ、壇中ニ蓮花座アリ、上ニ地蔵菩薩マシマス、壇ノ左ニ座アリ、焔王在ス、尊像ヲ見レハ地蔵ニテハマシマサズ、院主ノ生身ナリ、左リ肩ヲカタヌキテ、手ニ独古ヲ持シ、右ノ肩ニ錫杖ヲカケタリ、頂背ニ光明ヲハナツ、心ニ敬信スル処、暁ノ鈴声耳ニ徹シテ夢サメヌ、(37)

潮田実安という武士が、頼印が生身の地蔵菩薩になった夢をみたという話である。このほかに、この翌日の二十三日に、諏訪四郎左衛門尉連隆が、悶絶しているのを頼印に助けられた夢をみて、これを頼印に報告しており(38)、また至徳四年（一三八七）十二月には、同じく諏訪連隆が、頼印の断食を心配して参入したところ、頼印の左右に金色の小地蔵菩薩が置かれてあった夢をみて、やはり頼印に報告している(39)。この潮田と諏訪は、他に所見がなく、鎌倉公方か上杉に仕えていたごく一般的な武士だったと思われるが、こうした武士の夢にたびたび頼印が登場したということが記録されたことからみて、彼ら武士層の広汎な尊敬を頼印が受けていたことが推測されるのである。

そしてさらに頼印は公方氏満の命で、多数の衆生に仏縁を結ばせるために行なう結縁灌頂も執行していた。

　光徳寺結縁灌頂者、鎌倉左武衛発願也、源右幕下（頼朝）鎌倉草創以来、御願トシテカノ大法事ヲ行ハレス、何況不朽御願イマタ其例ナシ、武衛ト院主ト師檀他ニコトニシテ、此大会ヲ申行ルル事、利益衆生ノ方便何事カコレニシカム、洛中勅願御願皆ナキカコトシ、末世今ニ至リテ毎年懃行ノ料所トシテ、下総国大河戸郷寄附セラル、仍ハ永徳三年十二月四日開白以来、イマニ退転無キ者也、至徳元年十二月四日、懃行ノ処、必結縁アルヘキヨシ、武衛命セラルル間、職衆十六口ヲ調テ庭儀タルヘキトコロニ、同三日指合ニヨリテ駕ヲ枉ヘカラザルヨシ仰ラルルアイダ、臨期仰天ナリ、院主云、明日カナラス来臨アルヘシ、用意ヲイタスヘキヨシ仰ラレテ、翌朝ニハ悉ク堂荘厳ニシテ待チ申サルル処、未ノ剋ノ始ニ唯今光御ノヨシ方々ヨリ告来ル、則渡御、万人希代ノ思ヒヲナス者也、御馬幷御剣、小袖五重進覧、三献以後イトマヲ申テ三昧耶戒儀式ヲトリ行ル、御聴聞処ニシテ御結縁アリ、初夜時ニハ優婆塞ノ始ニ印明ヲ受玉ヘキ、誠ニ大乗結縁之初メ、真言再興ノ基也、スヘテ四輩結縁三百余人、其為躰厳重也、(40)

永徳元年（一三八一）より、氏満の発願による結縁灌頂が毎年の十二月四日に行なわれ、頼印が尊師をつとめたという記事である。至徳元年（一三八四）の結縁灌頂の時には公方氏満が出席しないことになり、みなが狼狽していたが、頼印は落ちついて用意していたところ、氏満が到着してみなが驚いたと書かれているが、このことからこの結縁灌頂には基本的に公方が参加していたことがわかる。この結縁灌頂を受けた人々の実態はよくわからないが、末尾に「スヘテ四輩結縁三百余人」とあることや、氏満の発願の意図が「利益衆生」にあったことから考えても、この結縁灌頂を受けたのは、武士だけではなく上層の住民層も含む人々であったと思われる。頼印と鎌倉およびその近在の住民層との関係はよくわからないが、少なくとも彼がこの結縁灌頂の時に広汎な人々に印可を与えていたことはわかるのである。

おわりに

「頼印大僧正行状絵詞」という記録の内容をみながら、鶴岡八幡宮の供僧の一人である遍照院頼印が、その祈禱を通じて、鎌倉にいる鎌倉公方や上杉氏、諸大名や一般の武士たちと、いかに関わっていたかを具体的に検討してみた。もとよりこの作業は一人の僧の、それも一つの記録にみえる行動のみを考察したものであり、きわめて限られた内容のものである。今後たとえば頼印のような供僧の集合体である鶴岡八幡宮が全体として鎌倉府といかなる関係を結んでいたのかを考え、さらに建長寺・円覚寺なども含めた鎌倉寺社と鎌倉府との関係を総合的に考察する、という形で研究を進めていきたい。

注

（1）『群馬県史』資料編6・中世2（以下『群馬県史』と略）、一二二〇号史料（底本は静嘉堂文庫本）。
（2）『同右』、八三七～八三八頁。
（3）『同右』、八四〇～八四二頁。
（4）『同右』、八四九頁。
（5）『同右』、八六二～八六三頁。
（6）注（2）史料。
（7）注（3）史料。
（8）注（5）史料。
（9）『群馬県史』八六三頁。
（10）「円覚寺文書」永徳三年十月六日、鎌倉公方足利氏満御教書（『神奈川県史』資料編3、古代中世3上、四九三五号史料）。
（11）拙稿「鎌倉府の奉公衆」（『史学雑誌』九六編三号）、四七頁参照。
（12）『群馬県史』八四九～八五〇頁。
（13）『同右』、八四八頁。
（14）『同右』、八五九頁。
（15）『同右』、八二六～八二七頁。
（16）『同右』、八三〇～八三一頁。
（17）『同右』、八六一頁。

(18)『同右』、八四二頁。
(19)『同右』、八四七頁。
(20)『同右』、八五〇～八五七頁。
(21)「頼印絵詞」は頼印の鎌倉出立を十月九日のこととし、この後の鷲の外城落城を十月十六日、鷲城の落城を十一月十日のこととしている。しかし同書に引用されている、鷲の外城落城の際に出された頼印あての氏満の感状の日付は十一月十八日、鷲城落城の際に出された同じく氏満の感状の日付は十二月十三日（この感状のなかには「去十日」に鷲城が落ちたとの記述もある）であり、この二つの感状の日付は、「頼印絵詞」の地の文の日付より一月おくれになっている。この二つの感状は現存する（「神田孝平氏旧蔵文書」、『神奈川県史』資料編3、古代中世3上、四八七六号、および「明王院文書」、『神奈川県史』四八七九号）ので、おそらくこの日付は正しく、この前後の「頼印絵詞」の地の文の月が一か月ずれていると考えるべきであろう。したがってこの頼印の鎌倉出立以降の記事については、「頼印絵詞」にみえる日付より一か月おくれた日付で叙述することにする。
(22)『群馬県史』八五二頁。
(23) 以下の記事、『群馬県史』八五五～八五七頁。
(24)『群馬県史』八五五～八五六頁。
(25)『同右』、八六二頁。
(26)『同右』、八六三～八六四頁。
(27)『同右』、八四五～八四六頁。
(28)『同右』、八五七～八五八頁。
(29)『同右』、八二七頁。
(30)『同右』、八三〇～八三一頁。
(31)『同右』、八四二頁。

(32)『同右』、八四九頁。
(33)『同右』、八四六頁。
(34)『同右』、八四六頁。
(35)「鎌倉大日記」(内閣文庫所蔵)。
(36)前掲注(11)拙稿、四七・四九頁。
(37)『群馬県史』八六五頁。
(38)『同右』、八六六頁。
(39)『同右』、八六五頁。
(40)『同右』、八五八～八五九頁。

第三章　犬懸上杉氏の政治的位置

はじめに

歴史上に存在したさまざまな政治権力の分析を行なう時、今に残された文献史料を解読し利用しながら政権の実態に迫るという方法が用いられるが、ここで留意しなければならないのは、権力の展開過程によって関連史料の量が大きく異なる、ということである。上杉・伊達・毛利・島津というように、家名を守りつづけて多くの文書を今に残すものもあるが、政争に敗れて家が断絶した場合、史料はほとんど消滅し、権力が健在だった当時のことを詳細に明らかにするのは困難である。たとえば内乱によって短期間のうちに滅亡した鎌倉北条氏と御内人は、自らが所持していた文書類を今に伝えていない。権勢を振った北条一門とその被官たちの実態が十全な形では解明されていないのも、彼らのほとんどが滅亡してしまったことに起因する。

ここでとりあげる犬懸上杉氏も、政権闘争に敗れてその記憶を残さない一門である。南北朝・室町期の関東にあって、鎌倉公方を補佐しながら関東管領もつとめたこの一流は、かなりの実力をもちながら、応永二十三年（一四一六）に当主氏憲（入道禅秀）が内乱をおこして翌年滅亡すると、関東における所領をすべて失い、政治の表面から姿を消した。同じく関東管領をつとめた別流の上杉氏（山内上杉氏）は、氏憲の滅亡によってその勢力を増し、家名を存続させて伝来文書を今に伝えているが、犬懸上杉氏の文書は残らず、時代の流れのなかでその記憶もしだいに消え去っていったようで、関連史料はきわめて少ない。そのこともあってか、現在に至るまでこの一門の実態が全面的に論じられることはほとんどなかった。しかし南北朝・室町期の関東を支配した鎌倉府の権力構造を全体的に見通そうとするとき、犬懸上杉氏とこれに連なる勢力の存在とその重みを看過することはできない。断片的にしか史料は残らないが、わずかな手がかりをもとにしながら、犬懸上杉氏の実態に少しでも迫ってみたい。

上杉氏は藤原北家勧修寺流で、重房が丹波上杉庄を領して上杉氏を称し、さらに宗尊親王に従って関東に下向し、足利氏との関係をとり結んで発展の足がかりを得た。重房の孫の憲房は、足利尊氏・直義兄弟の母方の伯父にあたり、尊氏の挙兵に従って建武三年（一三三六）の春に京都の合戦で戦死した。憲房の子の憲顕は関東執事をつとめ、観応の擾乱においては直義派に属していったん下野するが、やがて政界に復帰して関東管領に任じられ、鎌倉公方足利基氏を補佐した。憲顕には多くの子息があり、そのうち能憲・憲春・憲方の三人が関東管領をつとめ、憲方の子孫が憲定―憲基―憲実という形で続いていく。この一流を山内上杉氏と呼ぶが、関東管領をつとめたのはこの流れだけではなかった。上杉憲顕の弟の憲藤は、暦応元年（一三三八）に信濃で戦死するが、その遺児である朝房・朝宗兄弟は上杉一門の一翼を担い、朝房は従兄弟の能憲とともに関東管領をつとめ、朝宗も従兄弟の憲方とその子の憲孝が死去したのち関東管領に任命された。そして朝宗の子の氏憲も一時関東管領をつとめている。この憲藤流の一門を犬懸上杉氏と一般にいいならわしているが、「鎌倉大草紙」では朝宗に関わる記事で「犬懸の先祖是也」といっているから(1)、実際に犬懸を称したのは朝宗・氏憲の二代といえる。ただここではこの二人に限定せず、憲藤の一流をまとめて犬懸上杉氏ととらえ、その発展のようすを探っていきたい。

一　犬懸上杉氏の家臣

ある政治勢力の展開を論ずる時、その出発点から順を追ってみてゆくという方法をとるのが普通であるが、犬懸上杉氏の考察にあたっては、最盛期の状況を確認したうえでその成長過程をとらえるという形をとるほうが理解しやすい。この一流は朝宗の一代で大きく発展し、氏憲の段階もその勢力を保つが、応永二十三年に彼が鎌倉でクーデターを起こし結局滅亡すると、関東における犬懸上杉氏の勢力は崩壊した。こうした一門の歴史をみると、禅秀の乱勃発当時こそがその最盛期であったと考えることができよう。したがってここではまず禅秀の乱関係の史料を分析するなかから、当時の犬懸上杉氏の権力とその基盤の一端を解明し、そのあとでこの一流の歴史を振り返るという形で論を進めてゆきたい。

禅秀の乱については多くの関連史料があるが、この内乱の経緯を詳細かつ全体的に描いた記事が「鎌倉大草紙」のなかにある。記述は全面的には信頼できないが、内容はかなり具体的であり、事件からそう下らない時期に作られた記録にもとづいている可能性が高く、史料的価値は低くない。まずはこの「鎌倉大草紙」をもとに、内乱における犬懸上杉氏の軍団についてみていきたい。

上杉氏憲のクーデターは応永二十三年の十月二日に勃発する。「鎌倉大草紙」では氏憲に与同した武士たちを列記したのちに、次のように事件の発生を記している。

かくて国々の調儀終て、同十月二日戌の刻ばかり、新御堂殿幷持仲御所忍で殿中より御出、西御門宝寿院へ御出有て御旗を揚らるゝ、犬懸の郎等屋部・岡谷の両人、手の者を引率、其夜塔辻へ下り、所々堀切・鹿垣を結渡し、走矢倉をあげ、持楯をつき、家々の幕をうち、一揆の旗を打立たり、(2)

ここにみえる「新御堂殿」は鎌倉公方足利持氏の叔父の満隆、「持仲御所」はその養子の持仲（実は持氏の兄弟）で、持氏を討つべく氏憲と結んでいた。氏憲はこの二人を擁してクーデターを起こしたわけだが、十月二日の夕刻、満隆父子は西御門宝寿院に赴いて決起した。これが事件の発端であるが、注目したいのはこれに続く記事である。「鎌倉大草紙」によれば、このとき「犬懸の郎等屋部・岡谷の両人」が手勢を率いて塔辻に下り、防御施設を作って陣地を整えたとある。屋部・岡谷という人物が氏憲の郎等だったことがわかるが、この時の行動からみて、両名は犬懸家の重臣クラスとみてよかろう。

このあと氏憲は御所に赴いて持氏を捕縛しようとするが、事変に気づいた持氏の近臣が急を告げ、持氏は近習たちとともに山越えで小坪に出、前浜を通って佐介の上杉憲基亭に逃れた。そうこうするうち日が明けるが、三日は悪日であるという理由で合戦はなく、四日の未明になって両派の軍勢配置がなされた。「鎌倉大草紙」はこの時の様子を詳しく記しているが、そのなかに犬懸上杉氏の軍団の記事もある。

扨、犬懸入道の手には、嫡子中務大輔、舎弟修理亮、郎等千坂駿河守、子息岡谷豊前守、嫡孫孫六、甥弥五郎、従弟式部大輔、塩谷入道、舎弟平次左衛門、蓮沼安芸守、石河助三郎、加藤将監、矢野小二郎、長尾信濃守、同帯刀左衛門、坂田弾正忠、小早川越前守、矢部伊与守、嫡子三郎、其外臼井・小櫃・大武・沓係・太田・榊田・秋元・神崎・曾我・中村の者ども、和具を先として二千余騎、鳥居の前より東に向、鉾矢形に張陣、(3)

犬懸の軍団のメンバーを列記するこの記事は、犬懸家の家臣の様相を考えるうえで最も貴重なものである。ここにみえる連名の並び方もそれなりに意味があると思われるので、順を追って考察していきたい。

「嫡子中務大輔」は氏憲の子の憲顕で、「舎弟修理亮」は氏憲の弟氏顕である。(4)郎等の筆頭には「千坂駿河守」の名があるが、応永四年（一三九七）から六年のころに千坂越前守（のち越前入道）という人物が武蔵の守護代をつとめていることが知られ、(5)応永十三年（一四〇六）には千坂信高が上総国内の段別銭の請取状を発給している(6)（上総守護代とは特定できないが、国内支配の中核に位置していたことは明らかである）。千坂氏は犬懸家の家臣のなかでも筆頭に位置し、そのためこの連名でも郎等の最初に記されたのであろう。

千坂氏の出自は明らかでないが、この一族と犬懸上杉氏との関係については手がかりとなる記事がある。「上杉系図」の上杉朝房の項にみえる次のような記載がそれである。

> 父討死時、家人石川覚道抱之、于時幸松四歳、幸若二歳、家人千坂子二歳、和久子四歳相従之、共於鎌倉成人、[7]

ここにみえる「幸松」は上杉朝房、「幸若」はその弟朝宗である。暦応元年（一三三八）に上杉憲藤が戦死したとき、二人の遺児は幼少だったが、家人の石河覚道がこれを保護し、同じく家人の千坂の子と和久の子が二人に従ったという。この記事を信ずれば、千坂氏は上杉憲藤の家臣であり、朝宗と同年齢の人物が朝房・朝宗に従ってともに成長したということになる。おそらく彼は朝宗の信頼を受けながら、家臣筆頭の地位を築き上げていったのであろう。証拠はもちろんないが、武蔵守護代として朝宗を支えた千坂越前守はこの人物にあたるかもしれない。氏憲の軍団にみえる「千坂駿河守」は世代的にみて越前守の子と考えられ、十年前に上総の段銭請取状を出している信高と同一人物の可能性が高い。

ここで再び「鎌倉大草紙」に戻ろう。ここでは千坂駿河守に続いて「子息岡谷豊前守、嫡孫孫六、甥弥五郎、従弟式部大輔」とある。この記事をそのまま読むと、千坂駿河守の子が岡谷豊前守を名乗ったことになるが、「鎌倉大草紙」の別本には「郎等千坂駿河守、子息三郎、岡谷豊後守、嫡孫孫六、甥弥五郎、従弟式部大輔」と、「三郎」の二文字が加えられている[8]。これに従うと千坂氏は駿河守と三郎の二名で、岡谷豊後守以下の四名はみな岡谷氏ということになる。確証はないが、「子息岡谷豊前守」という記述は若干不自然なので、「三郎」の文字を加え、千坂が二人で岡谷が四人と考えておきたい。

ところでここにみえる「岡谷豊前守」は、二日の夜にいち早く陣所を築いた「岡谷」と同一人物であろう。こうした行動からみて、彼が犬懸家臣の中核にいたことがわかるが、岡谷氏の出自は判然としない。武蔵榛沢郡の深谷にいた深谷上杉氏の家臣に岡谷氏がみえるから[9]、この地方の武士かとも思えるが、犬懸上杉氏の家臣だった岡谷氏が、のちに深谷の上杉氏に従ったとみることも可能で、いまのところ何ともいえない。

千坂・岡谷のあとは「塩谷入道、舎弟平次左衛門」と続くが、この記事には問題がある。「鎌倉大草紙」と同じく犬懸家臣の連名をのせる「旅宿問答」や「鎌倉九代後記」では「塩谷入道」を「埴谷入道」とし、後者は「埴谷」に「ハンカイ」とふりがなをのせる[10]。「塩谷」か「埴谷」かということになるが、このうち埴谷氏は犬懸上杉の重臣として史料にみえ、応永十一年（一四〇四）から十二年にかけて「埴谷備前入道」という人物が武蔵守護代をつとめていたことが知られる[11]。「鎌倉大草紙」には「武州目代」をつとめた「塩谷備前守」が登場するが[12]、これは武蔵守護代の埴谷備前入道と同一人物で、「塩谷」は「埴谷」の誤りと考えるべきであろう。したがって家臣連名にみえる「塩谷入道」は「埴谷入道」で、埴谷氏が二名登場しているとみてよかろう。十年ほど前に武蔵守護代をつとめた埴谷備前入道が、ここにみえる「埴谷入道」にあたる可能性もかなり高い。

ところで上杉氏憲が滅亡した後、応永二十五年（一四一八）に「上総本一揆」が反乱を企て、翌年には鎌倉勢の攻撃を受けて降伏するが、「喜連川判鑑」によれば、この時の「本一揆ノ大将」は「榛谷小太郎重氏」で、捕えられて鎌倉の由比浜で処刑されたという[13]。「埴谷」と「榛谷」は文字は異なるが、前記した「鎌倉九代後記」において「埴谷」に「ハンカイ」とふりがなが付されていることを考えあわせれば、「埴谷」と「榛谷」は同じ家で、「はんがい」（はんがや）と読まれていた可能性が高い。そうするとこの一族は武蔵の榛谷御厨に出自をもつ、秩父平氏流の榛谷氏であるとみてよかろう。「榛谷小太郎重氏」の「重」の字は、榛谷氏も含む秩父平氏一門の通字であることも、この推測の裏付けとなる。渡辺世祐氏はこれを「埴谷小太郎重氏」と考えて、上総山武郡埴谷出身の武士と推測されたが[14]、むしろ武蔵に淵源をもつ一族と考えるほうが自然ではあるまいか。

これに続く「蓮沼安芸守」は、武蔵国幡羅郡蓮沼を本拠とする小野姓猪股党の蓮沼氏の流れであろう。(15)次の「石河助三郎」は上杉朝房・朝宗兄弟を養育した石河覚道の子孫と考えられる。石河一門については、貞治四年（一三六五）に「石川勘解由左衛門尉」という人物が、上杉朝房のもとで上総守護代をつとめていたことがみえ、(16)「石河左近将監」の上総守護代としての活動は永和二年（一三七六）と至徳二年（一三八五）の史料にみえる。(17)石河覚道の活躍もあって、この一門は初期には犬懸家臣の筆頭にいたが、千坂氏や埴谷氏の台頭によってその地位を低下させていったとみることができよう。石河氏の出自については確証はないが、武蔵国久良岐郡石川郷出身の、小野姓横山党の石川氏の可能性が高い。同族の平子氏が越後上杉氏の家臣として組織されていることからも、このことがうかがい知れるのである。(18)

「加藤将監」については手がかりがないが、「矢野小二郎」は武蔵北半にその活動の痕跡の残る矢野氏の一族であろう。(19)「長尾信濃守、同帯刀左衛門」は上杉氏家臣として最も著名な、相模国鎌倉郡長尾を本貫とする平姓長尾氏の一族かとも思うが、上杉一門にも「長尾」を称する家があり（憲房の兄弟の頼成の子孫）、この流れの氏春（兵庫助）が氏憲とともに自害したと「上杉系図」にみえるので、(20)「長尾信濃守、同帯刀左衛門」はこの長尾氏春の一族である可能性もある。「坂田弾正忠」「小早川越前守」もよくわからないが、坂田は武蔵の丹治姓丹党の坂田氏、小早川は相模の平姓土肥氏流小早川氏の流れではあるまいか。

これに続く「矢部伊与守、嫡子三郎」で、名乗りも含む連名が終るから、ここまでが犬懸家臣の中心部分と考えられる。この矢部（屋部）は岡谷とともに陣所の設営を主導しているから、氏憲の重臣だったことが知られるが、矢部氏の出自は定かでない。

千坂駿河守から矢部三郎に至る一七人（一一家）は、最初に「郎等」とくくられており、犬懸家の郎党の立場にあった被官ととらえられる。このうち石河・千坂は明らかに南北朝初頭からの家臣で、おそらく鎌倉時代から上杉氏に従っていたと考えられる（長尾も被官の家系であればこれに含まれる）。残りの八家については手がかりが少ないが、埴谷・蓮沼・坂田は武蔵出身の可能性が高い（石河も武蔵出身らしいが、早くから上杉の被官となっている）。また矢野氏も武蔵での活動が知られるから、武蔵に拠点を置くと考えてよかろう。詳細が解明されたわけではないが、禅秀の乱当時の犬懸上杉氏の上層家臣は、鎌倉以来の根本被官層を中核としながら、武蔵出身の武士などをいくつか付け加える形で構成されていたとみることができよう。

この連名のあとに「其外臼井・小櫃・大武・沓係・太田・榊田・秋元・神崎・曾我・中村の者ども」と続くが、彼らは「郎等」クラスの周辺に位置づけられた存在とみられる。このうち「臼井」は下総国印旛郡臼井庄に本拠をもつ千葉氏流臼井氏の流れで、「神崎」もやはり下総国香取郡神崎出身の千葉氏流神崎氏とみてよかろう。「小櫃」は上総国望陀郡小櫃の武士であろうし、「秋元」はやはり上総の周淮郡秋元庄出身と思われる（後世の里見氏の家臣に秋元氏がいる）。「大武」は武蔵国足立郡大竹出身の糟谷氏流大竹氏かもしれないが、のちに上総の武田氏の家臣に大武氏がいることを考えあわせれば、これも上総の武士である可能性もあろう。「曾我」・「中村」は相模国足柄郡曾我庄、余綾郡中村庄の領主であった曾我氏・中村氏の一族とみてよかろう。[21]「鎌倉大草紙」によれば、禅秀の乱のとき、西相模の「曾我・中村・土肥・土屋」がそろって氏憲に与したことがみえるが、[22]このうち曾我と中村の両家は、一族のうちから犬懸上杉氏の被官となる人物を送り込んでいたのである。

臼井から中村までの十家のうち、その出自が推測できるのはこの程度であるが、彼らが上杉氏の根本被官ではなく、犬懸家の発展の過程で個々に編成された武士であろうことは、それなりに推測がつく。その多くは関東各地の中小武士であり、上総・下総地域と西相模の出身者が多いことが特徴といえよう。

犬懸上杉氏の軍団の中身を列記したこの記事は、「和具を先として二千余騎、鳥居の前より東に向、鉾矢形に張陣」という一文で終る。軍勢の先鋒をつとめた「和具」は、かつて幼少の朝房・朝宗兄弟に従った「和久子」の子孫であろう。和久氏（和具氏）も上杉氏の根本被官であり、犬懸家の家臣として続いたことがわかる。千坂のように重臣にはなっていないが、軍団の先鋒をつとめていることからみても、家臣団のなかで特別の位置を占めていたことが推測できる。

ここまで「鎌倉大草紙」の記事を分析してきたが、犬懸上杉氏の家臣に関わる史料はほかにもある。氏憲滅亡の半年ほど後に出された公方持氏の御教書である。

去廿七日、於野州西御庄、捕進右衛門佐入道禅秀家人等秋山十郎・曾我六郎左衛門尉・池田太郎・池森小三郎・土橋又五郎・若党石井九郎条、尤以神妙也、向後弥可被抽忠節之状如件、

応永廿四年閏五月九日　（花押）

結城弾正少弼入道殿(23)

持氏から結城基光にあてられた御教書で、五月二十七日に下野西御庄（中泉庄ともいう、小山と佐野の間に位置する）で氏憲の家人を捕えたことを賞したものである。このとき捕えられたのは「秋山十郎・曾我六郎左衛門尉・池田太郎・池森小三郎・土橋又五郎」と「若党石井九郎」であった。主君の滅亡ののち、彼らは下野の南部で再起をはかり、結城によって捕縛されたのである。このうち「曾我六郎左衛門尉」は相模の曾我氏と考えられるが、あとの五人の出自は判然としない（秋山十郎は甲斐の秋山氏かもしれない）。こうした出自不明の「家人」が犬懸上杉氏によって広範に組織されていたことがこの史料からわかる。

ところで「鎌倉大草紙」は応永二十二年（一四一五）四月の評定の時に、「犬懸の家人常陸国住人越幡六郎某」が所領を没収され、これに抗議した氏憲が管領を辞職するさまを記しているが(24)、常陸の越幡六郎という人物が犬懸上杉氏の家人だったことがこれからわかる。確証はないが、常陸国茨城郡小幡村出身の小幡氏（小田氏の支族）の流れであろう(25)。

「鎌倉大草紙」にみえる禅秀の軍団の記事を中心に、いくつかの史料を加えて考察してみた。限られた材料から全体的なイメージを作り上げるのは危険が伴うが、犬懸上杉氏の家臣団の中核は根本被官層と武蔵出身の（あるいは武蔵と関わりのある）武士たちで、その周辺に次々と組織されていった各地の武士（上総・下総・相模など）がいたこと、出自が特定できないような下層の武士たちも「家人」として組織されていたことは、とりあえず指摘できよう。根本被官を中核としながらも、関東各地に本拠をもつ武士たちが家臣として編成されていたのであり、犬懸上杉氏の権力基盤が、当主の居住していた鎌倉や、長年守護をつとめた上総だけに限定されるものではなかったことが、これまでの考察からわかるのである。

二　犬懸上杉氏の所領

家臣団の展開に続いて、犬懸上杉氏の所領の広がりについて検討したいが、関係史料はあまりに乏しい。犬懸家と並び立った山内上杉家の場合は、幕府から出された安堵状によってその所領の全貌が把握できるが、犬懸家についてはこうした史料がなく、まことに断片的な手懸りから考えていくしかない。

氏憲が滅亡したのち、彼の所領はすべて没収されたが、犬懸上杉氏の所領に関わる史料の中心は、皮肉にもこの所領没収に際してのものである。

下野国長沼庄右衛門佐入道跡・同国大曾郷木戸駿河守跡・同国武田下条八郎跡・武蔵国小机保内長井次郎入道跡等事、所充行也者、早守先例、可致沙汰之状如件、

応永廿三年十月五日　（花押）

長沼淡路入道殿(26)

鎌倉公方足利持氏から長沼義秀にあてられた御教書で、「下野国長沼庄右衛門佐入道跡」を義秀に与えるという内容である（「右衛門佐入道」は氏憲）。氏憲が反乱を起こしたのが十月二日で、五日は諸軍勢が対峙している状況であったが、こうした段階で持氏は氏憲の所領を長沼に与えることを約束したのである。氏憲滅亡ののちこの約束は実行に移され、応永二十四年の四月、下野守護結城基光からこの「長沼庄内上杉右衛門佐入道跡」を義秀に交付せよという命令が下されている（宛先は水谷出羽入道）[27]。持氏の御教書には「下野国長沼庄右衛門佐入道跡」とあって、長沼庄全体が氏憲の所領であったようにも読めるが、結城の文書には「長沼庄内上杉右衛門佐入道跡」とみえ、また長沼氏が長沼庄の地頭職をもっていたことがほかの史料からわかるから[28]、氏憲は長沼庄の一部を知行していたというのが正確であろう。下野の長沼氏は藤原秀郷の流れをくむ名族であるが、その本拠地である長沼庄の内部に、犬懸上杉氏の所領が存在していたのである。こうした事態がどのようにして生じたかは定かでないが、犬懸上杉氏の所領が伝統的大名層の所領を侵食する形で広がっていたことがうかがえるのである。

氏憲の所領の没収に関わる史料はもう一つある。

奉寄進
　松岡八幡宮
　　常陸国北条郷宿郷右衛門佐入道跡事
右、為天下安全、武運長久、所奉寄附之状如件、
　　応永廿四年閏五月二日
　　　　　　　　左兵衛督源朝臣（花押）[29]

鎌倉で氏憲が滅んでから半年後、公方持氏が松岡八幡宮に出した寄進状であり、「右衛門佐入道跡」の「常陸国北条郡宿郷」を八幡宮に寄進するとしている。「北条郡宿郷」はこれまで氏憲の所領であったわけだが、北条の地は筑波山

麓の要地で、古く常陸平氏の拠点となった多気の地にほど近い。

この北条に隣接する田中庄も犬懸上杉氏の所領として編成されていたことが、いくつかの史料からわかる。

（一）常陸国田中庄内小目郷事、可被知行之状如件、
至徳三年四月廿九日　　禅助（花押）
庭野左衛門太郎殿(30)

（二）奉寄進
諏方大明神
常陸国田中庄強清水郷内田地壱町事
右、為天下泰平、家門繁昌、所奉寄之状如件、
嘉慶二年五月廿四日　　沙弥（花押）(31)

いずれも上杉朝宗（禅助）の発給文書で、至徳三年（一三八六）に「田中庄内小目郷」を庭野に与えた宛行状と、嘉慶二年（一三八八）に「田中庄強清水郷内」の田地を諏訪大明神に寄進した寄進状である。これらの郷や田地を朝宗が所有していたことがわかるが、いずれも田中庄内にあることからみて、田中庄全体の地頭職を上杉朝宗が所持していたとみてよかろう。氏憲の時代については確証がないが、引き続き犬懸上杉氏の所領であったと考えられる。田中庄はかつて小田氏の所領であったが、小田孝朝が反乱をおこして降伏した際に没収されたらしく、上杉朝宗に与えられて、犬懸上杉家の所領として継承されたのである(32)。

常陸の田中庄・北条郡内、下野の長沼庄内といった場所に、犬懸上杉氏の所領があったことが判明したが、関連史料はもう少しある。

寄進　定光寺

下野国足利庄内借宿郷道場定光寺、同庄借宿郷内・鵤木郷内・渋垂郷内・小曾禰郷内・塩嶋郷内・西庭郷内・寺岡郷内・東利保郷内笠原給・同所大前岡跡・同所大前下跡等散在分田畠在家借宿弥次郎跡内、坪付在別紙事

右、任中務少輔入道禅助申之請《(請之)》旨、所令寄附者也、早守先例、可被致沙汰之状如件、

応永八年十二月廿三日(33)

これは案文で、本来は鎌倉公方足利満兼の花押が据えられていたと考えられる。「中務少輔入道禅助」すなわち上杉朝宗の申請に任せて、公方満兼が作成した寄進状である。定光寺は下野足利庄借宿郷にあった「道場」であるが、ここで満兼はこの寺（寺の敷地・田畠か）と「同庄借宿郷内」以下の「田畠在家」を寄進している。ここに列記された場所をどう理解するかは難しいが、「借宿弥次郎跡内、坪付在別紙」と注記がなされていることから、この「田畠在家」全体がかつて借宿弥次郎が知行していたものであり、それは借宿郷以下の八郷に散在していたと読むのが自然であろう。

足利庄内の多くの郷内に散在していた「田畠在家」が一括して定光寺に寄進されたわけだが、問題になるのは寄進の主体である。この文書は公方満兼の寄進状であり、形式的には満兼が寄進主体ということになるが、やはりこれが上杉朝宗の申請によって発給されたことは注意すべきであろう。おそらくこうした所領を定光寺に寄進したのは朝宗であり、自らの寄進行為を保証してもらうために公方の寄進状を申請したと考えることができる。こうした事例はほかにもあるので、ここでの実質的な寄進主体は上杉朝宗であるとみられるのである。

そうするとここで寄進対象となった「田畠在家」は、この時点で上杉朝宗の支配下にあったということになろう。借宿郷をはじめとする郷の地頭職を朝宗がもち、そのなかの田畠在家が借宿弥次郎などの武士によって所有されていたという構造を推測することができるかもしれない。この史料だけからは何ともいえないが、足利氏発祥の地である足利庄内にも犬懸上杉氏がそれなりの基盤をもっていたことが知られるのである。

犬懸上杉氏の所領について語ってくれる史料はあまりに乏しいが、常陸の田中庄・北条郡内と下野の長沼庄内に所領があることを確認し、また下野足利庄内にも権益があったことを推測できた。これだけでは所領全体のごく一部をとらえたにすぎないが、わずかに痕跡を残す所領が常陸と下野にあるということは、それなりに注目できよう。犬懸上杉氏の基盤を考える時、長年守護をつとめた上総がまず思いつくが、常陸・下野といった北関東に広範な散在所領をもっていたことはやはり重要であろう。山内上杉氏の場合も守護をつとめた伊豆や上野だけでなく、常陸信太庄や下野皆川庄内に所領があったことが知られている。犬懸上杉氏の所領のうちかなりの部分は上総に存在したと思われ、また一時守護をつとめた武蔵国内にも若干の所領はあっただろうが、それだけでなく常陸・下野方面に大きな広がりをもって存在していたことに目をむける必要があろう。

三　上杉朝宗

家臣たちの構成と所領の広がりの両面から、犬懸上杉氏の権力基盤について考察してみた。ごく限られた史料からの分析ではあるが、犬懸家の勢力が関東全体に広がりをみせていたことをうかがい知ることができた。こうした勢力展開がどのようにして可能になったのか、この一流の歴史をふり返りながらしばらく考えていきたい。

暦応元年（一三三八）に上杉憲藤が三一歳で戦死したとき、遺児の二人は四歳と二歳だったが、石河入道覚道に保護されながら成長し、やがて上杉一門の一翼を担うこととなる。両人の伯父にあたる上杉憲顕は、足利尊氏と直義兄弟の対立において直義派の中心に立ち、文和元年（一三五二）の春に鎌倉から遁走するが、十年に及ぶ抵抗ののち復権を果たし、貞治二年（一三六三）に鎌倉に入って関東管領となった。朝房・朝宗の兄弟も憲顕とともに鎌倉に赴いたと考えられるが、この時朝房は二九歳、朝宗は二七歳になっていた。ちなみに憲顕の子の能憲は三一歳、憲方は二九歳であり、能憲・憲春・憲方兄弟と朝房・朝宗とはほとんど同世代であったことになる。

憲顕の復権とともに、上杉朝房は信濃と上総の守護に任命された。貞治二年には信濃守護であった徴証があり[34]、上総についても貞治四年には朝房が守護だったことがわかる[35]。この時上総の守護代として活動していたのは「石川勘解由左衛門尉」だった。かつて兄弟を庇護してくれた石川覚道の子息ではあるまいか。

応安元年（一三六八）に武蔵の河越氏などが反旗を翻した時、朝房はその鎮圧にあたり、まもなく憲顕が死去すると、従兄弟の能憲とともに関東管領に任命された。この時能憲と朝房がともに管領となったことは、朝房・朝宗の兄弟が上杉の傍流とは認識されていなかったことを示しているが、応安三年になって朝房は管領を辞職したいと希望し[36]、そのまま政治的活動を断ってしまう。当時鎌倉にあって人々の崇敬を集めていた義堂周信の「空華日用工夫略集」に朝房も登場するが、武蔵の反徒を討ったのちに義堂を訪問して、多くの戦死者を出したことを悔やんで教えを乞い、また仏典についての講義を熱心に求めたりしている[37]。おそらく彼は政治に不向きな性格で、進んで隠遁を志したのであろう。そして思いがけない兄の引退によって、二歳下の朝宗は政治の表面に立たされることになったのである。

兄と同じく朝宗も義堂の日記に多く登場する。応安二年に公方氏満の命を帯びて義堂を訪い、瑞泉寺への還住を勧めた記事が最初で[38]、朝房が鎌倉にいる時点から公方の命を伝える立場にいたことがわかる。朝房上京のあとは上杉能憲が一人で管領をつとめたが、朝宗は能憲に次ぐ立場にあったことがやはり「空華日用工夫略集」から知られる。応安八年の正月、義堂は御所に赴いて公方と会い、新年の祝賀を述べるが、このあと「管領兵部幷中書以下」に「巡礼人事」したと義堂は記す[39]。「管領兵部」は能憲、「中書」は朝宗（中務少輔）であり、義堂が朝宗を管領の次に挨拶をすべき人物と認識していたことがわかる。永和二年（一三七六）に氏満が瑞泉寺において観花の会を催し、義堂が招かれたときも、「官伴」すなわち公方の伴をした武士は朝宗だけだった[40]。義堂の日記には能憲の弟の憲方・憲春はほとんど登場せず、上杉一門では能憲と朝宗のみがあらわれる。やはり憲藤の子息の代表として、朝宗はそれなりの重要な位置を確保していたのであろう。またこれまでみた記事から、公方氏満と朝宗の濃密なつながりを知ることもできる。若い公方にとって朝宗は頼りになる近臣だったのだろう。

永和四年（一三七八）に能憲が病死すると、弟の憲春が管領となるが、翌康暦元年に死去し、憲方が管領に任命された。彼は朝宗より二歳年長で、これから明徳三年（一三九二）に至るまで、一三年にわたって管領をつとめた。この時期の朝宗は管領でこそなかったが、従兄弟の憲方と並び立つ形で公方氏満を支えた。康暦二年から永徳二年（一三八二）に至る小山義政討伐においては、憲方とともに大将をつとめ[41]、嘉慶二年（一三八八）にも大将として小田氏の男体城を攻略している[42]。兄のあとを継承して上総の守護職にも任じられ、守護代の石川左近将監を中心に国内支配がなされたのもこの時代であった。

長く管領をつとめた上杉憲方は、明徳三年（一三九二）に管領職を辞し、能憲の養子の憲孝（実父は憲方）があとを継ぐが、応永元年（一三九四）に憲方と憲孝があいついで死去すると、関東管領の下命は朝宗のもとにもたらされた。この時彼は五八歳。かつての同朋はすでに世を去り、上杉一門の長老の地位に立ったのである。

管領職を拝命した時、朝宗はすでに老境に達していたが、以後一〇年にわたって任務をまっとうした。政務を統括する管領職のみならず、鶴岡八幡宮に関わる諸事をとりまとめる鶴岡総奉行にも任命されたし、また武蔵の守護にも補任された。武蔵守護の職は関東管領が兼務するのが通例で、これに従って朝宗は武蔵の国務も担うことになったのである。そして武蔵守護代には根本被官であった千坂越前守（のち越前入道）が任命された。彼の守護代としての活動を示す史料は応永四年（一三九七）から六年にかけてみえ[43]、応永七年には「兵庫助入道」という人物（長尾氏か）が守護代だった徴証がある[44]。そして応永十一年になると埴谷備前入道が守護代として史料に名をみせる。千坂氏は応永十三年には上総の守護代であったことが推測されるから、朝宗が管領をつとめたこの時期には、石川氏にかわって千坂と埴谷が犬懸家臣の中心に位置していたことがうかがえる。

一〇年間管領をつとめた朝宗は、応永十二年（一四〇五）の九月に職を辞し、憲方の子の憲定が管領となった。この時朝宗は六九歳だったが、上杉一門の長老として引き続き政務を担った。しかし四年後の応永十六年（一四〇九）七月に公方満兼が死去すると、朝宗は僧衣を着して上総の長柄山胎蔵寺に隠棲し、ようやく鎌倉の政治から身を引いた。そして応永二十一年八月二十五日に七八歳の生涯を終えた。

貞治二年（一三六三）に政界に復帰してから、応永十六年（一四〇九）に引退するまで、四五年以上にわたって朝宗は鎌倉府を主導する立場にいた。犬懸上杉氏の勢力は彼の一代で築き上げられたものであり、その後継者にとっては、これをいかにして守り抜くかが大きな課題となるのである。

四　上杉氏憲

七三歳の老齢に至るまで上杉朝宗は政治の表舞台で活躍していた。そのため後継者にあたる嫡子の氏憲（禅秀）は、長く父親の影に隠れた存在であった。彼の生年は不明だが、父の引退によって家督の地位に立った応永十六年には、四〇代にはなっていたと思われる。壮年で犬懸の当主となった彼は、応永十七年（一四一〇）に念願の関東管領に就任し[45]、五年近く任務を果たすが、応永二十二年四月の政所評定での裁定を不満として辞表を提出した。そして翌年の十月に与党を集めて決起し、いったん鎌倉を制圧したものの、幕府から反徒とみなされて討伐の対象となり、翌二十四年の正月に鎌倉雪下で滅亡する。「上杉禅秀の乱」という名で人口に膾炙される未曾有の反乱をおこしたことで、歴史に名を留めているが、犬懸家の当主として活躍したのは七年ほどにすぎない。

もっとも当主となる前の彼の行動が史料に全く姿をみせない、というわけでもない。応永九年には奥羽の伊達政宗討伐の大将に任命されており[46]、応永十六年に公方満兼の新御所移徙の儀がとり行なわれた時には、惣奉行の役を果たしている(47)。朝宗の嫡男としてそれなりの地位を保ちながら父親を補佐していたのであろう。

犬懸上杉氏の勢力を築き上げたのは朝宗で、氏憲はこれを引きついだにすぎないと考えることも可能であろう。ただ内乱直前の犬懸家とその関係者の広がりを見直してみれば、氏憲その人のもつ役割を等閑に付すわけにもいかない。古く渡辺世祐氏によって指摘されていることではあるが、内乱時の氏憲の与党について、あらためて検討してみたい。

内乱勃発の際に氏憲に味方した勢力については、やはり「鎌倉大草紙」の記事が基本史料となる。氏憲が決起の意思を固め、足利満隆を擁立したとの記事に続いて、次のような記載がみえる。

新御堂殿（足利満隆）の御内書に禅秀副状にて回文を遣はし、京都よりの仰にて、持氏公幷憲基を可被追罰由頼み被仰ければ、御請申人々には、千葉介兼胤・岩松治部大輔入道天用、両人は禅秀の婿なれば不及申、渋河左馬助・舞木太郎、児玉党には大類・倉賀野、丹党の者ども、其外荏原・蓮沼・別府・玉井・瀬山・甕尻、甲州には武田安芸入道信満は禅秀の舅なれば最前に来る、小笠原の一族、伊豆には狩野介一類、相州には曾我・中村・土肥・土屋、常陸には名越一党・佐竹上総介・小田太郎治朝・府中大掾・行方・小栗、下野に那須越後入道資之・宇都宮左衛門佐、陸奥には篠河殿へ頼申間、芦名盛久・白川結城・石川・南部・葛西、海道四郡の者どもみな同心す、鎌倉在国衆には木戸内匠助伯父甥・二階堂・佐々木一類を初として百余人同心す(48)。

氏憲の決起に呼応した大名・国人層の広がりが、この記事だけからも明らかにうかがえる。千葉・岩松・武田・佐竹（山入）・小田・那須・宇都宮といった大名クラスの家々を軸として、中小の国人層も多く組織されていたのである。渋河・舞木・大類・倉賀野は上野、荏原・蓮沼・別府・玉井・瀬山・甕尻は武蔵の武士で、このうち蓮沼は氏憲の被官のなかにも顔を出す。相模の曾我・中村・土肥・土屋のうち曾我と中村も同じく氏憲の家中に一族が組織されていた。情勢を判断して味方した武士もいるかもしれないが、これだけの面々を組織できたのは、犬懸上杉氏が日常的にこうした人々と関わりをもっていたからにほかならない、と考えてよかろう。

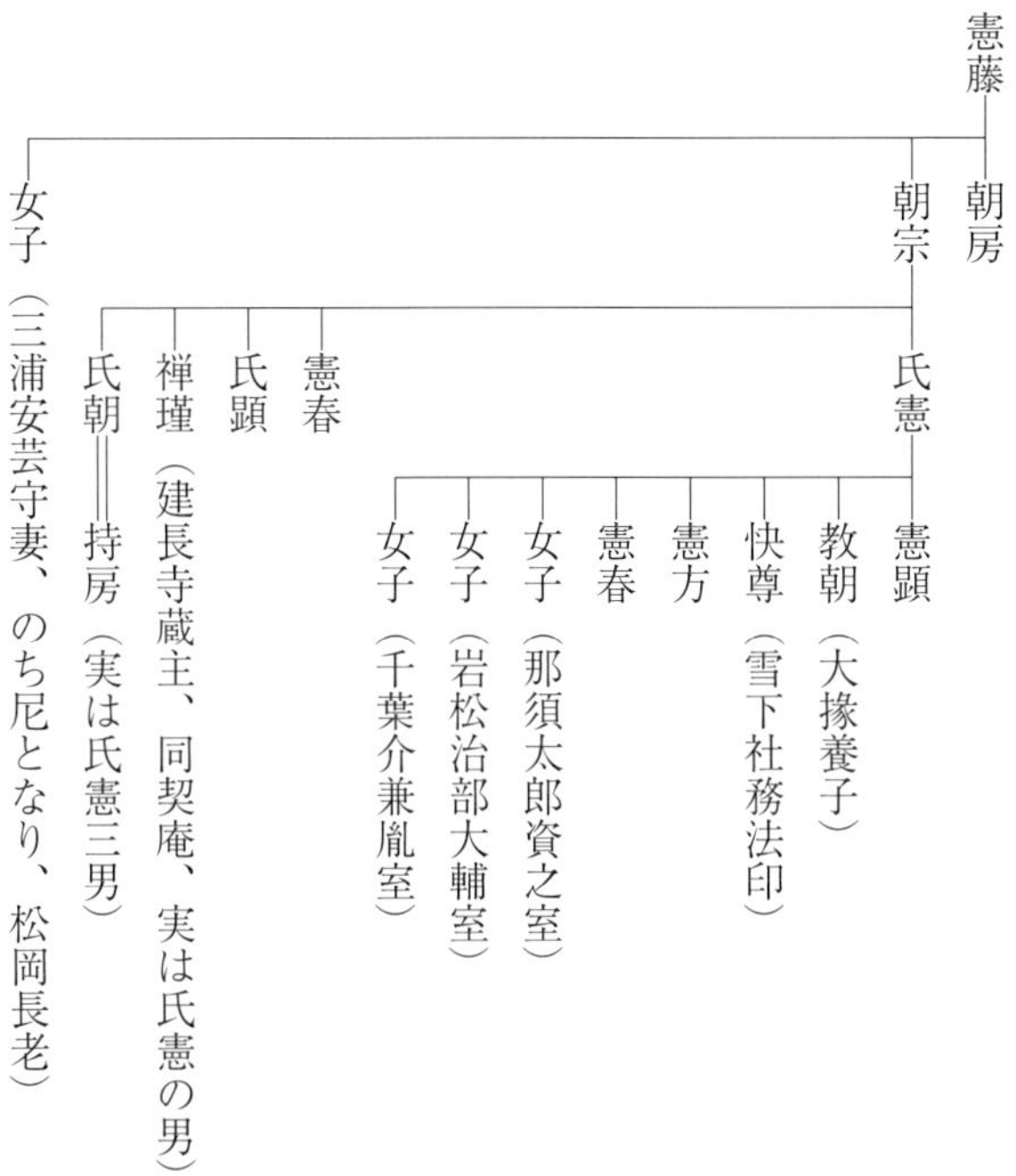

図1　犬懸上杉氏系図

ことに重要なのは千葉介兼胤と岩松満純が氏憲の婿で、武田信満が氏憲の舅であるという記載である。このことはすでに渡辺氏が注目され、那須資之も氏憲の婿であることを付け加えられている(49)。こうした縁組によって彼らが氏憲方に加わったことを渡辺氏は指摘されているが、犬懸上杉氏とこれらの家々の間に、いつごろどういう事情で縁組がなされたかについては論及されていない。姻戚だから味方になったということで議論を終らせず、そうした関係が結ばれたことそれ自体に目をむける必要があろう。

考察の素材として、犬懸上杉氏の一門の広がりを系図で示したい。とりあえず最も詳細な「上杉系図」をもとに作成してみた(50)（図1参照）。

三一歳で戦死した憲藤には二人の男子があり、ほかに三浦安芸守に嫁いだ女子がいた。朝宗には少なくとも四人の実子（男子）があり、ほかに孫を一人養子に迎えている。氏憲には憲顕以下五人の男子がいるが、このほか朝宗の養子となった禅瑾と、弟氏朝の養子とした持房も氏憲の実子で、男子は七人はいたことになり、ほかに三人の女子がみえる。男女あわせて少なくとも一〇人の子がいたわけで、かなりの子福者といえよう。

先にみたように、千葉・岩松・那須に嫁いだ女子がここにはみえるが、彼女らがみな氏憲の娘であることに、ここでは注目したい。朝宗の女子は系図にはみえず、犬懸家から関東の大名に嫁いだのはすべて氏憲の娘なのである。このような縁組がいつごろなされたか考えてみたいが、婚姻の成立時期を推測する一つの手がかりは、子息の誕生年である。岩松満純の子の家純は明応三年（一四九四）に八六歳で死去しており(51)、逆算すると応永十六年（一四〇九）の出生となる。また千葉兼胤の子の胤直は康正元年（一四五五）に四二歳で死去しているから(52)、生まれたのは応永二十一年（一四一四）である。那須資之の子の氏資については没年齢不詳のためわからないが、那須・岩松・千葉との縁組がなされたのは、応永十年前後から十九年ごろまでの間とみてよかろう。

前述したように、上杉朝宗は応永十二年まで関東管領をつとめ、十七年に引退している。ただ子息の氏憲も、応永十六年には御所移徙の惣奉行をつとめており、父が完全に引退する以前から犬懸家の代表として政治の場に顔を出していた。氏憲の娘がつぎつぎに大名家に嫁いだのは、まさに朝宗から氏憲への家督交代の時期だったのである。四〇余年にわたって鎌倉の政治の中核に位置し、一代で大きな勢力を築き上げた朝宗も、女子に恵まれなかったためか、子息の氏憲の妻に武田氏の娘を迎えたほかは、早い時期には大名家との縁組をなしえなかった。しかしその晩年、氏憲との交代の時期になって、孫娘三人を関東の有力大名に嫁がせ、姻戚関係による支援勢力を大きく広げることができたのである。ただこの時期氏憲も四〇歳前後にはなっていたと思われ、こうした縁組を実際に進めたのは氏憲であるとみてよかろう。那須・岩松・千葉といった大名にとっても、すでに老齢に達していた朝宗との関係を重んじてというより、氏憲の今後に期待して犬懸家との縁組を行なったとみるのが自然であろう。

長く父親を支えながら、上杉氏憲は着々と勢力拡大を実現していったのである。一方の山内上杉氏も佐竹氏に子息を送り込んでいるが、犬懸家と大名家との関係確保の努力はこれと比較できない広さをもっていた。先にみたように氏憲の家臣には関東の各地から組織された武士が加わっているし、その所領も大きな広がりをみせ、常陸や下野といった北関東にも多く存在していた。所領展開からみても、犬懸家が北関東に大きな関心を寄せていたことは疑いなく、大名たちとの積極的な縁組も、北関東への影響力を拡大させようという指向の現われにほかならない。逆に那須・岩松・千葉らにとってみても、氏憲と密接な関係を結ぶことのもたらす効用は大きかったのであろう。

朝宗と氏憲、この父子は短期間のうちに大きな勢力を築き上げた。鎌倉や上総だけでなく、鎌倉府の管轄下にある関東一〇か国のほぼ全体に、この一門の勢力は広がりをみせた。積極的な権力拡大の姿勢こそ犬懸家の最大の特徴であり、氏憲の決起はその一つの帰結だったとみることができる。結果的にこれは失敗し、氏憲自身も滅亡してしまうが、クーデターの初発の段階では勝利を収め、鎌倉を制圧したことは忘れてはならない事実である。鎌倉では数多くの政変が起きているが、現政権と対抗する側が勝利を収めたのは禅秀の乱を除いてほかにない。氏憲の計画は周到で、相手方に悟られることなく実行に移すことができ、また圧倒的な兵力を擁していたため、とりあえずは成功を収めたのである。それなりの勝算があったからこそ氏憲は賭けに出たのであり、多くの武士たちを組織しえたその力量はやはり評価されるべきであろう。

おわりに

朝房・朝宗の兄弟が鎌倉に戻った貞治二年（一三六三）から、氏憲が滅亡した応永二十四年（一四一七）まで。犬懸上杉氏が活躍したのはたかだか五〇年あまりにすぎないが、その勢力は関東全体に及んでいた。きわめて短期間のうちにその力を伸ばし、関東でも有数の政治権力に成長しながら、突如として姿を消したのである。従来犬懸上杉氏は山内上杉氏との比較で論じられることが多く、山内上杉氏に追いつこうとして結局果たせなかったというイメージがつきまとう。しかしその家臣団や所領の広がりを追ってみると、山内上杉氏にひけをとらない勢力を保持していたのではないかという印象もうける。関東全域に広がる武士たちを、被官化や婚姻によって組織しようとする積極的な権力指向がこの一門の特徴であり、その実力は漠然とイメージされるものよりはるかに大きかったのではあるまいか。

上杉氏憲とこれにつらなる勢力の大きさを考えれば、氏憲の滅亡と関連する権益の没収という事態が、いかに重大なものだったか想像できよう。犬懸上杉氏とその一党の所領の再配分のなかから、公方足利氏と管領上杉氏（山内上杉氏）の反目という、従来は考えられなかった対立軸が生まれ、この構造がその後六〇年にわたって関東の政治史を規定したのである。

室町期の関東の政治史を考えるとき、犬懸上杉氏とその関係者の位置を的確に押さえておくことが必要になろうが、あわせて考えたいのは、氏憲滅亡後の一門と家臣の動きである。氏憲の遺児たちが幕府に保護され、鎌倉公方討伐の大将となるなど、目立った役割を帯びることは、すでに指摘されているが(53)、犬懸上杉氏の復活を願っていたであろう彼らの立場から歴史を見直してみることも必要であろう。また多く組織されていた犬懸家の家臣たちが、氏憲滅亡ののちどのような行動をとったかも興味深い。このあたりは想像の域をでないが、岡谷氏が深谷上杉氏、千坂氏が越後の上杉氏の家臣として現われることは、あるいは示唆的かもしれない。実証は難しいが、四散した犬懸家の家臣のある部分は、結局は上杉一門の被官として抱えられたのではあるまいか。関連史料はまことに乏しいが、考えるべき課題はまだまだ多いのである。

注

（1）「鎌倉大草紙」（『群書類従』第十三輯所収）六五六頁。

（2）「同右」六六〇頁。
（3）「同右」六六二〜六六三頁。
（4）「上杉系図」（『続郡書類従』第六輯下）七一頁。
（5）「覚園寺文書」応永四年七月十日、関東管領上杉朝宗施行状（『神奈川県史』資料編3、古代中世3上〈以下、『神奈川県史』と記す〉五一八六号）、「黄梅院文書」応永四年七月二十日、関東管領上杉朝宗施行状（『同』五一八八号）、「同」応永四年十二月二日、関東管領上杉朝宗施行状（『同』五一九九号）、「同」応永四年十二月十三日、千坂某打渡状（『同』五二〇〇号）、「鶴岡神主家伝文書」応永六年十一月十二日、関東管領上杉朝宗施行状写（『同』五二四五）。
（6）「覚園寺所蔵戌神将胎内文書」応永十三年十月二十日、千坂信高段銭請取状（『神奈川県史』五三九〇号）。
（7）「上杉系図」七〇頁。
（8）「鎌倉大草紙」（『新編埼玉県史』資料編8〈中世4〉所収）五六頁。
（9）太田亮『姓氏家系大辞典』第一巻、八五六頁。
（10）「旅宿問答」（『続群書類従』第三十三輯上）一六九頁、「鎌倉九代後記」（『新編埼玉県史』資料編8所収）二九二頁。
（11）「黄梅院文書」応永十一年六月十二日、鎌倉府奉行人連署奉書（『神奈川県史』五三四一号）、「大慈恩寺文書」応永十一年九月十五日、武蔵守護上杉朝宗遵行状（『同』五三四四号）、「鑁阿寺文書」応永十二年二月十二日、鎌倉府奉行人連署奉書（『同』五三五五号）。
（12）「鎌倉大草紙」六五七頁。
（13）「喜連川判鑑」（『続群書類従』第五輯上）三三四頁。
（14）渡辺世祐『関東中心足利時代之研究』（一九二六年、雄山閣、復刻一九七一年、新人物往来社）二四九頁。
（15）太田前掲注（9）著書、四六九四頁。
（16）「保阪潤治氏所蔵文書」貞治四年二月八日、上総守護上杉朝房遵行状（『神奈川県史』四五四三号）。

(17)「円覚寺文書」永和二年十一月四日、上総守護上杉朝宗遵行状（『神奈川県史』四七七〇号）、「同」至徳二年二月二十九日、上総守護上杉朝宗遵行状（『同』四九八三号）。
(18)『小千谷市史』上巻、第二章第一節「平子氏の素性」（井上鋭夫執筆）参照。
(19)建武二年十一月九日の橘行貞打渡状案（「正木文書」『群馬県史』資料編5所収、二〇〇頁）に、矢野伊賀入道善久の所領であった武蔵の小泉郷（男衾郡内）・須江郷（比企郡内）・片楊郷（足立郡内）・久米宿在家六間（多東郡内）が岩松経家に与えられたことがみえ、矢野氏がこうした所領を所持していたことがわかる。
(20)「上杉系図」五七頁。
(21)以上、太田前掲注（9）著書の当該諸氏の項による。
(22)「鎌倉大草紙」六六〇頁。
(23)「松平基則氏所蔵文書」（『神奈川県史』五五二四号）。
(24)「鎌倉大草紙」六五八頁。
(25)渡辺前掲注（14）著書、二二二頁。
(26)「皆川文書」（『神奈川県史』五四九三号）。
(27)「同右」応永二十四年四月四日、下野守護結城基光遵行状案（『栃木県史』史料編・中世一、一六二頁）。
(28)応永二十年六月の長沼義秀の譲状に、その所領として「長沼庄地頭職」がみえる（「皆川文書」）。
(29)「鶴岡八幡宮文書」（『神奈川県史』五五二二号）。
(30)「正木文書」（『群馬県史』5、二一〇頁）。
(31)「日輪寺文書」（『茨城県史料』中世Ⅰ、三八四頁）。
(32)田中庄の支配の変遷については、『茨城県史料』中世Ⅰ、四九九～五〇三頁参照。
(33)「鑁阿寺文書」（『神奈川県史』五三〇三号）。
(34)「円覚寺文書」貞治二年九月十日、信濃守護上杉朝房遵行状（『神奈川県史』四四七六号）。

(35)「保阪潤治氏所蔵文書」貞治四年二月八日、上総守護上杉朝房遵行状（『神奈川県史』四五四三号）。
(36)「空華日用工夫略集」応安三年八月四日・五日・十日条（蔭木英雄『訓注空華日用工夫略集』、七七〜七九頁）。
(37)「同右」、応安元年閏六月二日条、応安二年五月九日条（『同右』、三四・四七頁）。
(38)「同右」、応安二年二月十七日条（『同右』、四四頁）。
(39)「同右」、応安八年正月十六日条（『同右』、一五六頁）。
(40)「同右」、永和二年正月十七日条（『同右』、一六九頁）。
(41)「頼印大僧正行状絵詞」（『群馬県史』資料編6、八五〇頁ほか）。
(42)「諸家所蔵文書所収中河西村一木所蔵文書」嘉慶二年六月十七日、鎌倉公方足利氏満御教書写（『神奈川県史』五〇三九号）。
(43)注（5）参照。
(44)「鶴岡八幡宮文書」応永七年十二月二十日、関東管領上杉朝宗施行状（『神奈川県史』五二七六号）。
(45)「喜連川判鑑」によれば氏憲の管領就任は応永十八年二月であるが（『続群書類従』第五輯上、三三一頁）、応永十七年十月に氏憲は管領奉書を発給しており（「神田孝平氏所蔵文書」〈『神奈川県史』五四三〇号〉）、管領としての活動は十七年からみられる（江田郁夫氏の指摘による。「上杉禅秀の乱と下野」〈『栃木県立文書館研究紀要』第二号、一九九八年〉三頁）。
(46)「相承院文書」応永九年五月三日、鎌倉公方足利満兼御教書（『神奈川県史』五三二二号）。
(47)「鎌倉大草紙」六五七頁。
(48)「同右」六六〇頁。
(49)渡辺前掲注（14）著書、二二七〜二二八頁。
(50)「上杉系図」一〇二〜一〇三頁。
(51)『寛政重修諸家譜』第十、三四八頁。
(52)「千葉系図」（『続群書類従』第六輯上）一六五頁。
(53)渡辺前掲注（14）著書、二四二〜二四五頁。

第四章　鎌倉府の八朔

一　「鎌倉年中行事」

八月一日に主君筋の人に進物を奉呈する八朔の風習は、朝廷の公的行事から発展したものではなく、民間の習俗をさまざまな階層の人々が取り入れて広まった、興味深い年中行事である。江戸時代に大名・旗本たちが江戸城に登り、将軍に太刀を献じた、江戸幕府の儀礼が著名であるが、これが江戸幕府にはじまるものではなく、中世において武家や公家の社会でかなりの広がりをみせていたことは、これまでの研究で明らかにされている。ことに二木謙一氏は「室町幕府八朔」(1)において、室町幕府の八朔儀礼を詳細に検討され、鎌倉幕府においては公的行事として認められていなかったこの儀式が、室町幕府においては定例の行事として定着していたこと、さらには武家のみならず公家もこの風習をさかんに取り入れていたことを明らかにされた。

二木氏の研究によって、中世における八朔習俗の広がりの道筋が明確に示されたわけで、八朔儀礼の展開のうえで室町幕府の果たした役割の大きさは否定できない。ただ氏も述べられているように、この時代に関東を管轄した鎌倉府のもとでも、同じような八朔の儀が行なわれていたことが知られる。京都だけではなく、関東における八朔についても具体的に検討してみる必要があろう。

鎌倉府における八朔のありさまを示す史料は、現在のところ「鎌倉年中行事」(2)が唯一である。これは「殿中以下年中行事」ともいわれ、鎌倉府における年中行事と、鎌倉府の中枢を構成する人々の礼儀などについて、きわめて詳細に記した儀礼書である。作者は鎌倉公方の奉公衆であった海老名上総介季高で、享徳五年（一四五六）六月朔日に書いたとの奥書がある。

周知のように鎌倉府は将軍の一族である鎌倉公方を中心とした政権であり、足利尊氏の子の義詮が鎌倉を押さえたことにはじまり、その弟の基氏の時代に基礎が固められ、氏満と満兼の時代には関東一〇か国だけではなく、奥羽まで管轄下にくみこむ政権に成長した。そして次の持氏の時代、その勢力はいっそう膨張し、京都の幕府からの独立性を強めたが、結局将軍義教の討伐を受け、重鎮の管領上杉憲実にも離反されて、持氏自身は捕えられて殺された。将軍義教の死後、情勢の転回のなかで持氏の遺児成氏が迎えられて公方となり、鎌倉府は再興されるが、まもなく成氏は管領上杉憲忠と対立し、享徳三年（一四五四）の暮、配下に命じて憲忠を謀殺し、これから足利方と上杉方の戦いがはじまる。上杉方を討つために鎌倉を離れた成氏は、結局鎌倉に帰ることができなくなり、下総古河を居と定め、上杉方とむかいあうことになる。

海老名季高が「鎌倉年中行事」を書いたのは、成氏が古河に入った、まさにその直後である。この時点で行事書をまとめた動機を、彼は奥書に次のように書いている。

右、御当家御代々之御威勢仁、四海逆浪静、雨不犯塊、万民含勇色、殊更長春院殿(足利持氏)御代、天下之諸侍奉寄復(帰服カ)、御政道盛仁御座時節、季高自十一歳致奉公供奉、諸役等無残処依勤之、鎌倉中年中行事様体見馴聞馴之間、任思出馳短筆畢、定而越度耳多可有之歟、殿中以下之事、如形為無覚悟者、不可然之由、挿心底仁付而、書付物也、

季高は持氏の重臣であった海老名上野介季長の子であるが(3)、十一歳の時から持氏に奉公して各所に供奉し、さらに諸役を漏れなく勤めて、鎌倉における年中行事のさまは目と耳で体得していた。そしてこれまでの経験と記憶をもと

に、彼はこの書物をまとめたのである。若い時期には持氏に仕えて儀式の基本を学び、長じてからは成氏のもとでさまざまな行事を差配する役目を担っていた彼にとって、公方の古河移座は伝統的儀礼の忘失される危機と写ったのであろう。こうした危機感に突き動かされて、詳細な行事書をまとめあげたのである。

二　護持・管領・奉公・外様

「鎌倉年中行事」の紹介に手間取ってしまったが、早速ここに書かれている八朔記事の検討に移ろう。記事の冒頭は次のとおりである。

八月一日、八朔御祝トカウ（号）ス、御連枝様、護持、管領、奉公、外様、当参ノ人ハ申ニ及ハス、在国ノ方方モ皆御剣進上、御連枝様ノ御使、管領ノ使ハカリ御対面、其外ハ無之、

まず八月一日の儀式が「八朔御祝」と呼ばれたことが示され、ついで公方に御剣を進上した人々が記される。「御連枝様」とは公方の兄弟を指し、満兼の時代には弟の満隆（新御堂殿）・満貞（稲村公方）・満直（篠川公方）などがこれにあたる。ついで「護持」とは公方に関わる祈禱などを勤めた護持僧のことで、勝長寿院の門主と心性院・月輪院・遍照院・一心院という五人の密教僧が護持僧をつとめていたと「鎌倉年中行事」には記されている。(4)「管領」はもちろん公方の補佐役で政務を司った関東管領上杉氏であり、古くは山内・犬懸の両家が交互に勤めていたが、持氏の代の初期に犬懸家の上杉氏憲（禅秀）が反乱を起こして滅亡してからは、山内上杉家が管領職を世襲することになった。

ここまでは特別の地位をもつ人々であるが、つぎの「奉公」と「外様」はより一般的な武士たちである。「奉公」というのは公方の奉公衆のことで、「鎌倉年中行事」では「奉公中」として現われることが多い。公方と特別な主従関係を結んだ武士たちで、海老名季高もその一人であるが、具体的にどれほどの数の武士がこの「奉公」に含まれるかは

議論を要する。持氏から成氏の時代、公方のもとに結集した奉公衆はかなりの数にのぼったらしいが、彼らの内部は複雑で、「評定御教書」を賜わって評定衆に加えられた上位の奉公衆と、引付衆として位置づけられた人々との間には、かなりの格差があった。そしてこの行事書に多く登場し、作法を身につけるべき階層として中心的に位置づけられているのは、評定衆クラスの武士であり、「奉公中」という形でみえる人々も、具体的には上位の奉公衆と考えるのが自然である。確言はできないが、八朔の祝に御剣を進上したのは、奉公衆の上位者であったととりあえずは考えておきたい。

一方の「外様」は公方に対して一定の独立性を保持する武士たちを指すが、「鎌倉年中行事」においては、それだけでなく、こうした武士たちのうち、一定の選ばれた人々のみが「外様」として登場しているようにみうけられる。このことをよく示すのは正月十四日条に配された武士たちの年頭出仕の記事であるが、ここで「外様」の人々は、「国人・一揆中」と明確に区分されて記されており、そのメンバーについても、「小山・結城・小田・宇都宮・佐竹・那須」の名前が挙げられている。「外様」の筆頭格である千葉は、侍所をつとめているためこれ以前に出仕記事が置かれており、これから「外様」とは千葉・小山・結城・小田・宇都宮・佐竹・那須といった伝統的な大名層であることがわかる。誰が八朔進上を行ない得たかは明確にはわからないが、「鎌倉年中行事」の記事を読む限りでは、ごく上位の人々だけだったと考えざるを得ない。

奉公衆にせよ外様の武士にせよ、そのすべてが八朔進上を行なったわけではないが、一定の人々は在国していても御剣を進上したのであり、関係者の数はかなりのものであったと考えられる。この時は本人ではなく使者が御所に来るのが基本であるが、このうち公方に対面できたのは「御連枝様」と管領の使だけであった。もちろん身分的に低い使者が公方に拝謁できないのは当然だが、後述するように一日がかりの行事で、面会時間はとても持てないというのもその理由かもしれない。

三　御剣と唐物

「鎌倉年中行事」の記事は、続いて御剣進上の具体的なされように及ぶ。

> 進上ノ御剣以下、申次之人数十人仰付ラレ、名字ヲ書テ推ル、ナリ、御剣ハ卅間ノ御座、唐物ハ十二間被替、早旦ニ宿老中へ、近臣為御使、急有出仕テ御剣替へ申サルヘキ旨仰出サル、間、則皆以被参、唐物中老被替、宿老・中老・中(申)次、於殿中御食ヲ被給、

御剣進上がどのようになされたか、簡略ながらよくわかる。まず十人の「申次」が任命され、彼らが代官たちから御剣と唐物を受け取り、奉献者の名前を書いたものを添付したうえで、御剣は三十間の御座、唐物は十二間の御座に持参した。さらに御剣や唐物の配置を監督する宿老と中老には、早朝に近臣が使いとして派遣され、直ちに宿老と中老は出仕、宿老が御剣を、中老が唐物を並べ、仕事が終わったあとに、宿老・中老と申次には食事が与えられたのである。

御剣・唐物進上の儀の実務を担ったのは、宿老・中老と十人の「申次」であった。「宿老」は「奉公中」の宿老で、さまざまな場面に登場し、「鎌倉年中行事」の異本の追加記事では、木戸と野田の名があげられている。[5]「中老」は関連記事はないが、「宿老」に次ぐ立場の奉公衆であろう。進物の受理を行なった「申次」も、おそらく奉公衆もしくはその子弟だったと考えられる。上位の奉公衆たちは自身でも祝の品を献上するが、これは代官が実際には行ない、本人はむしろ公方の命を受けて儀式の実務を担う場合が多かったのである。

宿老と中老の指揮のもと、御剣は三十間の御座、唐物は十二間の御座に並べられている。鎌倉の御所のなかで、公方の本来の居所は、九間・四間・六間の三つの御座で構成された御主殿であったが、この御主殿から二間の「御妻戸

ノ間」がつながり、そのむこうに「十二間ノ御座」があった[6]。十二間の御座は、御主殿と隣りあい、妻戸の間でつながれていたのである。ここはそれなりの広さがあるため、ある程度の数の人々が集まる宴席などに用いられた。たとえば正月一日の椀飯はこの場で開かれ、「御一家」とよばれる足利一門と評定衆の人々が参加している。一方の「三十間ノ御座」は、御主殿などとは離れて置かれたもののようで、御所内の居間としては最も広い場所であった。「臨時ノ御座」として三十間の御座と二十間の御座があり、評定が開かれた「御評定所」は十五間であった[7]。御剣が並べられた三十間の御座は御所内最大の広さをもつホールであり、一つひとつが場所を占める御剣はここに並べられ、より小さく場所をとらない唐物のためには、十二間の御座が提供されたのである。

ところで、ここの記事で何より注目されるのは、御剣と並んで「唐物」が八朔の祝の進上物となっていることである。八朔記事以外では、節分の夜の方違で公方が特定の家に出御したとき、翌日の立春の祝の宴席で「御剣・唐物以下ノ重宝」を公方と若君に進上すると記されており、ついで御行始や御方違で公方が諸家へ御出の時には、還御の時分に「御剣・唐物等」を進上することになっていたとの記載もある。このように重要な場面で「唐物」は「御剣」と並んで、「重宝」の典型として位置づけられているのである。

中世の日本において、中国伝来の「唐物」が珍重されたことは、すでに周知の事柄であるが、室町期の鎌倉において、八朔や立春、さらには御行始の場で、「御剣」と同じレベルでとくに「唐物」が取り上げられている意味は、より深く考える必要があるかもしれない。京都での八朔の贈答においても、大陸渡来の珍品が多くみられることは、二木氏がすでに指摘されているが、鎌倉でも同様なことがあったのである。もとより鎌倉という都市は、鎌倉期から中国文化を積極的に受け容れた場であり、唐物への傾倒は京都より著しかったとも考えられる。この八朔記事も、鎌倉時代以来の東国人の唐物趣味の広がりを示すものとみることもできよう。なお前述した正月一日の椀飯の時には、十二間の御座に「御二重御唐瓶子」が置かれていたとある。公方の行事にもこうした唐物が用いられていたのである。

さて、このように三十間に御剣、十二間に唐物が置かれたわけだが、「鎌倉年中行事」の記事で、「御剣ハ三十間ノ御座、唐物ハ十二間被替」、「御剣替へ申サルヘキ旨仰セ出サル」、「唐物中老被替」というように、御剣や唐物を「替える」と記されていることは見逃せない。後述するように、このあと諸家の代官に御剣や唐物が中次を通して下賜されるわけだが、この下賜用の御剣と唐物は、あらかじめ三十間と十二間の御座に並べられており、新たに御剣・唐物が進上された際に、中次が下賜品と進上品を置き換え、下賜品をもって出て代官に渡していたのではあるまいか。

御剣や唐物を「替える」と表現されている事情はこのようなものであろうが、ここで問題になるのは、各家に下賜される御剣や唐物はどのように決められたか、ということである。家の格や財力によって、献上物のレベルも異なっていた可能性があり、適当な下賜品を選ぶのは難しかったのではないかという疑問もわく。御剣・唐物の献上と下賜のメカニズムは、他の史料も捜しながら具体的に検討してゆく必要があろう。

四　御馬替

前述したように、「鎌倉年中行事」の記事は、このあと御剣・唐物の下賜のことに移り、そのまま場面が転換して、こんどは御馬に関わる記述に入る。

御剣・唐物等、中次人々持テ罷出、代官ニ請取ラセテ後、大御所様・御袋様へ進上ノ御返モ皆代官給テ、其後御厩別当被官人等御馬毛付仕所ヱ代官行テ、毛付悉見終テ、代官各宿所へ可罷帰、其後、公方様七間御厩ノ侍ニ出御アッテ、二間御厩ト七間御厩之間ナル御庭ニテ御馬替ラル、也、其間別当御酒数十献被申、御剣以下進上、宿老中有伺候テ、別当相談、御馬ヲ見合テ被替、御馬先御厩者請取、其以後別当ノ被官人引立、懸御目、御馬替アケ及夕天、御酒過、公方様御前へ御還アッテ、別当幷ニ宿老中モ皆帰宅、申次の人々は、下賜用の御剣・唐物をもって三十間、十二間の御座から出て代官に渡し、これで御剣・唐物贈答の儀は終る。またここに付記されているように、公方の父親である「大御所様」や、母親の「御袋様」に献上した場合にも、これに対する下賜品が同様に代官に渡されることになっていたことが知られる。

そしてこの後、一転して御馬替えの場面となる。この儀を担当するのは御厩別当とその部下たちであり、馬の毛色をチェックする「毛付」を行なうのは、御厩別当の被官人たちであった。御剣や唐物を下賜されたあと、各家の代官たちは、別当の被官人の所に行き、毛付が修了した段階で、おのおの宿所に帰ることになっていた。ここに明示されてはいないが、代官たちは公方に献上する御馬を引いて別当の被官人に渡し、被官人が献上者と馬の毛色をチェックしていったのであろう。

毛付が終り、代官たちが退出したあと、おもむろに公方の出御がある。公方は七間御厩の侍に出御し、二間御厩と七間御厩の間にある庭で、「御馬替」の儀がとり行なわれた。この儀式の間、別当の設定による御酒の儀があり、別当から公方に御剣が進上された。また御剣替えのあとの食事を終えた宿老がここに伺候し、御厩別当と相談して御馬を確認しながら、御馬替の儀を進めていった。具体的な儀式は、まず御厩の雑事を担う「御厩者」が御馬を受け取り、さらに別当の被官人が引き立てて公方のお目にかけるという形で進められていったが、さすがに馬の数も多いので長時間かかり、終るのは夕刻になった。御酒は「数十献」に及んだとあるから、公方は長い間、酒を飲みながら引き立てられた馬を見続けたのであろう。

この儀式の主役は御厩別当であるが、「鎌倉年中行事」の異本には、上位の奉公衆であった梶原氏がこの職をつとめたと記されている(8)。そしてこの馬替えの儀に参加したのは、別当の部下を除けば、公方と別当梶原、そして木戸・野田といった宿老だけであった。馬を献上した代官たちは公方の出御に先んじて帰宅を命ぜられていたのであり、公方が七間御厩の侍で見物し、二つの御厩の間の庭で延々繰り広げられたこの儀式は、きわめて限定された関係者のみで行なわれた行事だったといえる。

ところで御剣や唐物の時と同じく、ここでも御馬を「替える」とあるから、前から御厩につながれていた馬と、新たに献上された馬とを交換したのであろう。このあたりのことは明記されていないが、もともと御厩のなかに馬がいなかったとは考えにくいから、御厩に入る馬を入れ替えたと考えるのが自然であろう。御厩から出された馬がどうなったかは記載がないが、御剣や唐物の場合と同様、これも献上者に下賜されたとみるべきであろう。

こうして早朝から夕刻まで及んだ八朔の祝の儀はようやく終り、二日後には各家あてに公方の御書が出されることになる。

同二日依例日、三日御返事ノ御書被出之、但依時宜二日被出、日付ハ朔日也、

八月二日は赤口日で日が悪いので、次の三日に返礼の御書は書かれた。内容は簡略であっても数多くの御書が一斉に書かれ、公方の手で花押が据えられたのである。ただ作成は八月三日でも、文書の日付は八月一日にする決まりであった。長時間御馬替の儀につきあい、酒もたくさん飲んだ公方が、その日のうちに多くの花押をきれいに書けるはずはないし、御書の本文を認める右筆も大変だから、三日にしたのだろうが、それでも日付は一日にするあたりに、八朔返礼の御書のもつ儀礼性をうかがうことができる。

五　関東の八朔

「鎌倉年中行事」の八朔記事はこれだけであり、また鎌倉府の時代の関東において、八朔に関わる文書はあまり知られていない。行事書の記事のみから、整然とした八朔祝の儀が行なわれていたことを主張するのは危険かもしれないが、これだけ詳細な記事が空想の産物であると考えることは無理であろうし、細部では違いはあっても、およそこ

こに書かれているように、八朔の儀は進められていたと考えてよかろう。

そして古河に移った公方（古河公方とよばれる）のもとでも、八朔の儀が盛んに行なわれていたことが、残された多くの公方の御書（書状）からわかる。鎌倉公方の八朔返礼の御書は、現在のところ残されていないようだが、古河公方成氏・政氏・義氏の発した八朔御書は、小山・那須・茂木あてのものなど、かなりの数が残されている(9)。鎌倉で行われた八朔の儀は、古河においてもそのまま継承されたのである。

また戦国期の南関東を押さえた北条氏の領国においても、八朔の風習は生きていたようである。北条氏綱の弟である北条宗哲（幻庵）が、世田谷の吉良氏に嫁ぐ娘にあてて認めた覚書の一カ条では、「正月くわんさんより、かゝみ、子のひ、七日、十五日いわゐ、大かたとの此とし月なされつけたることくにて候へく候、そのふんけんあん《（幻庵）》申候つるよし、御ことわりよく候へく候、三月三日、五月五日、みな月、七月七日、八さく、九月九日、いつれもおなし」というように、主要な年中行事の一つとして「八さく」を位置づけている(10)。このほか下野の宇都宮広綱の八朔返礼書状も残されており(11)、戦国時代の関東において、さまざまな階層で八朔の進物献上と下賜がなされていたことが知られるのである。

鎌倉府のもとで定例の行事として位置づけられた八朔の儀は、公方が古河に移ってからも、さまざまな場で広がりをもちつつ継承された。室町幕府と公家を中心とする京都とは異なる場でも、八朔儀礼はそれなりの展開を遂げたのである。家康が関東に入国した時、関東においてもすでに八朔の風習は深く根づいていたと考えられる。

前記した「室町幕府八朔」において二木氏は、公式儀礼としての江戸幕府の八朔儀礼は、室町幕府や公家社会の伝統を取り入れたものであるという、重要な指摘をされている。とくに朝廷と公家社会に広まった八朔の儀を、秀吉ついで家康が受け入れていったことを、史料をもとに実証されており、これはおそらく間違いないことであろう。ただ天下人になる前の家康は関東を支配する大名だったわけで、関東の武家社会に存在した八朔の風習も認知していたはずである。鎌倉府から古河公方や北条氏と継承された八朔の祝が、徳川氏のそれにつながってゆくという回路を想定することも、あながち不可能ではないように思えるのである。

注

（1）『中世武家儀礼の研究』（吉川弘文館、一九八五年）所収。初出は一九七六年（原題「足利政権と室町文化―室町幕府八朔をめぐって―」『国史学』第九八号）。
（2）内閣文庫所蔵。『日本庶民生活史料集成』第二十三巻所収。
（3）「鎌倉年中行事」正月二十三日条参照（七七五頁）。
（4）「同右」正月十二日、十三日条（七七四頁）。
（5）「殿中以下年中行事」（『新校群書類従』第十七巻所収）五九七頁。
（6）「鎌倉年中行事」「御所造幷御新造ノ御移徙之様体ノ事」の条（七八〇頁）。
（7）同右。
（8）注（4）に同じ。
（9）『古河市史』資料中世編、一三八～一三九、一九九、四四九～四五三頁。
（10）「立木望隆氏所蔵宮崎文書」北条宗哲覚書（『戦国遺文』後北条氏編第四巻、三〇四頁）。
（11）「石崎文書」（『栃木県史』史料編中世一、一五頁）。

第Ⅱ部　関東の地域社会

第一章　南北朝・室町期の六浦

はじめに

六浦を中心とする六浦庄という地域の、南北朝・室町期の歴史を、なるべく全体的に目を広げて整理し叙述したいというのが、本章の課題である。六浦や金沢の中世史については、佐野大和氏の『瀬戸神社』(1)をはじめ多くの研究があり、また上行寺東遺跡の保存運動のなかで数多くの研究が生まれ、さらにそれが六浦文化研究所の活動へと継承されている。この地域が鎌倉の外港として栄えた六浦と、金沢氏の拠点で称名寺という大量の史料を残した寺院のあった金沢という二つの要地を含みこんでおり、中世にきわめて繁栄を誇った地域であればそれは当然のことであるが、それにしてもこの狭い地域の研究がこれだけの量に及んでいることには驚かされる。そして中世の六浦地域に関わる具体的な事実はかなり明らかにされており、それに新たなものを加えることはそう容易ではないようにも思える。ただそれでも研究の現状に問題がないわけではなかろう。とくに気になるのは、この地域の研究がどうしても鎌倉期に集中し、南北朝・室町期の研究はやはりまだ少ないことである。これは従来の研究の中心が鎌倉期に繁栄した金沢氏と称名寺を対象とするものであったことによるのであろうが、やはり鎌倉幕府が存在して金沢氏が勢力を張っていた鎌倉期が、この地域の最大の繁栄期であるという意識があったためであろうと思われる。しかし鎌倉幕府と北条氏が滅亡したあとも、鎌倉には足利氏と上杉氏を中心とする鎌倉府という政権が存在し、鎌倉は関東の政治および経済の中心として、一二〇年余にわたって繁栄したのであり、六浦や金沢もこの時期にはまだ衰微しておらず、かなり繁栄している状況がうかがえるのである。西岡芳文氏は「研究の豊富な「金沢文庫」と、「金沢八景」が成立するまでの六浦地域の暗闇とのあいだを、これからどうやって繋いでいくのか」と、中世後期の研究の重要性を指摘された[2]が、私もこの指摘をうけて、この時期の六浦について考察してみたい。

ただ研究が少ないといっても、この時期の六浦についての具体的な指摘はかなりなされている。前述の提起をされた西岡氏は、中世後期の六浦に関わる多くの論点や事実を述べられ、詳細な年表を作成された。また石井進氏によって、この時期の六浦庄と六浦本郷を上杉氏が支配したことが明らかにされた[3]。このほかにも具体的事実の指摘は数多い。ただそれでもこの時期の六浦地域の歴史について、全体的にまとめて論じたものはない。そこでここではあまり個別の問題に深入りせず、南北朝・室町期の六浦地域の状況をできるだけ広くとらえ、その全体的様相を整理して論ずるということにしたい。具体的にはまず六浦庄という荘園と、そのなかの郷の支配関係を整理し、そのうえでこの時期、六浦地域に数多く存在して繁栄した寺社について、その状況を詳しく述べたい。この支配者と寺社の問題は文献史料もある程度残っているので、全体的見通しのたてやすい課題であるから、ここではこの二つの問題を中心にすえたい。ただこれで六浦の地域史が叙述できたわけではなく、最も重要な住人の問題が残される。これについては史料的限界があり、全体的なことはあまり述べられないので、ここでは六浦の住人の荒井氏に関して若干気のついたことがあるので、そのことを少し述べて終わりにしたい。「南北朝・室町期の六浦」という大きなタイトルではあるが、この課題のある部分まで踏み込んでいるといった程度の状況であり、まだこの時期の六浦の全体像をつかむには至っていない。また本章は六浦全体の実態を広く論ずることを目的にしているので、個別の事実の指摘は従来の研究とかなり重複することもあらかじめお断りしたい。

一　六浦の支配者

1　六浦庄と久良郡

六浦の支配関係について考察する前に、まず六浦近辺の中世の郡・荘園や郷の状況について整理したい。六浦は六浦庄という荘園に属していたが、この六浦庄には六浦本郷・金沢郷・富岡郷・釜利谷郷の四郷があり、荘園の領域は現在の金沢区の範囲とほぼ一致している。この荘園は中世を通して存在しており、六浦の地域史を考察するにあたってはこの庄域をとりあえず検討の対象としたい。

また六浦の地は古代以来久良岐郡という郡に属していたが、久良岐郡は中世には「久良郡」とよばれていた。近世の久良岐郡の領域は六浦から戸部（横浜市西区）あたりまでであるが、古代には戸部より北の地域が鶴見川に至るまで久良郡に属していたともいわれている。(4) この地域は古代には久良郡に属し、近世には橘樹郡に属していたわけである。中世においてこの地域が久良郡と橘樹郡のいずれに属していたかは定かでないが、ちょうどこの地域一帯には、中世には師岡保という保が成立していた。師岡保の領域は確定はできないが、近世の芝生村（横浜市西区）にあたると思われる柴郷が師岡保に属していたから、(5) 戸部の北あたりまで領域は伸びており、また保の北限は鶴見川であったと考えられる。

このように中世には六浦庄・師岡保という荘園が存在したが、この両者の間にはさまれた地域、杉田（横浜市磯子区）から戸部あたりまでの地域には荘園は成立せず、この地域は中世には久良郡に属するという形で史料に出てくる。久良郡の範囲は古代には鶴見川から相武の国境までの一帯に及ぶものであったが、北に師岡保、南に六浦庄が成立し、それぞれが独自の支配領域として成熟するに及んで、久良郡の領域は狭まり、師岡保と六浦庄の間の地域のみが久良

図2　中世の鎌倉・六浦とその後背部

郡に属する形になったのであろう。久良郡と六浦庄の関係は、はじめは上下の関係であったろうが、しだいにおのおのが独自の領域として並立する形になっていったと考えられる。六浦庄は「武蔵国六浦庄」と史料にみえ、「武蔵国久良郡六浦庄」という史料はほとんどないから、今のところはこのように推察しておきたい。

　このように、鶴見川から相武国境に至る武蔵の南端部は、中世には六浦庄・久良郡・師岡保という三つの部分にわかれ、この三つの郡・庄のなかにいくつかの郷が存在するという形であったのである。

2　六浦庄の地頭と政所

　それでは六浦の含まれていた六浦庄という荘園の支配関係の考察に入りたい。周知のように鎌倉期には六浦庄は北条氏の一門である金沢氏の支配下にあったが、元弘三年（一三三三）に金沢氏は北条氏とともに滅亡した。その後六浦庄が誰に与えられたかを史料から考えたい。ただし南北朝期の六浦庄の支配関係については、すでに石井進氏の詳細な研究があり[6]、ここで追加できることはあまりない。しかしこの問題は当時の六浦を考えるうえできわめて重要なことであるので、ここではあえて重複をいとわず詳しく述べることにしたい。

〔史料1〕[7]

　富岡郷事、仁木四郎義□(長)令拝領畢、早任御下文□(之)旨、可沙汰付之状如件、

　　建武元年三月廿八日　　伊豆守(上杉重能)（花押）

　六浦庄政所

　これは北条氏滅亡の翌年の建武元年（一三三四）に出されたもので、足利氏の重臣の上杉重能が、富岡郷を仁木義長が拝領したので、現地を義長に交付せよと六浦庄政所に命じたものである。六浦庄に政所が置かれ、下地交付を行なっていたことがわかるが、ここで問題になるのは差出人である上杉重能の立場である。石井氏は重能が「六浦庄政

所を支配しつつ全庄を管理」する立場にあったとされたが、重能は六浦庄全体に関わるなんらかの権限をもち、その権限によってこの文書を発給したのではないかと考えられる。

ここで想起されるのは当時の庄や郡に存在した「政所職」という職である。長禄三年（一四五九）に作成された高師長の本領注文[8]によれば、師長の本領として「山内庄政所職」と「久良郡政所職」がみえ、ともに「勲功地也」と注記されている。これはおそらく南北朝の内乱のなかで、師長の先祖にあたる高師秋・師有父子のいずれかが足利尊氏から拝領したものであろう。六浦庄に隣接する久良郡・山内庄にはともに「政所職」がおかれ、この所職はともに足利氏の重臣の高氏が保持していたのである。

高氏と上杉氏は足利氏の重臣筆頭として並び立った家柄であり、その一方の高氏が久良郡と山内庄の政所職をもっていたとすれば、上杉氏が六浦庄の政所職をもっていたことは決して不自然ではない。確証はないが、上杉重能は六浦庄の政所職をもち、配下の武士を六浦の政所に詰めさせており、政所職をもつ者の立場で庄内の下地交付を政所に命令したと考えたい。

庄の政所職保持者が政所に下地の交付を命じた例は他にもある。観応二年（一三五一）の十二月、当時尊氏と対立して鎌倉にいた足利直義は上杉宮内大輔にあてて御教書を出し、鎌倉正続院領である相模国石田庄内津奥村の田畠在家から濫妨人を追い出して、土地を正続院に交付するよう「糟屋庄政所」に下知せよと命じている。[9]ここでも政所が下地の交付を命ぜられており、政所を指揮する立場にあった上杉宮内大輔はやはり政所職の保持者であったと考えられるのである。

このように建武元年当時、足利氏の重臣の上杉重能が六浦庄の政所職をもっていたことが推測できたが、そうすると六浦庄の地頭職は足利尊氏あるいは直義のものであったと考えざるをえない。[10]当時久良郡は北条氏を滅ぼした戦功の賞として尊氏が拝領しており、[11]山内庄は直義に与えられていた。[12]鎌倉は当然足利氏が確保したであろうから、北条氏滅亡後、足利尊氏・直義兄弟は鎌倉・山内庄・六浦庄・久良郡という一帯をすべて自らの所領とすることに成功したのである。そして山内庄・六浦庄・久良郡の地頭職は尊氏あるいは直義が保持し、庄・郡の管理責任をもつ政所職を高・上杉の両氏に与えたのである。

以上みてきたように、北条氏滅亡後、六浦庄の地頭職は足利尊氏あるいは直義が確保し、重臣の上杉重能が政所職に任命された。そして六浦の現地には重能の配下の武士が実際の政所として駐在していた。六浦庄の支配は、庄地頭職―庄政所職―庄政所という三重の構造をもっていたのである。

この後の六浦庄全体の支配関係は必ずしも明らかでないが、足利氏が庄地頭職を保持し続けたとみてよかろう。ただ鎌倉府という地方政権の成熟のなかで、地頭職は鎌倉公方に委譲されたと考えられる。政所職についてはよくわからないが、おそらく上杉重能が貞和五年（一三四九）に失脚するまでは彼が保持しており、その後は養子の上杉能憲が継承し、さらに山内上杉氏によって相伝されていったと思われる。後述するように重能・能憲およびその後継者は六浦本郷の地頭職を相伝しているが、六浦本郷の地頭職を確保していた上杉氏が、六浦庄の政所職も兼務していたと考えるのが自然であろう。前記した高師長の本領注文には、高氏の所領として「山内庄政所職幷本郷」と、山内庄の政所職と山内本郷の地頭職が並記されている。高氏は山内庄の政所職と山内本郷の地頭職を兼帯していたのであり、これと同様なことが六浦の場合もあったと考えられるのである。

また実際に六浦の現地にいた政所の活動については史料がほとんど残っていないが、貞治二年（一三六三）の称名寺の年貢銭結解状に、「六浦政所」が加賀の年貢を二貫文の銭に替えたという記事がある。(13) これが六浦政所に関わる最後の史料であるが、少なくとも鎌倉府の支配が解体する十五世紀の後半までは、六浦に政所が存在したと考えてよかろう。

3　六浦本郷の地頭

続いて六浦庄内の四つの郷の支配について考察したい。まず六浦の地である六浦本郷であるが、六浦本郷の支配についてはやはり石井進氏の研究があるので(14)、ここではそれを参考にして要点を述べることにしたい。

〔史料2〕(15)

武蔵国六浦本郷事、如元所還補也者、早守先例、可致沙汰之状如件、

貞治五年十月十六日　（足利基氏）（花押）

上椙兵部《（能憲）》少輔殿

これは貞治五年（一三六六）に鎌倉公方足利基氏が上杉能憲にあてて出した御教書で、六浦本郷を能憲に再び与えるという内容である。上杉能憲は上杉一族の惣領の立場にあった上杉憲顕の次男であるが、憲顕の従兄弟にあたる上杉重能の養子になっていた。前述のようにこの重能は六浦庄の政所職をもっていたようであるが、彼は直義の信頼をうけ、直義と高師直が対立すると直義派の中心として活動し、貞和五年（一三四九）に直義がいったん失脚した時に流罪となり、ついで殺された。養父を殺された能憲は、関東の師直方を滅ぼそうと、実父の憲顕とともに高師冬らと戦って勝利を収め、さらに京都に出兵して、摂津の武庫川で師直はじめ高一族を多く殺害している。その後観応二年（一三五一）末に尊氏が鎌倉に攻め込み、憲顕が敗れて逃走すると、能憲も父とともに潜伏し、一〇年の雌伏の後、康安元年（一三六一）ころに憲顕が公方基氏から許されて鎌倉に戻ると、能憲も同じく鎌倉に帰った。前記した基氏の御教書はこの能憲の復権の五年後に出されたものであり、ここで彼は六浦本郷の地頭職を与えられたのである。

ここで問題になるのは史料に「如元所還補也」とあることである。能憲は六浦本郷の地頭職を新給されたのではなく、還補されたのであり、能憲は観応二年に没落するまで六浦本郷の地頭職をもっていた可能性が高い。そしておそらくそれは養父の上杉重能の所職を継承したものであろう。重能が六浦本郷の地頭であったことを明記する史料はな

いが、前記したように彼は六浦庄の政所職をもっていたらしく、隣の山内庄の政所職をもつ高氏が同時に山内本郷の地頭職ももっていたことや、今みたように養子の能憲が六浦本郷の地頭であったことをみれば、重能が六浦本郷の地頭であったことはまちがいなかろう。

ついで能憲のあと六浦本郷の地頭職がどのように継承されたかをみたい。下って応永二年（一三九五）七月、室町幕府は上杉憲定に「六浦本郷」を安堵しているが(16)、この憲定は能憲の弟憲方の子である。上杉能憲は永和四年（一三七八）に死去したが、能憲には子がなかったので、六浦本郷の地頭職はおそらく弟の憲方に継承され、憲方が応永元年に死ぬと、その子の憲定が継ぎ、翌年の応永二年に幕府から安堵状を与えられたのである。上杉憲方は永徳二年（一三八二）に六浦の能仁寺を建立しているから、彼が六浦本郷の地頭であったことは事実であろう。憲定のあとは誰が地頭かを明示する史料はないが、石井氏が考証されたように憲基―憲実と山内上杉氏が継承したと考えられる。

前記したように上杉重能は六浦庄の政所職をもっていたが、重能―能憲―憲方―憲定―憲実と続く上杉氏の代々は、六浦庄の政所職と六浦本郷の地頭職を兼務していたと考えられるのである。

4　富岡郷の地頭

ついで六浦庄の北部にある富岡郷について考察する。〔史料1〕にみえるように、建武元年（一三三四）に富岡郷は足利一門の仁木義長に与えられているが、この後はどのように推移したのであろうか。

〔史料3〕(17)

武蔵国六浦庄内富岡郷半分事、為台所料所々預置也者、守先例可致沙汰之状如件、

延文六年二月廿一日　（足利基氏）（花押）

大草新三郎殿

これは延文六年（一三六一）に公方足利基氏が出した御教書で、富岡郷の半分を台所料所として大草新三郎に預置くというものである。これから当時の富岡郷の少なくとも半分の地は鎌倉公方足利氏の御料所となっていたことがわかる。大草は富岡郷の半分の地頭職を与えられたわけではなく、ここを預けられて管理を任されたのみであり、地頭職は鎌倉公方が保持していたといえる。

延文六年当時には仁木氏はすでに富岡郷の地頭職を失っていたようにみえるが、この点を少し確認したい。仁木義長は内乱のなかで活躍し、数か国の守護となり、観応の擾乱に際しても処身を誤らずに勢力を拡張したが、延文五年に細川清氏らと対立して没落した。前記した基氏の御教書が出されたのはこの翌年である。おそらく仁木義長は富岡郷の地頭職を保持したが、延文五年に没落すると、富岡郷の地頭職は足利氏に没収されたのであろう。そしてその半分が台所料所として大草に預けられたのである。確証はないが、おそらく富岡郷全体の地頭職を公方が保持していたのであろう。その後の史料はないが、富岡郷は公方家に伝えられたとみてよかろう。

富岡郷の支配については以上のようであるが、ここで加えて仁木義長について若干の補足をしたい。仁木義長は前記のように富岡郷を領していたが、富岡の北の杉田郷も仁木の所領であったことを示す史料がある。「鶴岡八幡宮寺供僧次第」[18]の悉覚坊の教玄の項に「観応三年壬辰六廿八、為仁木方横死、六十四歳、依教玄死去、仁木方罪科難遁之上者、彼拝領之内武州杉田郷被ヽヽ、被御寄進当社一（マヽ）云々」とあり、「仁木方」が鶴岡八幡宮の供僧教玄を殺害した罪により杉田郷を没収されたことが記されているのである。この「仁木方」が誰かはこれだけではわからないが、実はこの記事とよく似た記事が「太平記」にある。仁木義長が謀反をおこしたことに関わる記述のなかに、彼が鎌倉の鶴岡八幡宮で「児ヲ切殺シテ神殿ニ血ヲ淋」いだと書かれているのである。[19]一方は六四歳の僧で一方は稚児であるが、この記事は同じ事件を記したもののようにも思える。もしそうであれば、杉田郷を没収されたのは仁木義長ということになる。このあたりは確実な証拠がなく何ともいえないが、仁木義長が富岡郷と杉田郷をともに保持していた可能性も高いといえよう。杉田は義長以外の仁木氏の所領であった可能性もあるが、いずれにせよ富岡と杉田というまとまった地域が仁木氏の所領であったことは確実である。仁木氏と関東との関わりについてはあまり論じられていないが、南北朝の前期には仁木氏は関東に大きな足場をもっていたのである。しかし延文五年に義長が没落すると富岡は没収され、仁木氏の勢力は関東から消えてしまったのであろう。

5　金沢郷と称名寺

金沢郷については地頭職を誰がもっていたかはわからないが、金沢郷内の土地のかなりの部分が称名寺の所領であったようである。

〔史料4〕(20)

称名寺雑掌光信申、武蔵国金沢郷内当寺内寺外敷地幷塩場等事、村上河内入道(貞頼)代官高行背度々御教書、動依成煩、寺家不全知行云々、甚招罪科所行也、早壱岐兵庫助(貞有)相共莅彼所、沙汰付下地於光信、可被執進請取状、且其子細被召仰高行訖、更不可有緩怠之状、依仰執達如件、

応安八年八月六日　　沙弥在判

雑賀蔵人入道殿(希全)

これは応安八年（一三七五）に鎌倉府の管領（関東管領）の上杉能憲が出した奉書であり、金沢郷内の称名寺の寺内および寺外の敷地と塩場の土地が称名寺の所領として認められていたこと、にもかかわらず村上貞頼という武士の妨害にあってなかなかこの土地を支配できなかったことがわかる。このような状況を打開するために称名寺の雑掌の光信は鎌倉府に訴え、その結果鎌倉府からこの奉書が出され、雑賀希全・壱岐貞有の両名が下地の交付を命ぜられたのである。この下地交付は順調に行なわれたらしく、この後称名寺はこの土地を所領として支配できたようである。

それではこの奉書にみえる称名寺の所領とは具体的にどこをさすのであろうか。まず先の史料にみえる「塩場」について検討したい。

〔史料5〕[21]

註進

塩場年貢銭納帳事

一　三十弐貫二百八十一文　寺納

三貫文　御代官給

一貫文　定使給

物都合三十六貫二百八十一文　町屋九度分 洲崎四度分

右、所令注進如件、

明徳元年庚午七月十三日

道周（花押）

これは明徳元年（一三九〇）に作成された、称名寺領の「塩場」からの年貢銭の内容を書きあげたものであるが、ここに「町屋九度分、洲崎四度分」とあるのに注目したい。これは町屋と洲崎から塩場の年貢銭が数回に分けられて上納されたことを示しているが、この記述から、町屋と洲崎に「塩場」が広がっていたことがわかる。確実なことはわからないが、現在の町屋・洲崎の一帯は、そのかなりの部分が塩場であったのではあるまいか。そしてこの塩場は称名寺の支配下にあって、年貢が称名寺に上納されていたのである。

ついで先の史料にみえる「当寺内寺外敷地」の場所であるが、これは現在の称名寺の寺内から南に広がる一定の地域を指すと思われる。寺外の敷地がどこまで広がっていたかはわからないが、あるいは町屋や洲崎のほうまで伸びていたかもしれない。いずれにせよ称名寺はその敷地と、町屋・洲崎の塩場を所領として保持しており、その範囲は金沢郷全体のかなりの部分を占めると考えられるのである。

このように称名寺は金沢氏という後楯を失いながらも、なんとか一定の所領の確保に成功したのであるが、先の史料をみてもわかるように、所領を確保するまでにはかなりの苦労があったようである。足利尊氏が弟直義を滅ぼして鎌倉に滞在していた観応三年（一三五二）三月に、称名寺は尊氏から「金沢郷塩垂場」を寄進されているが[22]、その後村上貞頼がこの塩場と称名寺の敷地の知行権を主張して対立することになる。貞頼は京都の幕府に訴えてこの土地を所有しようとしたらしく、幕府は貞頼の申請を受けて彼をこの地の地頭として推挙し、鎌倉府に対してこの旨を連絡した。これに対して称名寺は直接幕府に訴えるという行動をとり、困った幕府は応安七年（一三七四）九月に鎌倉府にあてて奉書を出し、称名寺と村上のいずれが正当かを判断して決めよと命令している[23]。そして鎌倉府で審議の結果、称名寺の主張が認められ、先にみた管領の奉書が発給されたのである。称名寺は鎌倉の寺院のように足利氏の強い保護を受けることができず、寺領の確保のために京都まで訴訟に出るなど、かなりの努力をする必要があったのである。

6　六浦庄と六浦の支配形態

六浦庄内の郷の支配のさまを六浦本郷・富岡郷・金沢郷と続けて追ってみた。残る釜利谷郷については史料が乏しくよくわからないが、暦応二年（一三三九）のころに称名寺で「蒲里谷郷」と「尺下郷」との交換について議論になっているという史料もあるから[24]、南北朝の初期には称名寺が保持していたようである。ただその後の史料はなく、称名寺の寺領として続いたかはよくわからない。

さて、ここまで六浦庄および庄内の郷の支配形態について考察してきたが、ここで一応のまとめをしたい。六浦庄における支配のありかたをおおまかに図示すると

庄地頭職――庄政所職――庄政所
└郷地頭職――（郷政所）

というようになろう。六浦庄の庄地頭職は足利氏（鎌倉公方）がもち、庄政所職を上杉氏が保持し、その配下の武士が政所として現地にいたのである。また六浦郷の地頭は同じく上杉氏であり、富岡郷の地頭ははじめは仁木氏であったが、後に鎌倉公方が御料所として確保した。金沢郷と釜利谷郷の地頭は不明であるが、金沢郷内の一定部分は称名寺の所領となっていた。そしておそらく各郷には郷の政所がおかれ、郷の政所が年貢の徴収などにあたっていたのであろう。

六浦庄内の土地の支配は以上のようであったが、上杉氏が六浦庄の政所職と六浦本郷の地頭職を兼ねていたことは重要である。六浦本郷以外の郷が上杉氏の所領であったわけではないが、六浦本郷が六浦庄の中心として繁栄したことを考えると、おおまかにいって六浦庄と六浦の管理は上杉氏が公方から委託されて行なっていたといえる。

しかしいままで考察したのはあくまでも荘園と郷の支配であり、六浦の場合はこれに加えて都市と湊・関の支配を検討しなければならない。六浦は鎌倉の外港として栄え、かなりの規模の都市を形成していたと思われるが、その実態はよくわからない。ただ貞治六年（一三六七）に将軍の足利義詮が円覚寺黄梅院の華厳塔の修造の費用として「鎌倉・六浦小間別銭貨」を宛てるように指示したという史料があり[25]、当時六浦で住人から小間別銭が徴収されることがあったことがわかる。また六浦に関があり「関米」が徴収されていたことが暦応二年（一三三九）の史料にみえる[26]。しかしこうした住人からの税の徴収や関に関わる通行税がどのように徴収されていたか、たとえばそこに足利氏や上杉氏がどう関わっていたかは、今のところよくわからない。ただ六浦の西にある六浦大道の関に関しては少し史料があり、これから関の支配について若干考察することができる。

〔史料6〕[27]

金沢称名寺造営用脚勧進関事

右、於六浦庄内常福寺門前、人別二文、駄別三文充、宛取之、可被修其功之状如件、

応永廿九年七月十七日　　沙弥（長尾忠政）（花押）

〔史料7〕[28]

目安

称名寺雑掌光信謹言上

右、当寺修造用脚六浦庄大道関事、自管領方雖有寄附、御判未申給之、所詮為当所御沙汰、如法公物進納仕、安堵御判於給、為致弥御祈禱精誠、恐々言上如件、

応永卅二年十一月　日

〔史料8〕[29]

六浦大道関所事、自明年二月三ケ年間所寄附也、若背以前事書之旨者、可破却関所之状如件、

永享四年十二月廿三日　（足利持氏）（花押）

称名寺長老

〔史料6〕は応永二十九年（一四二二）に関東管領の上杉憲実の家老である長尾忠政が出した文書で、称名寺の造営のために常福寺門前の関（大道関）で関銭をとることを認めたものである。称名寺はまずは上杉氏の家老の長尾に訴えて、関銭徴収を認められたのである。ところがその三年後の応永三十二年になって、称名寺は〔史料7〕のような申状を提出した。その内容は六浦大道の関については、管領から寄付されたが、「御判」はまだ拝領していないので、安堵の「御判」を賜りたいというものである。この「御判」が公方の御判か管領の御判かが問題であるが、管領の「御

判」を得たいと管領に訴えているとみると、「自管領方雖有寄附」という表現は相手に対してかなりぞんざいであり、やはりこれは公方に提出した申状で、「御判」は公方の御判をさすとみるべきであろう。称名寺は大道の関をいったん上杉から与えられたにもかかわらず、あらためて公方に安堵してほしいと訴えたのである。そしてその七年後の永享四年（一四三二）、今度は公方の足利持氏から大道関を三年間寄付するとの御教書が出されたのである（史料8）。さらにその後、「前河内守助良」という人物から、もう一年大道の関を知行してよいという証文が称名寺に出されており、そこには「御判」はあとで出る予定であるとある。この「前河内守助良」は公方持氏の重臣の簗田氏であるといわれており[30]、ここにみえる「御判」もやはり持氏の御教書を指すと思われる。このように六浦大道の関を称名寺が確保するにあたっては、上杉氏だけではなく、公方足利氏の関与が認められるのである。称名寺は最初は上杉に訴え、上杉から関の知行を認められたが、それだけでは満足せず、公方持氏の安堵を求め、今度は公方から知行を認可されているのである。

　称名寺が何ゆえ公方の安堵を求めたかが問われなければならない。確実なことはいえないが、この時期関東の支配や京都の幕府との関係をめぐって、公方持氏と管領憲実の対立がかなり表面化しており、鎌倉府の権力自体が公方派と上杉派に大きく分裂していたから、称名寺も上杉との関係だけでは権利が保てないと考え、公方に対してもその保証を求めたのではないかと考えられる。そして公方持氏の側も六浦の把握をある程度意図していたのではあるまいか。鎌倉公方足利氏は重臣の上杉氏に六浦の管理を任せたが、やがて上杉氏が勢力を拡張し、公方と対立するようになると、公方はあらためて六浦を直接把握しようとしたのではあるまいか。このあたりのことはよくわからないが、いずれにせよ、上杉氏のみが完結した形で六浦を支配していたわけではなく、そのうしろには公方足利氏がいて、場合によっては両者が六浦の支配をめぐって争うこともありえたことを注視する必要があろう。

二　六浦の寺社

続いて南北朝・室町期の六浦の寺社について考察したい。中世の六浦および六浦庄一帯には多くの寺社が存在しており、個別の寺社については宗派別の研究もある。しかし六浦の寺社の全体を広くみまわして、寺社勢力の全体像をとらえたものはまだない。そこでここでは個別の宗派や教義に深入りせず、とりあえずすべての宗派をまんべんなくとりあげて、六浦地方の寺社の実態の鳥瞰図を示してみたい。

後述するように南北朝・室町期の六浦庄には多くの寺社が存在していたが、それは大きくわけて瀬戸神社・禅宗寺院・真言宗寺院・律宗寺院・日蓮宗寺院というように大別できる。以下このそれぞれについて具体的に論じていきたい。

1　瀬戸神社

六浦本郷内の瀬戸にある瀬戸神社については、佐野大和氏の研究があり(31)、あらためて詳述する必要はなかろう。瀬戸神社は室町期にも公方足利氏の保護を得て繁栄した。そのさまを最もよく示すのは、鎌倉府の年中行事書である「鎌倉年中行事」の記載である(32)。この書物によると、毎年正月の末か二月のはじめに公方の瀬戸神社（「瀬戸三島大明神」とこの書物にはみえる）への参詣が行なわれ、この他にもたびたび公方の瀬戸参詣があったということである。また同じ書物には、四月八日に瀬戸神社の臨時の祭礼があり、公方が社参して舟寄弁才天の前で御酒の儀が行なわれたともある。また公方足利持氏が、称名寺の長老に対して瀬戸神社の社頭で本地護摩の修行をするように命じたという史料もある(33)。瀬戸神社は六浦の宗教的な中心であり、鎌倉公方足利氏もここを重視して保護したのである。当時の瀬戸

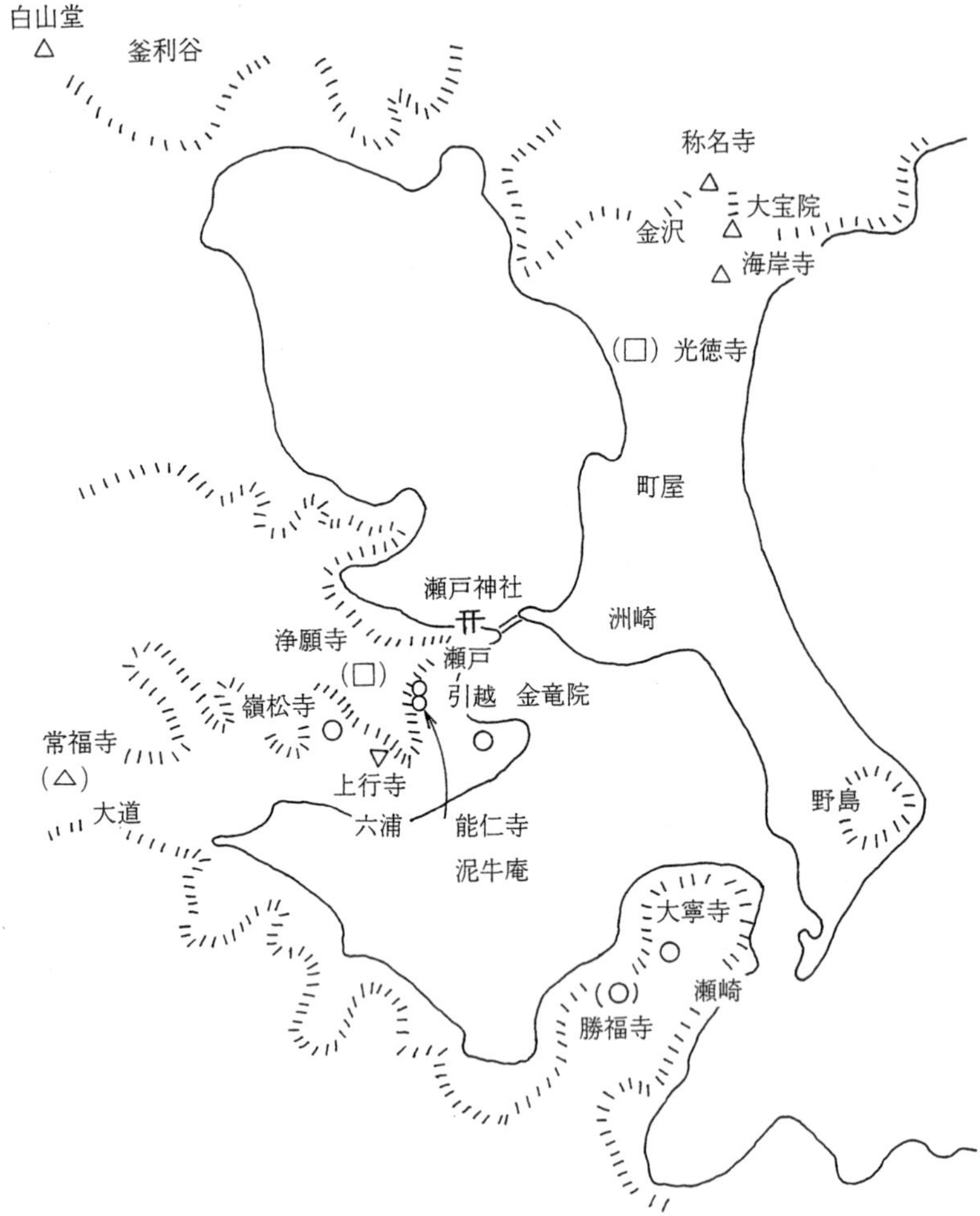

○禅宗（臨済宗）寺院
□真言宗寺院
△律宗寺院
▽日蓮宗寺院
（　　　）場所の不明のもの

図3　中世の六浦・金沢と寺社

神社がどのくらいの規模で、どのくらいの土地を所持していたかはわからないが、戦国期に後北条氏が作成した「後北条氏所領役帳」に、瀬戸神社の神主の拘地として八五貫九五八文が記載されており、(34)戦国期には少なくともこの程度の社領があったことがわかる。確証はないが室町期の社領の規模はより大きかったであろう。

なお瀬戸神社の神主には千葉氏が任じられていたらしく、応安七年（一三七四）に作成された鐘の銘文にみえる「神主平胤義」も千葉氏であるとみられている。(35)千葉氏と六浦および瀬戸神社の関係は興味深い問題である。

2　禅宗寺院

南北朝・室町期に六浦で最も大きな広がりをみせたのは禅宗寺院である。六浦の中心部に能仁寺・泥牛庵・金龍院・嶺松寺があり、また六浦郷内の瀬崎に勝福寺と大寧寺があった。これらの寺について以下具体的に追っていきたい。まず六浦の能仁寺であるが、この寺の開創については「新編鎌倉志」(36)に詳しい記載がある。

〔史料9〕

　能仁寺旧跡

能仁寺ノ旧跡ハ、上行寺ノ東、民家ト成テアリ、上杉憲方明月院道合ノ建立ナリ、古記ニ云、上杉房州(憲方)太守、築武州金沢能仁寺、創七宇伽藍、請方崖和尚為開山第一世、号山曰福寿、号寺曰能仁、太守有旨、陞能仁寺位列諸山者也、永徳三年小春日、東暉曇昕謹記、又本尊建立、永徳二年三月七日始之、同年四月廿一日終、住持東暉曇昕、奉行徳慧徳沢、檀那巨喜、上総州法眼朝栄作之、大檀那房州道合、徳珠書之トアリ、方崖諱元圭、倹約翁ノ法嗣ナリ、永徳三年九月十六日ニ寂ス、今建長寺龍峯庵ニ梁牌ノ銘アリ、其文如左、

　能仁寺仏殿梁牌銘

恭願、皇図鞏固而四海昇平、黎庶安寧而五穀豊稔、檀那前房州太守菩薩戒弟子道合敬白左、伏冀、仏運帝運歴永

劫而綿延、寺門檀門経万年以昌盛、時永徳二年壬戌四月日、開山方崖元圭謹題右、

現在は廃寺になっている能仁寺は、上行寺の東にあり、関東管領の上杉憲方が建立し、方崖元圭を第一世として発足したのである。七宇の伽藍が造られた時期は書かれていないが、本尊の造立が永徳二年（一三八二）の三月から四月にかけて行なわれ、四月に仏殿の梁牌の銘が書かれているから、この永徳二年四月の時点で仏殿に本尊が安置されて、能仁寺の創立が終了したとみてよかろう。ここには宗派は書かれていないが、開山の方崖元圭がやはり開いた金龍院が臨済宗で建長寺の末寺であるから、能仁寺も同じく建長寺の末寺として位置づけられたのであろう。そしてこの記事にあるように、開基の上杉憲方の尽力によって、能仁寺は関東の諸山の位に位置づけられたのである。

前章に述べたように、上杉憲方は六浦本郷の地頭であり、六浦庄の政所職も兼ねていた可能性が高い。能仁寺は地頭上杉氏の力で開創されたのであり、上杉氏の六浦支配の宗教的な中核になっていったのではないかと考えられる。また先の記事に本尊造立の際の「檀那」としてみえる「巨喜」はどういう人物かわからないが、上杉氏の配下の武士で、あるいは六浦の政所にいて六浦を管理していた人物かもしれない。以下は全くの思いつきであるが、[37]嘉慶二年（一三八八）六月に円覚寺造営の棟別銭徴収に関して鎌倉府に請文を提出している大喜丹後守光昌という人物はこの「巨喜」と関連するかとも思う。彼は鎌倉府の命で安房国に入部して棟別銭を徴収しており、房総半島方面に関係の深い人物であったと推測される。証拠は全くないが、あるいはこの大喜氏は六浦にいた人物で、江戸湾をまたがって活動し、房総半島にも足場をもっていたのではあるまいか。能仁寺の本尊が上総の仏師によって造られたというのも、能仁寺の檀那の大喜氏との関連を想定できるかもしれない。

現在上行寺のすぐ東に存在する泥牛庵は、かつてはこの能仁寺の塔頭で、能仁寺とともに米倉陣屋跡の地にあったという。「新編武蔵国風土記稿」には泥牛庵について次のように記されている。[38]

〔史料10〕

泥牛庵　除地三畝、小名引越ニアリ、臨済宗鎌倉円覚寺末、吼月山ト号ス、六間半ニ七間ノ庵ナリ、巽向本尊正観音立像長二尺許、行基作、コ、モ札所ノ一ナリ、開山ハ円覚寺第十七世南山士雲和尚ナリ、建武二年十一月七日寂、当庵古ハ能仁寺ト云寺ノ塔中ニテ、今ノ米倉丹後守ノ陣屋構ノ内ニアリシカ、能仁寺ハ既ニ廃寺トナリ、当庵ハ陣屋取立ノ時コ、ニ移サレシト云、（下略）

このように泥牛庵は能仁寺の塔頭であったと記されているが、泥牛庵の開山の南山士雲は建武二年（一三三五）に寂したとあるから、泥牛庵は鎌倉の末期にすでに存在し、能仁寺が成立した後にその塔頭に編入されたのかもしれない。

瀬戸神社の南、上行寺の東にある金龍院は、能仁寺と同じく方崖元圭を開山としている。同じく「新編武蔵国風土記稿」の記載をみよう。(39)

〔史料11〕

金龍院　境内除地二段五畝、小名引越ニアリ、臨済宗相州鎌倉建長寺末、昇天山ト号ス、相伝フ、往古当寺ニ於テ硯ノ中ヨリ龍昇天セシ故起レル名ナリト、橘樹郡小机雲松院ニテモカクノ如キ伝アリ、モツトモ疑フヘシ、一ニ飛石山トモ云、本堂五間ニ七間、西向、本尊正観音坐像、長二尺許、開山僧方崖元圭、永徳三年九月十六日寂ス、

詳細は不明であるが、金龍院も能仁寺と同じ時期に建立されたのであろう。

さらに上行寺の西には嶺松寺がある。この寺に関する「新編武蔵国風土記稿」の記載は次のようである。(40)

〔史料12〕

嶺松寺　境内瀬戸明神領内、小名六浦ニアリ、禅宗臨済派鎌倉建長寺末、金剛山ト号ス、本堂三間四方、本尊正

観音坐像、長一尺許、此辺札所第十三番ナリ、瀬戸明神ノ神職千葉司ノ先祖豊前某カ開基ト云、開山ハ詳ナラス、或云、僧月窓元暁ナリト、此僧ハ貞治元年十月二日寂ス、

この嶺松寺も建長寺の末寺である。開山は不明とあるが、貞治二年（一三六三）に寂した月窓元暁が開山であるという説もあるとあり、そうするとこの寺の開創は南北朝の終わりころということになろう。ただこの嶺松寺は千葉泰胤の娘で金沢顕時の妻になった人物が開いたという「千葉系図」の記載もあり、(41)そうすると鎌倉期に草創された寺ということになる。おそらく嶺松寺は鎌倉期の草創で、南北朝の終わりころに再興されたのであろう。

このほか六浦の地に「如意寺」という尼寺があり、先に登場した上杉憲方の娘が長老としてこの寺にいたことが「上杉系図」にみえる。(42)

以上みたように六浦の地にはこうした禅宗寺院が存在していた。そして能仁寺・金龍院は、関東で南北朝の内乱が終息した頃に一斉に創立されたのであり、嶺松寺もこの時期に再興された可能性がある。この時期は六浦の禅宗寺院がつぎつぎと創られた時期だったのであり、南北朝の末期から室町期にかけて、六浦の地には多くの禅宗寺院がひしめきあっていたのである。

また六浦本郷内に属していたと思われる瀬崎には勝福寺と大寧寺があった。このうち現存する大寧寺については「新編武蔵国風土記稿」にもと真言宗で後に禅宗に転じて建長寺の末寺となったとある。(43)南北朝・室町期に大寧寺が禅宗寺院として存在したかは明らかにできないが、この時期に六浦に建長寺系の勢力が進出したことを考えあわせると、大寧寺の転宗はこの時期のことだったのかもしれない。

勝福寺は現存せず、所在地も不明であるが、この寺に関しては文書史料が残っている。

〔史料13〕(44)

武州瀬崎勝福寺事、可為祈願所之状如件、

応永廿九年閏十月廿一日　　従三位（足利持氏）判

当寺長老

〔史料14〕[45]

武蔵国瀬崎勝福寺雑掌申、当時祈願所御判幷寺家相承御教書已下敷地文書等事、去年十一月十二日夜、円覚寺回禄之時、於黄梅院令紛失之間、任法例可給安堵之旨、就申之、仰海老名大炊助朝季幷梶原安芸三郎持景幷印東伊豆守常貞等被尋下之処、如各請文者、紛失之段勿論候、当知行無相違、次可支申仁無之候云々起請之詞略之、此上不及異儀者、早守先例可致沙汰之状如件、

応永廿九年閏十月廿一日　　御判（足利持氏）

〔史料13〕は応永二十九年（一四二二）に時の鎌倉公方足利持氏が発給した御教書で、瀬崎の勝福寺が公方の祈願所であることを認めたものである。そして同日付けの〔史料14〕からこのような御教書を出した経緯がわかる。これによると、勝福寺の文書は円覚寺の塔頭の黄梅院に保管されており、その文書には勝福寺が祈願所であることを記した御教書や、代々の住持補任の御教書、敷地に関係する文書などがあったが、応永二十八年十一月に円覚寺が火災になった時すべて焼失してしまったのである。困った勝福寺は公方に文書が焼失したのであらためて安堵の御教書を出してほしいと求め、公方は調査の結果、焼失が事実であることと、勝福寺が敷地をたしかに支配していることを確認して、寺領を安堵するとの御教書（史料14）を出したのである。そして同時に勝福寺が祈願所であることを認める御教書（史料13）も与えたのである。

　勝福寺が公方の祈願所であったことがわかるが、その文書が黄梅院にあったことは興味深い。黄梅院は足利氏に保護されて繁栄するが、文書をここに置いておいたことからみて、勝福寺は黄梅院に従属する寺であったのではないかと考えられる。

3　真言宗寺院

このように南北朝・室町期の六浦では禅宗寺院が興隆したが、これと同じくこの時期に栄えたのが真言宗の寺院、とくに金沢の光徳寺である。光徳寺はどこにあったかもわからない寺であるが、この時期には足利氏の祈願所として大きな勢力をもっていたらしい。

〔史料15[46]〕

武蔵国金沢郷光徳寺、為祈願所被精誠之上、敷地事、不可有相違之状如件、

観応三年九月三日　(足利尊氏)(花押)

当寺長老

これは観応三年（一三五二）に当時鎌倉にいた将軍足利尊氏が出した御教書であり、光徳寺が祈願所として祈禱に励んでいるので、敷地を安堵すると書かれてある。この当時から光徳寺が足利氏の祈願所として認められていたことがわかる。このあと光徳寺は鎌倉の高僧の遍照院頼印が住持を兼ねたことにより繁栄する。その様子は頼印の行状を記した「頼印大僧正行状絵詞[47]」によっていくらか知ることができる。まず永和五年（一三七九）七月に頼印の祈禱に対する恩賞として、下総国上迫村が光徳寺に寄進されたことがみえ、さらに永徳三年（一三八三）の十二月四日に公方氏満の命で頼印を導師とする結縁灌頂が光徳寺で行なわれ、このあと毎年この日に光徳寺で結縁灌頂が開かれ、またこの結縁灌頂のための料所として下総の大河戸郷が光徳寺に寄進されたとある。またこの最初の結縁灌頂の直後の十二月二十五日に、頼印が光徳寺に隠棲して絶食をしたという記事もある。ことに光徳寺で結縁灌頂が行なわれたことはきわめて重要であると考えられるので、その史料を紹介したい。

〔史料16〕

光徳寺結縁灌頂者、鎌倉左武衛(足利氏満)発願也、源右幕下鎌倉草創以来、御願トシテカノ大法事ヲ行ハレス、何況不朽御

願イマタ其例ナシ、武衛《（氏満）》ト院主《（頼印）》ト師檀他ニコトニシテ、此大会ヲ申行ル、事、利益衆生ノ方便、何事カコレニシカム、洛中勅願御願皆ナキカコトシ、末世今ニ至リテ毎年勤行ノ料所トシテ、下総国大河戸郷寄附セラル、仍ハ永徳三年十二月四日開白以来イマニ退転無キ者也、至徳元年十二月四日勤行ノ処、必結縁アルヘキヨシ、武衛命セラル、間、職衆十六口ヲ調テ庭儀タルヘキトコロニ、同三日指合ニヨリテ駕ヲ枉ヘカラザルヨシ仰ラル、アイダ、臨期仰天ナリ、院主云、明日カナラス来臨アルヘシ、用意ヲイタスヘキヨシ仰ラレテ、翌朝ニハ悉ク堂荘厳ニシテ待チ申サル、処、未ノ剋ノ始ニ唯今光御ノヨシ方々ヨリ告来ル、則渡御、万人希代ノ思ヒヲナス者也、御馬幷御剣・小袖五重進覧、三献以後イトマヲ申テ、三昧耶戒儀式ヲトリ行ル、御聴聞処ニシテ御結縁アリ、初夜時ニハ優婆塞ノ始ニ印明ヲ受玉ヘキ、誠ニ大乗結縁之初メ、真言再興ノ基也、スヘテ四輩結縁三百余人、其為躰厳重也、

結縁灌頂とは多くの人々に一斉に仏縁を授ける密教の大儀式であり、関東ではほとんど前例のないものであったが、この儀式の場所として光徳寺が選ばれ、頼印が導師をつとめたのである。この儀式は永徳三年（一三八三）に開始されてから、しばらくは毎年行なわれていたようであり、ことに至徳元年（一三八四）には頼印の徳を示す事件がおきた。この時頼印は十六口の職衆を集めて、寺の外で執行する庭儀の形で用意していたところ、前日になって突然公方氏満から参加できないという報告が届いた。関係者はみな動転したが、頼印は動ぜず、必ず公方は来ると予言して儀式の用意をしていた。そうしたところ当日になって予言通り氏満がやってきたという話である。これからこの儀式には公方氏満が参加していたことがわかり、またこの儀式が寺の庭を利用し、そこに多くの信者を集めて、十六口の職衆が中心となって執行するという大変な儀式であったことがわかる。このような重大な儀式がなぜ鎌倉ではなく金沢で行なわれたのかはわからないが、いずれにせよこのことは頼印が当時公方氏満の絶大な信頼を得ていたこと、そしてそれによって光徳寺が大きく成長したことをよく示しているといえよう。

頼印は明徳三年（一三九二）に死去するが、その後は頼印と同じく鶴岡八幡宮の供僧である相承院俊誉が光徳寺の結縁灌頂の導師をつとめている。「鶴岡八幡宮寺供僧次第」の俊誉の項に[48]「同（明徳四年）三月十八日、於金沢光徳寺、結縁灌頂大阿闍梨勤之、為公方御願、毎年式也」とあり、頼印死去の翌年の明徳四年三月十八日に俊誉がはじめて光徳寺で結縁灌頂を行ない、この後も毎年行なわれたことがわかる。俊誉は頼印の教えを受けて小野流の伝法灌頂を受けており、また頼印の死後は鶴岡八幡宮の供僧のなかでは指導的立場にあった。このように頼印・俊誉という当時の鎌倉の最高位の高僧が光徳寺で結縁灌頂を行なったのである。あるいは俊誉も光徳寺の住持を兼ねていたのかもしれない。

このように光徳寺は室町期に大いに繁栄し、室町の後期になっても真言宗の学僧として著名な印融の弟子の融恵が住持をしており[49]、六浦地域の真言宗の中心として存在していたようである。その後融恵のあと住持となった融弁が明応八年（一四九九）にこの光徳寺と浄願寺の二寺をあわせて洲崎に龍華寺を開創したという[50]。この頃には往時に比べて光徳寺もかなり経営が苦しくなっており、浄願寺と合体するという形で再生する道が選択されたのであろう。光徳寺はこのように現在の龍華寺の前身であるが、その場所は明らかにされていない。

光徳寺と同じく龍華寺の前身である浄願寺は、六浦の山中にあったと伝えられるが[51]、筑波法雲寺の「涅槃像縁由」によれば、浄願寺はもと蔵福寺といい、文和三年（一三五四）に涅槃図が作成され、その後嘉吉四年（一四四四）に蔵福寺を浄願寺と改めたという[52]。西岡芳文氏は蔵福寺の涅槃像が浄願坊円慶という勧進聖を中心とする勧進活動によって造られたことから、蔵福寺は光徳寺とは異なり、民衆的基盤に立った寺院であったと考えられている[53]。浄願寺はのちに光徳寺と合体するが、鎌倉公方と密接に結びついた光徳寺とは性格が大きく異なっており、この寺を真言宗寺院といっていいかということを含めて研究すべき課題を多く残している。

4　律宗寺院

今までみたように禅宗寺院と真言宗寺院は、時の権力者である足利氏や上杉氏の保護を得て繁栄したが、称名寺を中心とする律宗寺院はそれに比較すれば特別の保護を受けることもなく、その発展はかなり制約されていたようである。しかしそれでも称名寺はなお一定の勢力を保持しており、また称名寺の末寺が各地で発展するという動きもあった。

南北朝・室町期の称名寺については一節でもふれたが、鎌倉期には金沢氏の保護のもと、多くの寺領も得て繁栄したものの、金沢氏が滅亡するとその経営は危機に陥った。鎌倉を確保した足利氏は鎌倉の寺社を保護したが、称名寺は足利氏の保護をほとんど受けることができず、金沢氏にかわる外護者を得ることができなかったのである。そのため称名寺は寺領の確保のためにかなりの努力を払わねばならなかった。「金沢文庫文書」にある当時の文書をみても、称名寺の寺僧が、所領の確保のために奔走するさまが伝わってくる。そして称名寺は加賀や因幡などの遠隔地の所領は失うが、下総の毛呂郷・赤岩郷などの関東の所領はいくらか維持し、また一節でみたように、金沢郷内の寺の敷地と塩場を所領として認められた。鶴岡八幡宮や円覚寺のように多くの所領を寄進されることはなかったが、称名寺は寺僧の努力によって所領の喪失を最小限にくいとめたということができよう。

また、称名寺自体は鎌倉期に比べれば衰微したといわざるをえないが、称名寺の末寺はむしろ南北朝・室町期になって史料に現われてくる。称名寺の仁王門のそばにあった大宝院は応安四年（一三七一）に下総の武士の大須賀から下総大須賀保柴村の田と在家および奈土郷内下坊の別当職を寄進されており[54]、下って応永三十年（一四二三）四月には、公方持氏から天下安全の祈禱をせよと命ぜられている[55]。当時大宝院は公方の祈願所となっていたのである。

大宝院と同じく称名寺のそばにあった海岸寺は称名寺の尼寺として史料にみえる。前記した「鎌倉年中行事」に、正月十六日に鎌倉の尼寺（比丘尼五山）が公方に対面する記事があるが、それにつづいて「仍同日海岸寺殿御出、金沢照明寺尼寺タル間、御茶計也」とあり、海岸寺が比丘尼五山の出仕のあと御所に出仕して公方と対面していたことがみえる。海岸寺は鎌倉の比丘尼五山に次ぐ位置にあったのである。またここに「海岸寺殿」とあることから、「殿」つけで呼ばれるような身分の高い人物が海岸寺の長老を勤めていたことがうかがえる。「上杉系図」によれば、永享の乱の前後の時期に扇谷上杉氏の当主であった上杉持朝の娘の理等が海岸寺にいたという。おそらく海岸寺の長老には代々上杉のような重臣の家の女子が任命されていたのであろう。

また六浦大道の常福寺も称名寺の末寺として発展した。先にみた応永二十九年（一四二二）の史料（史料6）に常福寺がみえるが、その門前に関が作られたことは前述の通りである。「新編武蔵風土記稿」には「開山審覚、永和三年八月十五日寂ス」とあり、[56]常福寺が開かれたのは南北朝期から室町の初期にかけての時期であったと考えられる。同じく「新編武蔵国風土記稿」には「足利持氏ノ祈願所ニテ、古ハ寺分ノ地一円ニ当寺領ナリシト云」「又北条役帳ニ六浦大道分トアルハ則当寺ノ領セシ所ヲ云ナルヘシ」と記されている。足利氏の祈願所であったことは文書にはみえないが、その可能性は高かろう。また室町期には大道一帯が寺領であったこともおそらく事実であろう。

さらに称名寺の末寺として釜利谷の白山堂がみえる。

〔史料17[57]〕

武蔵国六浦庄釜利屋郷白山堂事、任去建武二年六月十一日幷貞和六年二月廿一日寄附之旨、為称名寺末寺、如元
領掌不可有相違之状如件、

応永卅一年五月二日　（足利持氏）（花押）

応永三十一年（一四二四）に公方足利持氏が出した御教書であり、白山堂が称名寺の末寺であることを認めている。ここにみえるように、すでに建武二年（一三三五）と貞和六年（一三五〇）に同じく白山堂を称名寺の末寺とするとの御教書が発給されており、白山堂は建武二年にはすでに称名寺の末寺として存在していたことがわかる。この白山

堂は現在の禅宗の東光寺の前身であり(58)、応永三十一年以降に称名寺から離れて禅宗に転じ、建長寺の末寺になったと考えられる。

このように南北朝・室町期には称名寺の末寺が各地にあって活動していた。称名寺自体は衰微したとはいえ、六浦庄の律宗寺院全体でみれば、この時期はむしろ律宗の勢力が広がりをみせた時期ととらえることができよう。

5　六浦の寺社と鎌倉

ここまで六浦の寺社について個別に検討を加えてきた。南北朝・室町期には、多くの禅宗（臨済宗）寺院が造営され、また真言宗寺院の光徳寺が公方の保護を得て栄えた。律宗の称名寺は若干衰微したが、その末寺が各地に広がっていった。そしてこうした寺院のほかに日蓮宗の上行寺が存在していた。上行寺についてはあとで詳しく検討したいが、六浦庄域の宗教界の状況はおおかたこのようなものであった。鎌倉期の史料があまりないので、鎌倉期との比較は難しいが、南北朝・室町期の六浦は、鎌倉期に比べて決して衰微してはおらず、むしろこの時期に大きく発展したということができよう。

ところでこうした六浦の寺社の状況は、鎌倉の寺社の状況と密接に関連していると考えられる。鎌倉は鎌倉幕府と北条氏が滅亡してからも、足利氏の関東支配の拠点として繁栄し、鎌倉の寺社も公方の保護を得て栄えたが、その様子を少し述べてみたい。鎌倉府の支配体制のなかで寺社がどのように位置づけられていたかという問題を全体的に考察することは難しいが、とりあえず「鎌倉年中行事」という鎌倉府の年中行事書を検討することで少し考えてみたい。この書物の正月儀礼の記事には、公方と武士や寺社の対面儀礼が詳しく書かれているが、これから鎌倉の寺社がどういう順序で公方と対面していたかがわかる。それによると、まず正月八日に鶴岡八幡宮の若宮社務（別当）が公方の加持に参り、いったん帰ったのちに年始の出仕をしている。ついで十二日に勝長寿院の門主が出仕し、さらに心性院が参り、また月輪院・遍照院・一心院が出仕する。ここまでにみえる六人は公方の護持僧であり、十五日以前に出仕することになっていたという。この六人はいずれも密教僧であり、おそらく真言系の僧であったと考えられる。そして十六日に禅宗の寺院である建長寺・円覚寺・寿福寺・浄智寺・浄妙寺の五山と、十刹・諸山の長老が出仕する。そしてその後律宗の寺院の極楽寺・宝戒寺・成龍寺・浄光寺・覚園寺・慈恩寺・千秋大楽寺の長老が出仕し、さらにそのあとに禅宗の尼寺の大平寺・東慶寺・国恩寺・護法寺・禅明寺（比丘尼五山）の出仕があったという。鎌倉の寺社の出仕の記事はこれで終わり、この後十八日には時宗の本山である藤沢の清浄光寺の上人が参上して対面している。

このように鎌倉の寺社は、密教寺院・禅宗寺院・律宗寺院・尼寺の順で公方との対面がなされていたのである。このことから鎌倉府という政権が鎌倉の寺社を把握するにあたって、密教・禅宗・律宗という序列をつけていたことがうかがえる。もちろん各宗派の寺院には宗派内部の序列があり、鎌倉の寺院の個々について序列を示すことはできないが、おおまかにいって宗派全体としてはこのような序列があったといえよう。このことは当時の史料を検討しても首肯しうることである。鶴岡八幡宮は真言系の密教僧が主体となっていたが、ここは早くから足利氏と結びつき、南北朝内乱にあたっては、足利氏の勝利のために祈禱行為を不断に行なっており[59]、その功績により多くの所領を寄進された。また先に登場した遍照院頼印のように、祈禱によって公方や鎌倉の武士の尊敬を受けた高僧も多く出ている。頼印は公方の護持僧として活躍するが、さきの「鎌倉年中行事」の記載にみえるように、公方の護持僧をつとめたのは多くは密教僧であったと考えられる。密教とりわけ真言宗は、鎌倉府政権の関東支配の宗教的支柱となって保護をうけて栄えたのである。

また建長寺・円覚寺以下の禅宗（臨済宗）寺院も同じく公方の保護を受けて繁栄した。建長寺については史料がないが、円覚寺が足利氏から多くの所領を寄進されたことが史料からわかる。一時円覚寺にいた義堂周信は、公方基氏の尊崇を得、公方氏満の教育にも携わっている。禅宗の場合は祈禱よりも学問的なことで政権の中枢部と関係していたようであるが、当時の鎌倉においては、真言宗と禅宗がその勢力を競っていたといえる。頼印の行状を記した「頼印大僧正行状絵詞」に義堂周信の造立した二階堂の地蔵菩薩の開眼供養に関する記事があり、建長寺の前住の椿庭和尚が供養したが、その後公方の命で頼印が開眼供養をしたことがみえる[60]。開眼供養に禅僧と真言僧がともに関与したわけだが、この記事に続いて「当時禅宗帰依ノサカンナル世ニ、カノ和尚ノ開眼ヲアラタメテ、密宗之キエヲイタサシメ玉フ事、上古ニモアリガタク末代ニモマレナルヘキ者也」という記載がある、当時の鎌倉で禅宗が興隆し、密教寺院もこれと競いあっていたことがこの記事からもうかがえる。

このように南北朝・室町期の鎌倉においては、真言宗寺院と禅宗寺院がとくに繁栄しており、律宗寺院はこれと比較して大きな発展は遂げられなかったようである。ただそれでも律宗寺院は公方や鎌倉府政権との関係を一定度もっており、鎌倉府の統制下に包摂されて一定の地位を得ていたといえる。

このような鎌倉の状況と、前述した六浦の状況とは明らかに関連しているといわねばなるまい。六浦においてもこの時期に権力者の保護を得て興隆したのは禅宗寺院と真言宗寺院であり、律宗寺院はこれと比較して大きな保護は得られなかったのである。六浦の禅宗寺院はみな鎌倉の建長寺や黄梅院の僧が主導して開創し支配下においていたようであり、真言宗の光徳寺は鎌倉の遍照院頼印が住持を兼帯しておりその隠棲所であった。六浦の寺院は鎌倉の政権と寺院の圧倒的な影響のもとで存在していたのである。この時期六浦が繁栄したことの背景には、やはり当時の鎌倉の繁栄という事実があったのである。

これでひととおりの考察を終えたいが、残された問題として、ここまで検討に加えなかった日蓮宗寺院や一向宗寺院はどうだったかということがある。先にみた「鎌倉年中行事」にも日蓮宗や一向宗の寺院は登場せず、鎌倉府とこうした寺院との関係はよくみえてこない。ただ若干時期の下る史料に注目すべき記載がある。それは古河公方二代目の足利政氏が作成した古河公方の書札礼に関する留書である[61]。ここに関東の寺院に対して書状を出す際の書式が書かれているが、その最後に次のような記事がある。

〔史料18〕

諸宗多分被成御書云云、但日蓮宗ノ方へ従往代不被成之者也、奉公之老若、此宗ニ心ヲヨセハ、名代ヲ可被断絶、乱裏ニ彼宗□奉ス、コレハ於御静謐之上者可被棄破、無礙光宗モ以同前、

各宗派に御書を出しているが、日蓮宗には往代から御書は出していない。奉公の者が日蓮宗を信仰したら、彼の家督権を奪う。乱世でこの宗派を信仰しているが、平和になったら信仰を捨てよ。一向宗も同前である。この記事の内容はこのようなものである。「往代」とは公方が鎌倉にいた時期をさすと思われるから、この時期から日蓮宗と一向宗の寺院には公方の御書は基本的に出されなかったのであり、奉公衆がこれを信仰することも禁止されていたのである。もちろん奉公衆に対して信仰を禁じただけであり、全面的に宗教活動を禁止していたわけではないが、それにしても公方の態度は冷たいといわなければならない。確実なことはわからないが、鎌倉府政権は日蓮宗と一向宗に対してはこれを保護する姿勢をみせず、むしろその発展を阻止していたということができよう。

そうすると気になるのは六浦の上行寺の存在である。日蓮宗が権力者から冷遇されていたこの時期、上行寺という日蓮宗寺院が六浦に存在していたことはいかなる意味をもつのか。前述のように六浦の寺院、ことに禅宗寺院と真言宗寺院は公方や上杉氏の大きな保護を受けており、いわばそうした権力者の保護によって成り立っていたといえる。しかし上行寺はそうした権力者の保護を得たという形跡はなく、開基も六浦の住人の荒井妙法と伝えている。おそらく上行寺は六浦の住人そのものを基盤にして成り立っていた寺院であったのであろう。称名寺を中心とする律宗寺院は、鎌倉府との関係はあるが、それほどの保護を受けられない状況にあり、その基盤を住人層に多く求めなければならなかったようである。この時期称名寺が六浦の問丸層を修法の対象とする寺院に転換していたことが、すでに福島金治氏によって指摘されている(62)が、権力の保護を受けられない状況があったために、むしろ称名寺は住民の寺として

転換できたということもできよう。

三　六浦の住人に関する覚書―荒井氏について―

以上、南北朝・室町期の六浦の支配者と寺社について、全体的に整理して述べてみた。ただこれで当時の六浦の状況がすべて明らかにされたわけではなく、当然のことながら、六浦に居住し生活していた一般の住人たちの実態に関する考察を行なう必要がある。ただこの住人層については史料が断片的にしか残っておらず、支配者や寺社の問題のようにその全体像をとらえることはかなり困難である。また従来から六浦の住人については、「六浦の得阿弥」なる人物が問丸として活動していたこと(63)や、南北朝期の称名寺の聖教の奥書に多くの住人層が登場すること(64)、上行寺の応安三年（一三六九）の板本尊にも多くの住人がみえることなど(65)がすでに指摘されており、こうしたことをここであらためて論じてもあまり面白くない。そこでここではとくに上行寺の開基とされる荒井妙法という人物に焦点をしぼり、若干気づいたことを述べるということにしたい。

上行寺が荒井妙法という人物によって開かれたことは「新編武蔵国風土記稿」に次のように書かれている(66)。

〔史料19〕

上行寺　境内除地三段、小名六浦ニアリ、法華宗下総国中山法華経寺末、六浦山ト号ス、本堂七間半ニ六間余、南向、本尊三宝ヲ安ス、開山日祐応安七年五月示寂ス、日祐ハ千葉宗胤ノ孫胤貞ノ子ニテ、本山法華経寺第三祖ナリ、開基ハ荒井平次郎光吉ナリ、入道シテ妙法ト称シ、日祐ノ弟子トナリテ当寺ヲ開基セリ、此妙法ヲ法華経寺ノ記ニハ六浦上人ト載セ、身延山ニテハ日荷上人ト称ストイヘリ、（中略）又金龍院ノ傍ニ小名荒井ト云地アリ、ソコニ百姓等常ニ用ル井アリ、荒井ト呼、形ハ四角ニテ石ニテ畳シナリ、径リ三尺程、深サハ凡一丈

> 許、底ハ岩ニテタトヘハ摺鉢ノ形ノ如シ、ソノ傍ニ荒井妙法ト彫付アリ、今ハ苔ムシテ文字モ見エス、妙法ハ荒井光吉ナルコトハ前ニ見ユ、鎌倉志ニ、上行寺堂ノ前ニ六浦妙法ト云法師ノ石塔アリ、文和二年六月十三日ト刻ト、今ハ此碑ナシ、近キ年造リシ中山富木殿荒井平次郎光吉入道旧跡ト記セル碑ヲ立、

このように南北朝期に荒井平次郎光吉という人物が、法華経寺の日祐の弟子となって入道して妙法と称し、六浦に上行寺を開いて日祐を開山としたということが記されているのである。さらにこの荒井妙法は杉田の妙法寺も開いたと伝えられている。やはり「新編武蔵国風土記稿」に「荒井平次郎光善」という人が文和元年（一三五二）に妙法寺を開基して、日祐を開山として招き、文和二年六月十三日に死去したことが書かれており(67)、また杉田には妙法の子孫の家があることや(68)、橘樹郡南加瀬村（川崎市幸区・横浜市港北区）にも妙法の開基と伝える妙法寺の跡があることも記されている(69)。これらの記事を総合すると、荒井平次郎という人物は、六浦ばかりでなく杉田にも拠点をもち、六浦の上行寺と杉田の妙法寺をともに開いたということになる。

ところがこの妙法に関してはもう一つの史料も注目されている(70)。それは日祐の活動を記した「一期所修善根記録(71)」であるが、ここに康永二年（一三四三）の中山本妙寺修造の大檀那として「六浦平次郎景光」がみえ、また翌康永三年に日祐が六浦から出発して身延山に参詣し、「六浦平次郎入道法名妙法」が同行したことが記されている。また下って応安四年（一三七一）に法華経の釈迦仏と四菩薩を六浦で造立した時「六浦妙法」らが檀那となったとも書かれている。この「六浦平次郎景光」「六浦平次郎入道妙法」は明らかに同一人物であり、彼が日祐に帰依して活動していることがこの史料からわかるが、この人物とさきの「新編武蔵国風土記稿」にみえる「荒井平次郎光吉」「荒井妙法」は、「妙法」という法名と「平次郎」という通称が一致し、おそらく同一人物であるとみてよかろう。

そうすると問題になるのは「新編武蔵国風土記稿」には「荒井妙法」とみえ、「一期所修善根記録」には「六浦妙法」とみえることである。史料の成立時期を考えれば、後者の記述の信頼性の方が大きいのは明らかであるから、妙法は

六浦妙法という人物で、荒井という姓ではなかったと考えるべきかもしれない。ただ私は簡単にこの伝承を信用しないで捨て去ることは問題ではないかと思う。そう考えるに至った理由は次の史料の存在である。

〔史料20〕[72]

灌頂助成日記

以上□（四カ）貫四百五十文出ル、

五百文　光明院ヨリ
五百文　常福寺憲公ヨリ
百文　上総無□寺ヨリ
百文　同龍寿庵ヨリ
弐百文大堂　明俊方ヨリ
弐百文　法花寺一室
参百文　法恩寺
弐貫文　堂免売代
六百文　蝦夷代
五百文　光明院追而給候
弐百文十五日　五室
百文四日　護摩堂
参百文十八日　方丈
参百文　新居入道

弐百文　岩井土
弐百文　満々
百文　御庵
百五十文　白蔵坊道善大夫二郎
五百文　鎮守読経布施
　灌頂要意之御地
百文　油代旦々買之一提
参百五十文　阿闍梨教授御布施
□御造営代お進納申候、
弐貫文十二月十一日正物旦々納
参貫文正月十二日正物納
　都合五貫文
百文　各出副物了、許可之時、
百文　したうつ代

これは「金沢文庫文書」のなかにある史料で、灌頂の儀式が行なわれた時に、費用を助成した人々を列記したものであるが、ここに「新居入道」なる人物が登場するのである。この史料の性格や時期については、同じく「金沢文庫文書」にある「享徳日記」[73]という史料が参考になる。これはある僧が享徳元年（一四五二）の暮から翌二年の正月にかけて書いた記録で、鎌倉の極楽寺での灌頂の執行のために活動したことを記しているが、ここに「光明院」から五百文の「合力」があり、また「大堂」の「憲公」から五百文の「助成」があったという記述がある。このうち後者の

「大堂」は大道の常福寺であるから、この記事は先にみた「灌頂助成日記」の「五百文　光明院ヨリ、五百文　常福寺憲公ヨリ」という記述と符合する。ほかにもこの二つの記録は記事が符合するところがあるから、確証はないが、この「灌頂助成日記」はこの時の灌頂に関わるものであるといってよかろう。なおこの灌頂は極楽寺で行なわれたが、称名寺の僧が多く参加していたようである(74)。

ここであらためてこの史料にみえる「新居入道」に注目したい。この人物は三百文を寄進していることからみても、六浦あるいは金沢近辺に勢力をもつ富裕な住人であると考えられ、室町期にはこの地方に「新居」という人物がいたことがこの史料からわかったのである。「新居」と「荒井」は同音であり、室町期の六浦に「新居」がいたとすれば、南北朝期の六浦に「荒井」がいたという伝承も、かなり信用できるのではないかと思う。

そこでもう一度さきの「一期所修善根記録」にみえる「六浦平次郎」「六浦妙法」について考えたい。ここにみえる「六浦」は従来姓として理解されており、平次郎入道妙法は六浦氏であるといわれているが(75)、これは姓ではなく地名である可能性もあるのではなかろうか。同じ時期に金沢文庫の聖教の奥書にみえる住人は、「六浦道空」「瀬崎善阿弥」などと記されているが(76)、ここにみえる「六浦」や「瀬崎」は姓というより地名の可能性が高かろう。この「六浦道空」については、「暦応三年八月廿五日、六浦為道空妻父七年」という記載もある(77)。これは道空の妻の父の七年忌に聖教を書写したということを示す奥書であるが、ここで「六浦」と「道空」の間に「為」の字が入っていることは注意してよかろう。「為」の字は「六浦」の前にあるべきところを、誤って「六浦」のあとに記されたわけだが、「六浦」が姓であれば、誤りとはいえ「六浦」と「道空」の間に字を入れるのは不自然に感じる。おそらく「六浦」が単なる地名であったためにこのような記載ができたのであろう。確証はないが、このようなことからこの「六浦道空」は六浦氏の人ではなく、六浦に居住する住人という意味で「六浦道空」と奥書に記されたのだと考えられるのである。そうすると、「一期所修善根記録」にみえる「六浦平次郎」「六浦妙法」も六浦氏と考える必然性はなく、六浦の住人であるのでこのように記載されたとみてもおかしくないように思われるのである。

前記のように室町の中後期に「新居入道」の活動がみえ、また「一期所修善根記録」にみえる「六浦妙法」の「六浦」が地名の可能性もあるとすると、上行寺の開基が荒井妙法であるという「新編武蔵国風土記稿」の記事もかなり信用できるような気がする。妙法と新居入道はおそらく系譜がつながるであろうから、妙法が荒井を称していた可能性は高く、また妙法が六浦氏であったとしても、その後この一族が荒井を称したということが考えられる。先にみた「新編武蔵国風土記稿」には金龍院の傍に荒井という地名があると記されている。おそらく妙法はこの荒井のあたりに由緒をもつ一般の住人であったのであろう。六浦氏は三浦氏の一族に存在し、妙法も三浦の流れだという説もあるが、六浦という郷名を称することができるような階層に妙法がいたとは考えにくく、彼は六浦の有力住人として六浦の妙法と呼ばれる存在であったと考えられるのである。

このように上行寺の開基の妙法が、六浦氏ではなく荒井を姓とする住人であったと推定したが、この推定の根拠となった前記の「灌頂助成日記」の記事は興味深い。ここで「新居入道」が三百文の助成をしているが、この時の助成者をみてみると、彼より前に書かれているのはみな称名寺に関係した寺院であり、一般の住人とみられるのはこの「新居入道」と「岩井土」「道善」「大夫二郎」などである。そしてそのなかで「新居入道」の助成額は最も多い。このことから当時の六浦や金沢地域において「新居入道」が一、二を争う有力者であったことをうかがうことができよう。また彼が称名寺の僧の灌頂の助成をしていること自体も興味深い。荒井氏は上行寺を開創した家であり、代々上行寺の檀那であったとみてよかろうが、その荒井が律宗の称名寺に助成しているのである。おそらく六浦の有力住人である荒井氏は、宗派の違いを越えて寺院と関係を結んで活動していたのであろう。

ここで荒井氏についての考察を終えたいが、最後に六浦の荒井氏に関連するかもしれない史料の紹介をしたい。鎌倉の鶴岡八幡宮の衆会の記録である「鶴岡事書日記」(78)に「荒居入道世富」という人物が武蔵佐々目郷の政所に補任されたという記事がある。応永五年（一三九八）十一月のこと、鶴岡八幡宮で佐々目郷の政所職の公募を行なったが、その時「荒居入道」が政所職を希望した。しかし鶴岡側はこれに難色を示し、応永六年二月に上原という人物を政所にすることにした。ところがこの上原が動かず、結局四月になって「荒居入道世富」が政所職に任命され、四日に正式な補任状が出された。その前日の三日、世富は佐々目に入部してから十五日の間に任料の半分と一五貫文を進上すると約束した押書（誓約書）を提出している。こうして彼は念願の政所になったが、その直後に鶴岡八幡宮の別当の介入で、政所職を没収されてしまう。以上が「鶴岡事書日記」の記載であるが、この「荒居入道世富」はあるいは六浦の荒井氏ではあるまいか。無論これを証明するものは何もないが、室町期に六浦の有力住人として荒井氏が存在していたことは確かであり、この荒井氏が鶴岡八幡宮の所領の政所職を望むことは大いにありうることと思われるからである。佐々目郷は荒川（旧入間川）の流域に近く、ここへの交通は荒川を利用していたと思われるが、荒井は六浦において問丸としての活動も行なっていたと考えられるから、水運を使って年貢の収納や運送を行なう力量をもっていたと思われる。そういう荒井氏が佐々目の政所に立候補するという事態は自然に理解できるのである。もちろん荒井という人はほかにもいるであろうから、今のところは何ともいえないが、六浦の荒井氏が鶴岡八幡宮の所領の政所職を所望したということがあった可能性はかなりあると考えたい。先に荒井氏が上行寺の檀那でありながら称名寺の僧の灌頂に助成していたことをみたが、もし前記したことが正しければ、荒井氏はさらに真言系寺院で関東随一の権威をほこる鶴岡八幡宮とも関係をもとうとしていたことになる。こうしてみてくると、六浦の荒井氏は上行寺の檀那ではあるが、それ以外の宗教勢力とも広く関係しようとしており、商業活動に基盤をおき、その発展のためには宗派の違いにこだわらずに諸勢力と関係をもとうとつとめた有徳人の姿がそこからみえてくるのである。

荒井氏という有力住人に焦点をしぼって若干の考察をしてみたが、やはり前述したように六浦の住人や都市についての全体像はなかなかつかめない。荒井のような住人がどのような形で存在し、六浦という都市の管理がどのようになされたのか、そこには住人の自治があったのかといったことは、史料がなくほとんどわからない。しかし六浦の近隣の都市の状況をみて推測することはできよう。この点で六浦と同様湊町として栄えた神奈川（横浜市神奈川区）の事例は示唆的である。詳細は別稿(79)に譲るが、文明五〜八年（一四七三〜一四七六）のものと推測される長尾忠景の書状(80)から当時の神奈川の実態をよくうかがうことができる。これによれば、この二年前に領主の忠景が神奈川に在郷した際に住人との間に契約がなされ、代官は廃止して、住人の奥山を起用し、彼に地子などの徴収を任せることと、喧嘩などのことは「蔵衆」の合議に委ねることが決められている。すでに領主の配下の武士が代官として所領を支配する形ではなく、住人の代表が地子などの徴収を行なうこととなり、また郷内の検断事件は「蔵衆」すなわち蔵をもつ有力住人の合議で解決することが認められたのである。神奈川においてはこの時には大幅な住人による自治が認められたとみてよかろう。さらに注目すべきことに、このように決められたにもかかわらず、住人は地子を払わず、奥山もこれを徴収しなかったことがこの史料にみえる。神奈川においては領主長尾の支配はかなりいきづまっていたのである。忠景はこうした状況を打開しようと、在郷して住人と契約し、大幅に譲歩して自治権を認め、そのうえで年貢だけは確保しようとしたのであるが、それでも年貢はなかなか納入されなかったのである。

この神奈川の史料は室町の後期のものであるが、ここで認められた住人の自治は、これより前の室町の前期や中期にも一定程度存在し、それがしだいに拡大してこのような事態をもたらしたということができよう。このような神奈川の状況からみて、六浦も同じく住人の自治がかなり成長していたとみてもいいのではないかと思う。おそらく先にみた荒井氏などが住人の代表として自治を主導する立場にあったのであろう。

おわりに

南北朝・室町期の六浦の状況を、できるだけ広くみまわしてみたいと考えて、文献史料を使いながら述べてきた。南北朝・室町期という時代は従来鎌倉期に比べて注目されてこなかったが、六浦において多くの寺院がこの時代に繁栄したことからわかるように、六浦地域にとってこの時期は鎌倉期に劣らぬ繁栄期ととらえてよかろう。そのような繁栄の基盤にあった住人層の活動についてはその一端しか述べられなかったが、今後研究を進めていきたい。また十五世紀後半になって鎌倉府が崩壊すると、六浦地域の状況も大きく変化したと考えられるが、この室町末期から戦国期に至る時代の六浦についても、これから研究してみたい。

注

（1）佐野大和『瀬戸神社』（小峯書店、一九六八年）。
（2）西岡芳文「金沢文庫と金沢八景のあいだ」（『六浦文化研究』創刊号、一九八九年）。
（3）石井進「中世六浦の歴史」（『三浦古文化』四〇、一九八六年）。
（4）「和名類聚抄」に久良郡の郷名として「諸岡」がみえ、これが現在の横浜市港北区師岡町を含む一帯に比定されることによる。
（5）「鶴岡八幡宮文書」嘉吉元年（一四四一）十二月二十六日、上杉家奉行人奉書（『神奈川県史』資料編3・古代中世3下、六〇二六号）に「師岡保柴関所」とある。
（6）石井前掲注（3）論文。
（7）「多田幸太氏所蔵文書」（『神奈川県史』資料編3・古代中世3上〈以下『神奈川県史』と記載〉、三一五六号）。

（8）「蜷川文書」長禄三年（一四五九）十二月日、高師長本領注文（『神奈川県史』資料編3・古代中世3下、六二七〇号）。
（9）「円覚寺文書」観応二年（一三五一）十二月六日、足利直義御教書（『神奈川県史』四一一〇号）。
（10）石井氏は先の〔史料1〕が出された当時、直義が関東を統治しており、また重能が直義の側近であったことから、直義が六浦庄を所領としていたと推測されている。
（11）「比志島文書」足利尊氏・同直義所領目録（『神奈川県史』三二四一号）に、尊氏の所領として「武蔵久良郡」がみえる。
（12）「円覚寺文書」正続院雑掌申状事書案（『神奈川県史』三四三八号）に、「山内庄者、為闕所之随一之間、頭殿（直義）御領也」とみえる。
（13）「金沢文庫文書」貞治二年（一三六三）七月七日、称名寺領年貢銭結解状（『神奈川県史』四四六六号）。
（14）石井前掲注（3）論文。
（15）「上杉文書」（『神奈川県史』四五七九号）。
（16）「同右」応永三年（一三九六）七月二十三日、室町幕府管領斯波義将施行状（『神奈川県史』五一六七号）。
（17）「伊藤直三氏所蔵文書」（『神奈川県史』四三七六号）。
（18）『続群書類従』第四輯所収。
（19）「太平記」巻三十六。
（20）「金沢文庫文書」（『神奈川県史』四七四六号）。
（21）「同右」（『神奈川県史』五〇七一号）。
（22）「同右」観応三年（一三五二）三月、将軍足利尊氏寄進状案（『神奈川県史』四一四〇号）。
（23）「同右」応安七年（一三七四）九月二日、室町幕府管領細川頼之奉書案（『神奈川県史』四七二六号）。
（24）「同右」（暦応二年〈一三四一〉か）六月十三日、沙門杲照書状（『神奈川県史』三四五七号）。
（25）「黄梅院文書」貞治六年（一三六七）十月七日、将軍足利義詮御教書（『神奈川県史』四六〇九号）。
（26）「京都大学文学部研究室所蔵文書」暦応二年（一三三九）八月二十二日、鎌倉府執事高師冬奉書案（『神奈川県史』三四六三号)。

(27)「金沢文庫文書」(『神奈川県史』五六五一号)。

(28)「賜蘆文庫文書九所収称名寺文書」(『神奈川県史』五七四二号)。

(29)「金沢文庫文書」(『神奈川県史』五八八二号)。

(30) 佐藤博信「簗田氏の研究」(『古河公方足利氏の研究』〈校倉書房、一九八九年〉所収)三五三頁。

(31) 佐野前掲注(1)著書。

(32) 内閣文庫所蔵。『日本庶民生活史料集成』(三一書房)第二十三巻・年中行事に所収。

(33)「金沢文庫文書」八月十二日、鎌倉公方足利持氏御教書(『神奈川県史』五九七三号)。

(34)『平塚市史』1、七五九頁。

(35) 佐野前掲注(1)著書、三六二～三七一頁。

(36)『新編鎌倉志』巻八。

(37)「円覚寺文書」嘉慶二年(一三八八)六月二十一日、大喜光昌請文(『神奈川県史』五〇四〇号)。

(38)『新編武蔵風土記稿』巻七十四、久良岐郡之二。

(39) 同右。

(40) 同右。

(41) 佐野前掲注(1)著書、三六三～三六五頁。

(42)『続群書類従』第六輯所収。

(43)『新編武蔵風土記稿』巻七十四、久良岐郡之二。

(44)「喜連川家御書案留書」(『神奈川県史』五六五九号)。

(45)「同右」(『神奈川県史』五六六〇号)。

(46)「神田孝平氏旧蔵文書」(『神奈川県史』四一八四号)。

(47) 静嘉堂文庫所蔵。『群馬県史』資料編六・中世二、一二二〇号史料。
(48) 『続群書類従』第四輯下所収、南蔵坊の俊誉の項。
(49) 「三宝院伝法血脈」(『続群書類従』第二十八輯下所収)。
(50) 『新編武蔵風土記稿』巻七十四、久良岐郡之二、洲崎村龍源寺の項。
(51) 同右。
(52) 熊原政男「金沢龍華寺の成立」(『金沢文庫研究』一三三、一九六七年)。
(53) 西岡前掲注(2)論文。
(54) 「金沢文庫文書」応安四年(一三七一)四月十五日、沙弥聖応(大須賀宗信)・大須賀憲宗連署寄進状(『神奈川県史』四六五九号)。
(55) 「新編武蔵風土記稿巻七十五所収文書」応永三十年(一四二三)四月二十八日、鎌倉公方足利持氏御教書案写(『神奈川県史』五六七二号)。
(56) 『新編武蔵風土記稿』巻七十四、久良岐郡之二。
(57) 「金沢文庫文書」(『神奈川県史』五七一一号)。
(58) 『新編武蔵風土記稿』巻七十六、久良岐郡之四、宿村東光寺の項。
(59) 「鶴岡社務記録」(鶴岡叢書第二輯『鶴岡社務記録』)。
(60) 注(47)史料、至徳二年(一三八五)三月条。
(61) 「喜連川文書」足利政氏書札札(『古河市史』資料・中世編、六三四号)。
(62) 福島金治「武蔵国久良岐郡六浦庄について」(『金沢文庫研究』二六五・二六六号、一九八一年)。
(63) 佐野前掲注(1)著書、一二三頁。
(64) 福島前掲注(62)論文。石井前掲注(3)論文。
(65) 石井前掲注(3)論文。

(66)『新編武蔵風土記稿』巻七十四、久良岐郡之二。
(67)『同右』巻七十九、久良岐郡之七、妙法寺の項。
(68)同右、旧家者百姓源左衛門の項。
(69)同右、妙法寺の項。
(70)佐野前掲注(1)著書、一二三〜一二七頁。
(71)『日蓮宗宗学全書』第一巻、上聖部所収(『大日本史料』第六編之四十、四二七〜四三六頁)。
(72)「金沢文庫文書」(『金沢文庫古文書』六〇〇二号)。
(73)「同右」(『神奈川県史』資料編三・古代中世三下、六一五三号)。
(74)この時の灌頂に関わると推定される灌頂交名(「金沢文庫文書」『神奈川県史』資料編三・古代中世三下、六一五六号)に、称名寺の僧が多くみえる。
(75)佐野前掲注(1)著書、一二六〜一二七頁。
(76)金沢文庫収蔵の題未詳聖教の奥書(『金沢文庫古文書』聖教奥書一八四五号)。
(77)金沢文庫収蔵の聖教「弥陀別功徳」の奥書(『金沢文庫古文書』聖教奥書一三六二号)。
(78)彰考館所蔵。『戸田市史』資料編一・原始古代中世、所収。
(79)拙稿「鎌倉雲頂庵と長尾忠景」(戦国史研究会編『戦国期東国社会論』〈吉川弘文館、一九九〇年〉所収)。
(80)「雲頂庵文書」十一月二十四日、長尾忠景書状(『神奈川県史』資料編三・古代中世三下、六三三四号)および十一月九日、忠景書状(『同』六三三七号)。なお前掲注(79)拙稿では、この史料にみえる「当所」がどこか特定できなかったが、佐藤博信氏が指摘されたように(「東国における享徳の大乱の諸前提について」『歴史評論』四九七、一九九一年)、ここにみえる「奥山」が神奈川の住人であることからみて、「当所」は神奈川と考えてよかろう。

第二章　中世三浦の寺院とその展開

はじめに

平安末から戦国に至る中世は、信仰との関わりを無視して人々の生活を語ることができない時代であった。政治を動かした武家も、地域で生活した一般住人も、ともに病気平癒などの現世利益や、来世における救済を求めて僧侶に帰依し、僧侶たちもこうした要求に応えて広範な宗教活動を展開したのである。

僧侶たちの活動の拠点となったのは各地の寺院であり、その勢力は現在とは比較できないほど大きかった。古くから存在する寺院の多くは、宗教的中核であるだけでなく、時には多くの所領をもつ領主として郷や村を支配していたのである。

ここ三浦の地においても、多くの寺院が創建され、多数の僧侶たちが活躍していたことであろう。そして各地の領主や住人たちが、寺院の創建や保持に関わり、僧侶たちの活動を支えながら、自らも信仰世界に身を置いていたことも容易に想像できる。こうした信仰世界の全貌を明らかにすることは簡単ではないが、とりあえずはまず三浦に存在した寺院を洗い出し、中世における寺院の展開の大筋をつかむことが必要であろう。

三浦の地にある寺院の由緒について本格的な調査をするのは難しいが、おおまかな傾向をつかむうえで至便な書物が存在する。江戸後期に江戸幕府の命により編纂された「新編相模国風土記稿」（以下「風土記稿」と表記）である。江戸幕府の命をうけて、間宮士信《ことのぶ》らは文化七年（一八一〇）から文政十一年（一八二八）にかけて武蔵国の地誌である「新編武蔵国風土記稿」を編纂したが、その終了後相模国の地誌編纂を志し、天保元年（一八三〇）から「新編相模国風土記稿」の編纂を開始し、天保十二年（一八四一）に完成させた。この両者とも村ごとに位置・地勢・神社・寺院・旧家などを列記した総合的地誌で、古文書の内容まで書かれている場合もあり、現在に至るまで地域の歴史を知るうえでの根本史料となっている。

そしてその書物の村々の条に記載されている寺院の記事が、中世の寺院の展開を考えるために大きく役立つのである。「風土記稿」の編纂にあたっては、この時点で存在する寺院はほとんど調査の対象になったようであり、寺ごとに宗派、本末関係が記され、開山の名と寂年を明記しているものも多く、創建の年を記す場合もある。記述は概して簡略であるが要を得ており、こうした記載を集計することによって三浦の寺院の展開を概観することが可能になると考えられるのである。

こうした見通しのもと、とりあえず「風土記稿」にみえる三浦の寺院をピックアップすると、その数は二三〇余にのぼる。本章はこうした多数の寺院を宗派別に分類したデータをもとに、中世の三浦半島における各宗派の寺院展開の様相を展望したものである。

以下宗派ごとに寺々の存在とその展開のさまを述べてゆきたいが、その際に、寺院のある村の名については基本的には「風土記稿」にみえる村名を用いることをお断りしておきたい。図4に示したように、「風土記稿」の編纂された天保の頃には、三浦半島内にこれだけの村が存在し、「風土記稿」において寺院はみなこれらの村に属するものとして記載されている。ただ中世にはもちろん新田村はなく、また一般に所領の単位は「村」ではなく「郷」であり、寺院も中世においては近世の村とは異なる郷の内部の寺として認識されていた可能性が高い。ただこうしたことを配慮し

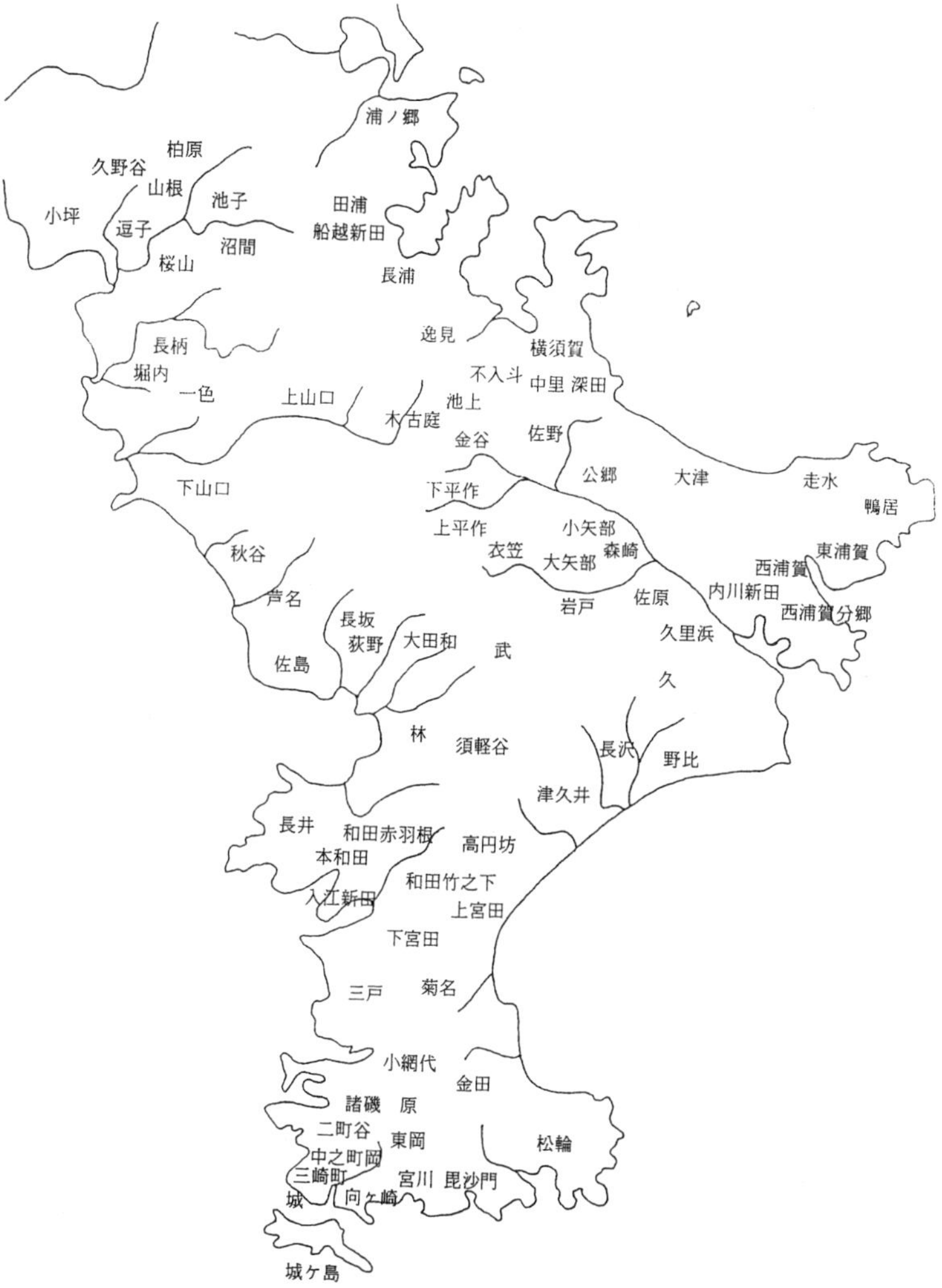

図 4　「新編相模国風土記稿」にみえる三浦の村々

ながら考察を進めるのは煩雑にすぎるので、便宜上「風土記稿」に記された村名を利用することとしたい、ということである。

一　密教寺院の展開

1　天台宗寺院

鎌倉新仏教が広がりをみせる鎌倉中後期より以前、三浦半島の各地に存在していた寺院は、そのほとんどが天台宗か真言宗で、いわゆる密教寺院だったと考えられる。密教寺院は平安期に大きな発展をとげ、中世においても一定の勢力を保持するが、ここ三浦の地において、天台宗や真言宗の寺院がどのような展開をみせたのか、「風土記稿」を分析しながら考えてみたい。

まず天台宗寺院であるが、「風土記稿」に天台宗の寺としてみえるのは沼間の神武寺と、その門徒下である桜山の観蔵院・地蔵院・法龍院のみである。つまり「風土記稿」が編纂された江戸後期までその宗派を守り続け存続した寺院はわずかにこれだけということになる。

沼間の神武寺は行基が開基し、慈覚大師（円仁）が中興したと伝える、三浦でも有数の古寺で、石山を穿って創建された。古くからある密教寺院は、その大半が山上に築かれるが、神武寺もこうした特徴を備えた典型的な密教寺院であるといえる。

江戸後期まで天台宗寺院として続いたのはこの神武寺とその門徒寺のみであるが、もちろん中世において三浦の天台寺院がこれだけであったはずはない。そして「風土記稿」を子細に読むと、江戸後期には浄土真宗や浄土宗になっている寺のなかで、かつては天台宗であったことを伝えている寺もいくつかみえるのである。

不入斗《いりやまず》の西来寺は浄土真宗の名刹であるが、寺伝によればもとは天台宗で、寛元四年（一二四六）に親鸞が布教に赴いた際、住僧の乗頓がその教化を受けて、浄土真宗に改宗したという。長井の長徳寺ももとは天台宗で、鎌倉公方の祈願所として栄えたが、文明の頃（一四六九～一四八七）に真宗門徒の了念が住持となり、浄土真宗に改めたと伝えられている。三戸の宝徳寺もやはり天台宗寺院で、了善の時に浄土真宗に改宗したという。了善は天正元年（一五七三）に寂したと伝えるから、改宗の時期は戦国の後期となろう。さらに逸見の浄土寺も神武寺の末寺であったが、天正の頃に浄土真宗に改宗したという。

このように天台寺院は浄土真宗に改宗する事例が多いが、浄土宗に改められた寺もある。上宮田の十劫寺はもと天台宗で真誠寺といい、「真誠寺原」と呼ばれている場所にあったが、慶長十二年（一六〇七）の火災により衰微したあと、元和年中（一六一五～一六二四）に江戸芝西応寺の厳誉が隠居寺としてこの寺を得、場所を現在地に動かして浄土宗に改めたと伝えられている。

2　真言宗寺院

続いて真言宗の寺院について考察したい。「風土記稿」に載っている真言宗寺院は逗子の延命寺とその末寺一四か寺のみであり、江戸後期まで真言宗を守りぬいた寺院がかなり限られており、しかもそのすべてが逗子の延命寺の末寺として編成されていたことがわかる。

逗子の延命寺は行基の開基と伝え、戦国期に朝賢が中興したという〈朝賢は天文二十年〈一五五一〉寂〉。これも神武寺と同じく由緒正しい古寺であり、末寺は周辺一帯に広がっている。小坪の仏乗院、逗子の勝蔵院、山根の松本寺、沼間の光照寺、桜山の金剛寺・宗泰寺、長柄の長運寺・仙光院、堀内の慶増院、一色の玉蔵院という具合に、かなり狭い空間に多くの末寺を擁していたことがわかるのである。さらに少し離れて秋谷の円乗院があり、また下宮田の妙音寺、津久井の東光寺、西浦賀の感応院も延命寺の末寺となっている。

こうした寺々のすべてに由緒が記されてはいないが、津久井の東光寺は行基の開基と伝え、当地の領主である津久井次郎義行が上野阿闍梨と協力して中興し、さらに阿闍梨明尊が堂宇を再建したという〔明尊は弘長二年〈一二六二〉に寂〉。西浦賀の感応院は同地の叶明神社の別当寺で、養和元年（一一八一）に文覚が来たと記す縁起も伝えているから、かなり古くからの寺院と推察される。また堀内の慶増院も鎌倉中期の宝治年間（一二四七～一二四九）に玄照が二階堂行然とともに建立したと伝え、秋谷の円乗院は鎌倉末期の正慶元年（一三三二）に朝賢が開いたという。長柄の仙光院は永正年中（一五〇四～一五二一）に長寛が再興し、下宮田の妙音寺は戦国期に賢栄が場所を移して中興したという。このように戦国期に再興された寺院もあるが、こうした寺はもとから真言寺院として存在していたと考えてよかろう。他の寺については記載がないが、江戸後期に延命寺の末寺として存在した真言寺院のほとんどが、平安・鎌倉以来の歴史をもつ寺であると推測することができよう。

こうした寺々がどのようにして延命寺の末寺として編成されたかは定かでない。延命寺の周囲に広がる一〇か寺は、はじめから延命寺の末寺として出発した可能性もあるが、津久井の東光寺や西浦賀の感応院などは、その由緒からいっても延命寺とは独立した存在であった可能性が高かろう。

「風土記稿」にみえる真言寺院のありようからみても、真言寺院のなかに占める延命寺の地位が卓越したものであることは充分想定できるが、延命寺の勢力の強さは、他の宗派との関係をあわせみることによっていっそう明確に認識できる。詳しくは後述するが、延命寺の立地する逗子には他宗の寺院は存在せず、戦国期に猛威を振るった浄土宗の教線も、逗子の地には最後まで入り込めなかったのである。

江戸後期まで真言宗寺院として残ったのは以上の一一か寺であるが、天台宗の場合と同様、真言宗でも多くの寺院が他宗に改宗しており、その痕跡は「風土記稿」からもいくらかうかがうことができる。

大津の信誠寺はもと真言宗で、親鸞が布教に来た時に改宗したと伝えられ、もと大塔院といっていた野比の称名寺も貞永年中（一二三二～一二三三）に了法が親鸞に帰依して改宗したという。また西浦賀分郷の法善寺はもと法性院といったが、文明年中（一四六九～一四八七）に蓮如が関東に下向した時、住僧の善性がこれに帰依して改宗し、寺の名も改めたという。さらに野比の高徳寺も村民の源左衛門が開いた真言の寺院だったが、永覚という僧（永正十七年〈一五二〇〉寂）が浄土真宗に改めたという。

天台宗の場合と同様、浄土真宗に改宗した寺院が多いが、他宗に転じた寺もある。日蓮宗大明寺の末寺である池上の妙蔵寺は、正宝法印（仁和元年〈八八五〉寂）開基と伝える古くからの真言寺院だったが、鎌倉末の元亨元年（一三二一）に住持の宝鐘が日印に帰依して日蓮宗に改めたという。久野谷の岩殿寺も、岩殿観音堂の別当寺として栄え、行基が開いたとの伝えも残す古寺で、「吾妻鏡」にも僧侶の活動がみえるが、後年衰微し、江戸のはじめに沼間の海宝院三世の一機が再興して曹洞宗に変わったという。また西浦賀分郷の宗円寺は、享禄元年（一五二八）に村民臼井氏が開いた浄土宗の寺であるが、それ以前に若宮権現の場所に慶西庵という真言宗の庵があったと記されている。

このように「風土記稿」の記載にみられるだけでも、中世にかなりの数の真言宗寺院が存在したことがわかる。延命寺とそれに編成された寺院はその宗派を守ったが、多くの真言寺院は住持が他宗に帰依することによって宗派を変えたり、衰微するなかで再建されて、その際に改宗したりしたのである。

3　密教寺院の展開

ここまで「風土記稿」の記載をみながら、中世における天台宗と真言宗のありようを追ってきたが、文中に天台宗もしくは真言宗と明記されていなくても、かつては密教寺院だったと推測できる寺もいくらかある。

公郷《くごう》の曹源寺は江戸期には海宝院末の曹洞宗寺院として編成されたが、もとは宗元寺または宗源寺と称する密教寺院で、行基の草創と伝えられ、建久三年（一一九二）に源頼朝夫人の安産祈禱を命ぜられたことが「吾妻鏡」にみえる。「風土記稿」によれば鎌倉幕府滅亡の時の兵火で焼失し、降って江戸初期に長谷川長綱が海宝院の霊屋を招請して寺を再興し、曹洞宗寺院として名を曹源寺と改めたという。

矢部一帯に広がる三浦氏開基の伝承をもつ寺院も、もとはみな密教寺院だったと考えられる。大矢部の円通寺は三浦氏の遠祖為通（永保三年〈一〇八三〉卒という）を開基とし、清雲寺はその子の為継（天仁元年〈一一〇八〉卒という）、満昌寺は為継の孫義明を開基と伝える。さらに同所の薬王寺は、建暦二年（一二一二）に和田義盛が父の杉本義宗と叔父三浦義澄の菩提のために建立した寺であった。このように大矢部だけでも三浦一族開基の寺が四つもあり、すこし離れた岩戸には、同じく三浦一族の佐原義連（義明の子）が開いた満願寺がある。

後述するようにこの五か寺は、鎌倉末から室町にかけてみな臨済宗に転宗している。この転宗以前にどの宗派に属したかは記載がないが、常識的に考えて天台宗か真言宗のいずれかであろう。また芦名の浄楽寺は鎌倉後期に活躍した寂慧良暁（鎌倉光明寺二世）が中興した浄土宗寺院であるが、「風土記稿」には和田義盛が文治五年（一一八六）に建立した七阿弥陀堂の一つがその前身にあたるという伝承が記載されている。早くからこの地に阿弥陀堂があったことが推測されるが、これも矢部一帯の寺院に準ずるものと考えてよかろう。

以上みてきたように、密教寺院が衰退し数少なくなった時点で編纂された「風土記稿」の記載からうかがうだけでも、かなりの数の密教寺院が繁栄していた様子を知ることができる。多くの寺が転宗したり廃絶したため、往時の状況を全体的に示すことは困難であるが、今まで所見のあった寺院の分析を示した図5をみても、三浦半島の各所の要地に、点々とした形で密教の寺院が形作られていったことが推測できよう。ここ三浦の地においても、最初に築かれたのは天台・真言の寺院だったのである。

図5　中世三浦の天台宗・真言宗寺院

●天台宗寺院　○真言宗寺院　▲宗派不明の寺院

（これらの印は寺院の所在する村のおおよその位置を示すもので、寺院の立地場所を示してはいない）

二　臨済宗寺院の展開

周知のように鎌倉中期から臨済宗や日蓮宗などの、いわゆる鎌倉新仏教が台頭し、三浦半島においても多くの寺院が創建されたり、密教寺院が改宗して再編成されたりした。こうした新たな動きを、まず臨済宗からみていきたい。「風土記稿」の記載から中世に開かれたと推測できる臨済宗寺院をまとめると表1のようになる。これは開山の寂年の順に並べたもので、左側の年号は開山の寂年である。またこうした寺の分布を地図の上におとしたのが図6である。図をみてわかるように、三浦氏の根拠地であった矢部一帯に臨済宗寺院が密集している。前記したように、三浦氏によって開かれたこの地域の寺院のほとんどが鎌倉末期から室町にかけて臨済宗に転宗しているのである。

最初に転宗したのは大矢部の満昌寺であった。「風土記稿」によると、鎌倉建長寺の住持であった天岸慧広がこの寺を中興し、その時満昌寺は臨済宗に転じて建長寺の末寺になったという。慧広は建武元年（一三三四）に寂しているから、この改宗は鎌倉末期のことと考えられる。

続いて近隣の薬王寺が転宗する。この寺を中興した大本禅師（虚中嵩山）は建長寺の大通禅師の弟子で、康永二年（一三四三）に寂したという。薬王寺の臨済への転宗は、鎌倉末から南北朝の初頭の時期だったと推測される。この薬王寺は満昌寺の末寺として編成されるから、開山の大本は満昌寺の住持だったのかもしれない。

そして室町期になって清雲寺と円通寺が臨済宗に変わる。両寺ともに応永二十四年（一四一七）に寂した大雅清音を中興開山としており、室町の前期に中興と改宗がなされたことが推測できる。「風土記稿」には円通寺は清雲寺の末寺とみえ、両寺の密接な関係をうかがうことができる。

また佐原義連が開いたという岩戸の満願寺も、中興の名は不明だが、ある時点で臨済宗に変わり、大矢部の満昌寺

表1　中世三浦の臨済宗寺院

開山寂年	開　山	村　名	寺 院 名
建暦2(1212)	慶叔大孝	金　田	福寿寺
天福1(1233)	旭　永	向ヶ崎	大椿寺(末寺に原の真浄院・蓮乗軒あり)
元徳1(1329)	賓　溟	松　輪	福泉寺
建武2(1335)	南山士雲	大　津	貞昌寺(当初は吸江庵)
	同	大　津	正観寺(当初は明動院の塔頭)
	同	堀　内	長徳寺
建武2(1335)	天岸慧広	大矢部	満昌寺(末寺に薬王寺、岩戸満願寺あり)
康永2(1343)	大　本	大矢部	薬王寺(満昌寺末)
貞和4(1348)	可　禅	長　柄	福厳寺(末寺に海心寺・長徳寺あり)
応安2(1369)	仏　観	田　浦	景徳寺
応安2(1369)	良　円	毘沙門	海応寺
永徳2(1382)	桃源宗悟	金　田	清伝寺
応永13(1406)	聞　叟	浦ノ郷	自得寺(末寺に東福寺あり)
応永14(1407)	兵　雲	津久井	荘厳寺
応永24(1417)	大雅清音	大矢部	清雲寺(末寺に円通寺あり)
	同	大矢部	円通寺(清運寺末)
明応1(1492)	真　源	小網代	永昌寺
天文3(1534)	震　江	長　浦	東福寺(自得寺末)

の末寺として編成された。

このように鎌倉末から室町のはじめにかけて、矢部近辺の三浦氏関係寺院はほとんど臨済宗に改宗する。このような改宗を促したのはみな鎌倉の建長寺や円覚寺に関わる僧侶たちで、その結果満昌寺は建長寺、清雲寺は円覚寺の末寺として編成された。鎌倉北条氏の保護を受けて台頭した臨済宗の勢いは、鎌倉幕府が滅亡し、足利氏が鎌倉を支配する時代になっても衰微せず、義堂周信をはじめとする僧侶の活躍と、鎌倉公方を中心とする武家の支援によって、前代にまさる繁栄を示した。矢部一帯への教線の拡大も、こうした状況を背景にした臨済宗の展開の一環ととらえることができよう。

ただこうした布教を支え、寺の中興開山として彼ら僧侶たちを招請した現地の勢力がいかなるものだったかは明らかにできない。矢部一帯は三浦氏の根拠地であったが、宝治合戦で三浦の本流が壊滅すると、この一帯のかなりの部分が鎌倉の政権に集う勢力の側に没収された可能性が高い。佐原流の一族

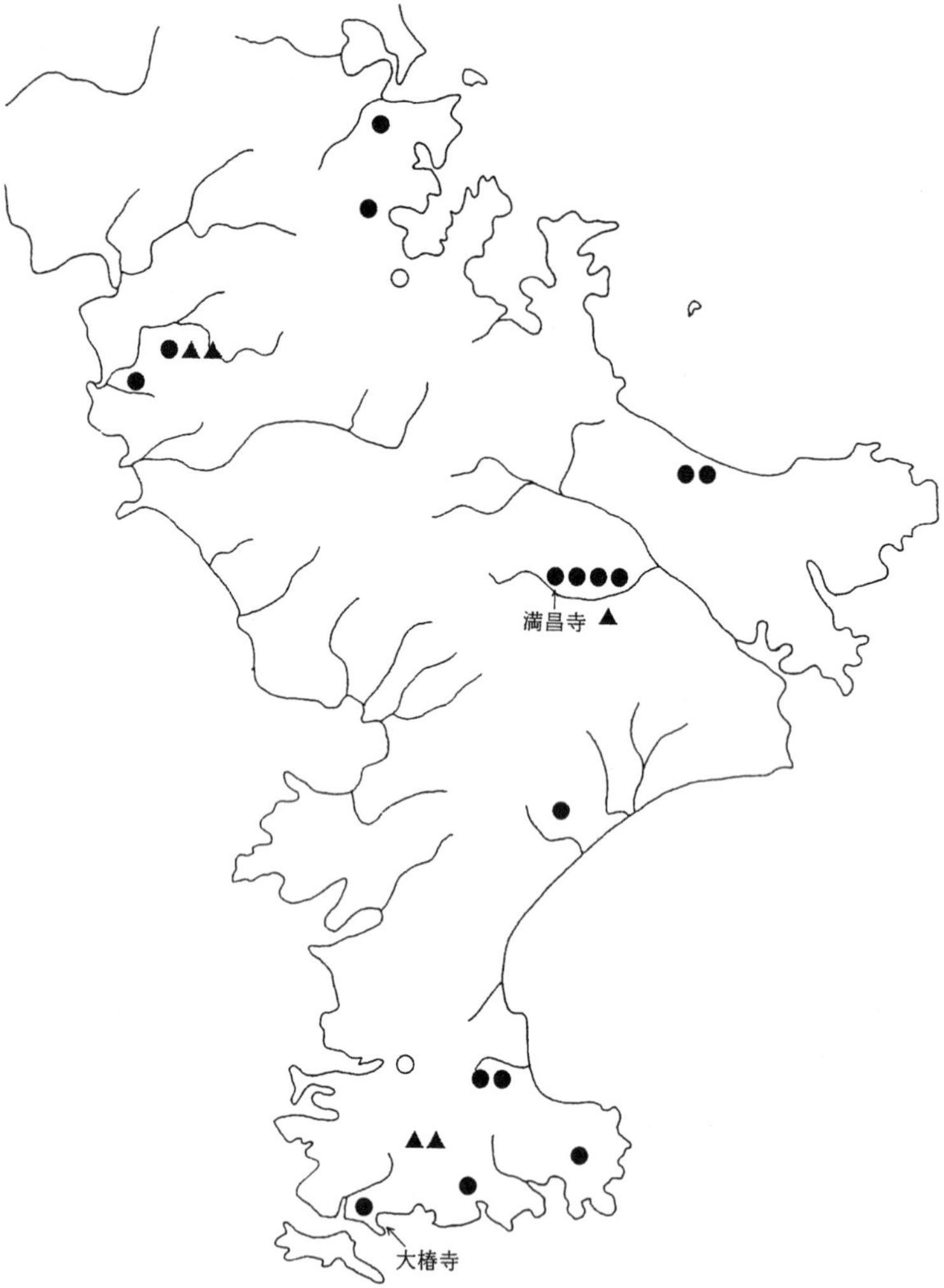

図 6　中世三浦の臨済宗寺院

●鎌倉～室町期創建の寺院
○室町末～戦国期創建の寺院
▲創建年代未詳の寺院

が三浦介を継承してその後も存続し、南北朝・室町以降も一定の立場を保持したことは確かだが、彼らが矢部の地を領していた証拠はなく、むしろ三浦介家の所領が半島南端部に極限されていたことを示す史料もあるから、矢部や佐原一帯は三浦氏の手から離れていたと考えるのが妥当であろう。そして臨済禅が鎌倉期から室町期を通して、鎌倉の政権を主導した武家たちの学究の対象となったことを考えあわせれば、具体的な人名は特定できないものの、矢部近辺の領主として寺院の中興を主導したのは、上杉氏のような鎌倉公方の重臣クラスの武士ではないかという想定が成り立つ。(1)

矢部一帯のほかに臨済寺院が多くみられるのは三浦半島の南端部一帯で、これらの寺院のなかでも古い由緒をもつのは金田の福寿寺と向ヶ崎の大椿寺である。「風土記稿」の記載を信ずれば、両寺とも鎌倉の早い時期の草創となる。ついで松輪の福泉寺が鎌倉末期創建と推測され、ついで毘沙門の海応寺と金田の清伝寺が南北朝の後半に開かれ、小網代の永昌寺が室町末期に建てられたことになる。

この地域に臨済寺院が集中するのは何故か、答えを出すのは容易でないが、前述のようにこの一帯が佐原流三浦介家によって長く相伝された地域だったことと、関係があるように思われる。一般に臨済禅が武家によって尊重されたことをあわせみれば、半島南端部を支配した三浦介家が主として臨済禅に帰依したため、この地域に臨済宗寺院が多く創建されたととらえるのが自然であろう。後述するように日蓮宗は武家ではなく有力住人クラスによって支えられた宗派であるが、こうした日蓮宗寺院、とくに顕著な勢力拡充を実現した大明寺派の寺院が、この地域にほとんど築かれなかったのも、上述の半島南端の特質と密接に関わると考えられる。

前述のように鎌倉の末期には半島南端部に福寿寺・大椿寺・福泉寺が存在し、矢部の満昌寺も臨済寺院として再興されていたが、同じ時期に円覚寺の南山士雲が大津の貞昌寺・正観寺と堀内の長徳寺を創建していることも注目される。ただ貞昌寺ははじめは吸江庵という庵室であり、正観寺は明動院という院の塔頭だったというから、南山士雲が開いたというのは小規模な堂で、後年に拡充されて寺となったもののようである。

　このように鎌倉末期にはいくらかの寺院が創建されていたが、表をみればわかるように、南北朝・室町期になって寺院創建の勢いは増し、この時代に臨済宗寺院のおおよそが出揃うことになる。鎌倉の政治を主導した足利氏や上杉氏を中心とする人々が、深く臨済禅に帰依しており、こうした保護を背景として建長寺・円覚寺も興隆を誇っていた。そして建長寺や円覚寺につながる僧侶たちが三浦半島に次々に寺院を築いていったのである。

　表に示した寺院のうち、福寿寺・大椿寺・福泉寺・満昌寺・福厳寺・清伝寺・自得寺が建長寺の末寺、貞昌寺・正観寺・長徳寺・景徳寺・海応寺・荘厳寺・清雲寺・永昌寺が円覚寺の末寺となっている。他の寺院はこうした寺の末寺であるから、三浦半島の臨済寺院はみな建長寺もしくは円覚寺の門派に属するといえる。鎌倉には数多くの臨済寺院があったが、建長寺と円覚寺の地位は卓越しており、そのためこの両派のみが三浦半島に影響力を行使しえたのであろう。

三　日蓮宗寺院の展開

　臨済宗と同様、鎌倉中期以降三浦半島に大きな広がりをみせたのが、日蓮によって開かれた日蓮宗（法華宗）である。その展開のさまを表2と図7に示したが、三浦の日蓮宗寺院の中核に位置し、その宗派が圧倒的に拡張したのは金谷の大明寺であり、三浦の日蓮宗寺院について考察する時には、まずこの大明寺派の展開をみなければならない。

「風土記稿」の記載によれば、建長五年（一二五三）に日蓮が石渡左衛門の請によって米ヶ浜に草庵を建てたのが大明寺の歴史のはじまりだという。この草庵は米ヶ浜道場あるいは法華堂といわれていたが、六代住持の大明房日栄がこの道場を現在大明寺のある場所に移転し、その際に自らの坊号を寺の名に用いて大明寺と改名し、さらにもとの道

表2　中世三浦の日蓮宗寺院

大明寺とその末寺				
創建年	開山寂年	開　山	村　名	寺 院 名
建長5（1253）	弘安5（1282）	日　蓮	金　谷	大明寺
	同	同	深　田	龍本寺
文応（1260-61）	嘉暦3（1328）	日　印	大矢部	常清寺（のち佐原常勝寺）
文応（1260-61）	嘉暦3（1328）	同	小矢部	妙覚寺
	同	同	池　上	妙蔵寺
	同	同	木古庭	本円寺
	応永8（1401）	日　真	公　郷	泉福寺
応永11（1404）		日　舜	上平作	大光寺
応永（1394-1428）		？	公　郷	妙真寺
	応永30（1423）	日　海	走　水	円照寺
	永享6（1434）	日　相	大田和	本住寺
	文明1（1469）	日　泉	本和田	大泉寺
明応3（1494）		日　応	浦ノ郷	法福寺
	永正16（1519）	日　道	須軽谷	法道寺
	永禄1（1558）	日　豪	佐　野	妙栄寺
天文22（1553）	永禄10（1567）	日　保	田　浦	静円寺
永禄1（1558）	永禄11（1568）	日　咸	長　沢	本行寺
天正1（1573）	文禄1（1592）	日　実	西浦賀	顕正寺（当初は顕正庵）
創建年代未詳			沼　間	法勝寺
			長　坂	妙泉寺
			長　坂	善性寺
			長　坂	妙印寺
			大田和	善応寺
			公　郷	浄蓮寺（開山日光）
			下平作	妙伝寺
			下平作	大蔵寺
			下平作	福泉寺
			下平作	大円寺
			佐　原	正覚寺
			佐　原	慈眼寺

大明寺派以外の寺院				
創建年	開山寂年	開　山	村　名	寺院名
	元応2（1320）	日　範	本和田	円徳寺（本覚寺末）
延慶2（1309）	同	同	下宮田	延寿寺（本覚寺末）
	同	同	二町谷	大乗寺（本覚寺末）
	元亨3（1323）	朗　慶	久野谷	法性寺（妙本寺末）
康正1（1455）	寛正6（1465）	日　胤	下宮田	実相寺（本覚寺末）
文明3（1471）	文明4（1472）	日　円	久野谷	妙光寺（本国寺末、末寺に一色の実教寺、長柄の本立寺あり）

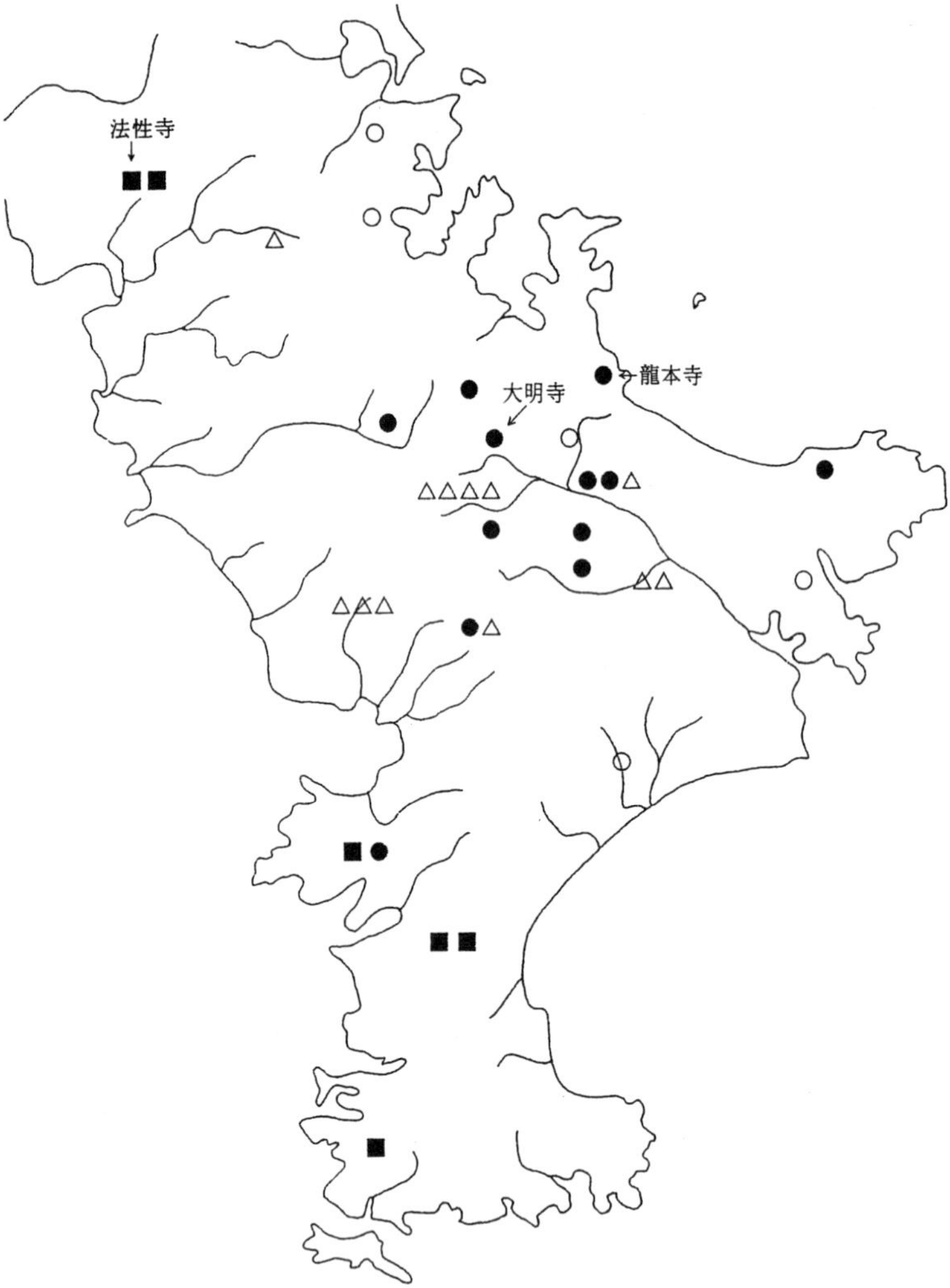

図7　中世三浦の日蓮宗寺院

●大明寺派寺院で鎌倉〜室町期創建のもの
○大明寺派寺院で室町末〜戦国期創建のもの
△大明寺派寺院で創建年代未詳のもの
■大明寺派以外の寺院（鎌倉〜室町期創建）

場の場所に龍本寺を起立し、ここを大明寺の奥院としたと伝えられている。

話が少し複雑だが、現在龍本寺のある深田の米ヶ浜の地が、最初に道場が創建された場所で、日栄の時に金谷に移転してはじめて大明寺を称し、米ヶ浜の道場は龍本寺と名を与えられて大明寺の奥院となったということである。日栄は応永八年（一四〇一）寂と記されているから、この移転がなされたのはこの少し前と推測される。

このように大明寺が金谷の地に設立されたのは室町初期であるが、表をみればわかるように、大明寺派として編成される寺院のなかには、これ以前の鎌倉末期開創と伝えるものもある。日印が開いたという大矢部の常清寺（のち佐原に移り常勝寺と号す）、小矢部の妙覚寺、池上の妙蔵寺、木古庭の本円寺がこれにあたる。このうち妙蔵寺はもと真言宗の古寺であったが、住職の宝鐘が日印に帰依して転宗したという。この三ヶ寺と米ヶ浜道場は、図をみればわかるようにそう遠くない場所に存在し、この地域一帯が、鎌倉末期には三浦半島における日蓮宗の拠点として確保されたことをうかがうことができる。

そして大明寺設立と同じ頃に、やはり近隣に公郷の泉福寺が開かれ、ついで上平作の大光寺と公郷の妙真寺が創建された。その一帯に群立している大明寺派寺院のうち、創建年代を伝えるものは、ほとんど室町期以前に開かれたとされており、年代未詳の寺院もその多くが室町以前に創建されたと推測できよう。

鎌倉末から室町にかけて、この一帯に多くの日蓮宗寺院が設立されたわけだが、金谷の大明寺がこうした寺院の中央に立地していることは注目すべきであろう。詳細は不明だが、日栄がその拠点を米ヶ浜から金谷に移したのは、次々に創建されてゆく寺院を統括する場所として、この地が適切と判断したためと考えることもできよう。鎌倉末期に日印によって開かれたとされる寺院が、どのような経緯で大明寺の末寺となったかは定かでないが、この地域一帯の日蓮宗寺院が相互に密接な関わりをもち、大明寺がその中核的役割をはたしたことは確かであろう。

大明寺派の寺院は、室町中期以降になると走水・大田和・本和田といった離れた場所でも創建され、室町末から戦国には浦ノ郷・田浦・長沢などにも広がってゆく。こうして三浦半島の日蓮宗寺院の大半が大明寺派で占められることになるのである。

ただ大明寺派に属さない日蓮宗寺院もいくらか存在していた。鎌倉末期に日範によって創建された円徳寺・延寿寺・大乗寺は、本和田・下宮田・二町谷という半島南部に存在する。また三浦北部の久野谷にある法性寺は、日蓮が鎌倉での難を逃れて籠居した地で、弟子の日朗が一寺建立を命ぜられて果たさず、その門弟朗慶が師の遺志を継いで堂宇を建立したという伝えを残している。日印が半島中央部で教えを広めていた同じ時期に、ほかの場所でもこうした寺院の創建がみられたのである。

このように鎌倉末期から室町にかけて、日蓮宗寺院が数多く設立されたわけだが、こうした寺院創建を支えたのはどういう人々であったか。寺院の開基を伝えるものは少ないが、前述したように米ヶ浜道場創建の時に開基となったのが石渡左衛門であるとの「風土記稿」の記述は注目に値する。この石渡氏は公郷の有力住人として江戸期にも存続しており、鎌倉の頃からこの地域の有力者として活動していたことが推測される。同じく「風土記稿」によれば、道場を金谷に移して大明寺を開いた日栄もこの石渡氏の出身であり、応永の頃に開かれた公郷の妙真寺の開基も石渡入道妙浄という人物であった。

鎌倉末から南北朝・室町に至る時代、関東の各地において「有徳人」と呼ばれる富裕な住人の活躍がみられた。南北朝期に六浦を拠点に活動した荒井妙法などがその代表であるが、公郷の石渡氏もこれと同じような有力住人だったと考えられる。そして米ヶ浜に日蓮を請じて道場を設立したという「風土記稿」の記載が事実であれば、関東における「有徳人」の活動を示すかなり早い事例とみなすことができる。石渡氏以外には所伝を求められないが、こうした人々によって日蓮宗寺院の拡大は支えられていたと考えられるのである。

四　室町期までの寺院の展開

いわゆる鎌倉新仏教各派のうち、三浦半島において早くから広がりをみせたのは、前述の臨済宗と日蓮宗であった。臨済禅が矢部と半島南端、日蓮宗が公郷周辺というように、ある程度地域を分けながらこの両者は次々に寺院を創建していった。臨済禅は鎌倉の政権と関わる武家層の支持を得、日蓮宗は石渡氏に代表されるような有力住人を檀越として拡大していったのである。

このほかの宗派、すなわち時宗・浄土宗・浄土真宗・曹洞宗などは、臨済宗や日蓮宗ほどのめだった広がりをみせていない。「風土記稿」にみえる三浦の時宗寺院は小坪の海前寺と浦ノ郷の能永寺の二寺のみで、ともに藤沢清浄光《しょうじょうこう》寺《じ》の末寺となっている。このうち能永寺は応永二十一年（一四一四）に寂した長立を開山と伝えるが、海前寺の開山は不明である。時宗は領主層の支持を得て栄えるが、他の宗派が中世から近世にかけて一定の勢力を確保するのに対して、近世に至る過程で大きく衰微し、寺院も多く退転した。したがって江戸後期に二か寺しかないから、中世にも勢力が弱かったと判断することはできないが、今のところ三浦において時宗寺院がめだった広がりをみせたと考えることは困難といわざるをえない。

浄土宗の寺院は後述するように室町末から戦国期にかけて急増するが、表3・図8に示したように、室町期までに創建されたと伝えられる寺院はさほど多くない。長井の長慶院と芦名の浄楽寺が鎌倉期の開創と伝え、小坪の養性院と公郷の聖徳寺が南北朝期に開かれ、三戸の光照寺と小坪の香蔵院・報身院が室町期に創建されたという。このうち公郷の聖徳寺の開基は永島氏といわれているが、永島氏は石渡氏と並ぶ公郷の有力住人であり、こうした有徳人層が浄土宗にも帰依していたことをうかがうことができる。

表3　中世三浦の浄土宗寺院

光明寺派の寺院				
創建年	開山寂年	開山	村名	寺院名
建久3（1192）	建仁1（1201）	良馨	長　井	長慶寺
	嘉暦3（1328）	寂慧	芦　名	浄楽寺
	文和1（1352）	法誉大哲	小　坪	養性院
文和2（1353）	貞治2（1363）	寂誉	公　郷	聖徳寺
	永享2（1430）	宝誉三徹	三　戸	光照寺
	寛正5（1464）	珍誉	小　坪	香蔵寺
	文明5（1473）	深誉	小　坪	報身院
	明応3（1494）	鶴林	林	松慶院（大田和満宗寺末）
明応5（1496）		西誉	堀　内	相福寺
明応8（1499）			芦　名	南光院
	文亀1（1501）	順誉源誓	下山口	万福寺
	文亀3（1503）	観誉祐崇	秋　谷	正行院
	永正3（1506）	証誉	大　津	信楽寺
	永正4（1507）	方誉岸立	佐　島	福本寺
永正5（1508）	永正6（1509）	観誉祐崇	東浦賀	法幢寺
	永正11（1514）	観誉屋道	走　水	覚栄寺
	永正11（1514）	慶応	長　井	慶応寺（不断寺末）
永正1（1504）	大永1（1521）	繁誉久悦	東浦賀	専福寺
	天文3（1534）	一誉清光	西浦賀分郷	真福寺（宗円寺末）
天文2（1533）		就誉	久里浜	長安寺
天文10（1541）		倫誉	堀　内	清浄寺
天文10（1541）	天文15（1546）	快誉	小　坪	正覚寺
	天文16（1547）	法誉（天達義順）	西浦賀分郷	宗円寺（末寺に真福寺あり）
	天文23（1554）	尊誉念阿	武	東漸寺
	弘治1（1555）	法誉天達	長　井	長井寺
	永禄3（1560）	法誉順性	鴨　居	西徳寺
	永禄3（1560）	行誉伝設	金　田	円福寺（末寺に小網代の真光寺・松寿院あり）
	永禄4（1561）	専誉良道	東浦賀	東林寺
	永禄4（1561）	性誉	和田赤羽根	天養院（末寺に安楽寺あり）
	永禄7（1564）	然誉善芳	三崎町	光念寺
	永禄9（1566）	入誉元清	久里浜	正業寺
	天正1（1573）	源誉伝秀	上山口	大昌寺
永禄（1558-70）	天正3（1575）	恵念	三　戸	福泉寺
	天正18（1590）	顕誉密道	上山口	新善光寺
文禄1（1592）	文禄5（1596）	教誉	長　井	不断寺（末寺に慶応寺、大田和専養院あり）
文禄1（1592）		三誉慶道	菊　名	永楽寺（津久井宝蔵院末）

創建年代未詳	堀　内	光徳寺（開山徳誉）
	長　坂	無量寺（和田義盛開基と伝う、中興元誉寿道）
	諸　磯	心光寺
	津久井	法蔵院（開山明円、末寺に往生院・最勝寺、長沢の浄慶寺あり）
	公　郷	了正寺（寛文元年に専龍が中興）
	大　津	浄林寺（開山郭誉）

光明寺派以外の寺院			
開山寂年	開山	村名	寺院名
天文 6（1537）	昌誉	久里浜	伝福寺（鎌倉名越安養寺末）
？	？	浦ノ郷	良心寺（朝倉能登守開基、京知恩寺末、末寺に観音寺・正観寺、田浦長善寺あり）
天正 4（1576）	讃誉	田浦	長善寺（浦ノ郷良心寺末）

浄土真宗寺院の展開については表4・図8で示したが、やはり室町以前創建の寺院は多くない。鎌倉期からの伝えをもつのは野比の称名寺・最蔵寺、不入斗の西来寺、二町谷の円照寺で、このうち称名寺は真言、西来寺は天台からの転宗である。そして室町期になると二町谷の真福寺、大津の信誠寺、長井の長徳寺、東浦賀の乗誓寺が開かれるが、長徳寺は天台の有力寺院を転宗したものであり、乗誓寺は平塚から移転してきたものである。このように多くの場合、天台宗や真言宗の寺院を組み替えて編成するという形で、浄土真宗寺院の展開はなされていったのである。

古代・平安以来の天台宗や真言宗の寺院は、鎌倉以降になってもそれなりの勢力を保ち、鎌倉公方の祈願所として栄えた長井の長徳寺のようなものもあった。しかし鎌倉中期以降の新仏教各派の教線拡大のなかで、密教寺院の多くは新たな宗派に改宗して再興されることとなった。こうして室町期になると、臨済宗寺院や日蓮宗寺院が確実な展開をみせ、時宗・浄土宗・浄土真宗などの寺院もいくらか顔をみせるようになる。中世に登場した各宗派の寺院は、三浦半島においてもこの時代に揃って現われることになったのである。

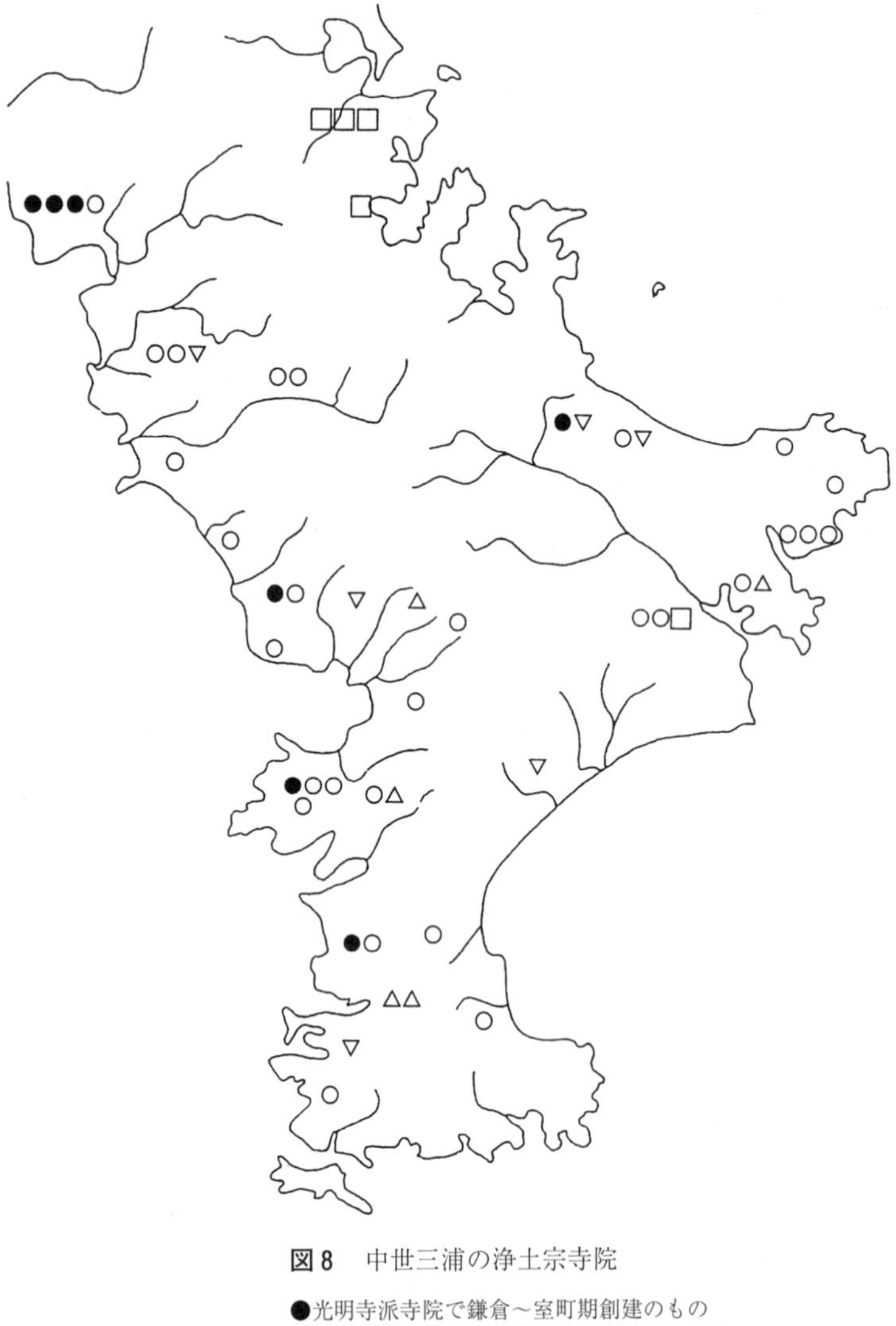

図8　中世三浦の浄土宗寺院

●光明寺派寺院で鎌倉～室町期創建のもの
○光明寺派寺院で室町末～戦国期創建のもの
△光明寺派寺院で室町末～戦国期創建と推測されるもの
▽光明寺派寺院で創建年代未詳のもの
□光明寺派以外の寺院（戦国期創建）

表4　中世三浦の浄土真宗寺院

創建年	開山寂年	開山	村名	寺 院 名
貞永（1232-33）		了法	野　比	称名寺（真言より改宗）
寛元4（1246）		乗頓	不入斗	西来寺（天台より改宗、最宝寺末）
	文永4（1267）	明願	二町谷	円照寺
	正応1（1288）	徳林	野　比	最蔵寺
	応永17（1410）	宗願	二町谷	真福寺
	寛正6（1465）	明祐	大　津	信誠寺（明祐は中興）
文明（1469-87）		了空	長　井	長徳寺（天台より改宗）
文明（1469-87）		空浄	東浦賀	乗誓寺（平塚より移転）
	明応3（1494）	慶順	中之町岡	長善寺
	明応7（1498）	空信	長　井	弘誓寺
	永正4（1507）	了空	長　井	観明寺
	永正11（1514）	永覚	野　比	高徳寺（真言より改宗、最宝寺末）
大永1（1521）		明心	野　比	最宝寺（鎌倉材木座より移転）
享禄・天文（1528-55）			三崎町	最福寺（鎌倉弁谷より移転）
	天文17（1548）	清波	佐　島	専福寺
	？		佐　島	観明寺（開基糟屋清承天文23年卒、専福寺末）
	天正1（1573）	了善	三　戸	宝徳寺（天台より改宗）
天正1（1573）		了善	城ヶ島	常光寺
	天正8（1580）	玄海	上宮田	光信寺
天正（1573-92）			逸　見	浄土寺（天台より改宗）
	天正17（1589）	円教	長　井	善慶寺（長徳寺末）
創建年代未詳			佐　島	西岸寺
			佐　島	東蔵寺（開基念西法師）
			長　浦	常光寺
			野　比	最光寺（鎌倉松葉谷より衣笠、ついで野比に移転）

図9　中世三浦の浄土真宗寺院

●鎌倉～室町期創建の寺院
○室町末～戦国期創建の寺院
△創建年代未詳の寺院

ただ曹洞宗の寺院だけは、「風土記稿」の記載を読むだけではその存在を知ることができない。「風土記稿」にみえる曹洞宗寺院はかなりあるが、その多くは戦国末期に開かれた沼間の海宝院の末寺であり、室町以前の確かな伝承をもつ寺院はみあたらないのである。「風土記稿」の記載だけから多くは語れないが、曹洞宗の勢力は室町以前には三浦に大きく入り込むことができなかったと今のところは考えておきたい。

五　浄土宗寺院の急増

このように室町期には三浦でもいろいろの宗派の寺院が揃い、各派がそれなりの均衡を保ちながら活発な行動を展開していた。しかしこうした状況は室町の末から戦国にかけて大きく変わる。この時代になって鎌倉の光明寺を核とする浄土宗の僧侶たちの動きが活発となり、三浦半島の各地に浄土宗の寺院が次々に設立されたのである。

浄土宗寺院の増加のようすは、表3と図8をみていただければ明瞭であろう。室町末の延徳・明応の頃から、戦乱が終息する天正末・文禄の頃までの一〇〇年ほどの間に、確認されるだけでも三〇近くの寺院が創建されたのである。

三浦半島各地の浄土宗寺院創建の動きが開始されたのは室町から戦国の転換期にあたる延徳・明応・文亀・永正の頃であるが、この時期光明寺の住持をつとめたのは、中興の祖といわれる観誉祐崇《かんよゆうすう》であった。彼は教線拡大のために天皇家との結びつきを求め、後土御門天皇の帰依を得て、光明寺を勅願寺とすることに成功した。この観誉祐崇と彼に率いられた多くの僧侶たちが三浦の各所に入り、次々と寺院を創建していったのである。観誉自身も秋谷の正行院と東浦賀の法幢寺を開いている。そして戦国期を通して寺院創設の勢いは弱まらなかったのである。

この時代に急増した浄土宗寺院の特徴は、図をみればわかるように、特定の拠点に集中せず、半島内の村々を巡るかたちで、まんべんなく広がっていったことである。長井や浦賀などいくつかの寺が集まる場所もあるが、ほとんどすべての村に一つは浄土の寺院が存在するような形になっていったことが、最も注目すべき特質である。そしてその結果、三浦半島の寺院のなかで、浄土宗寺院の数は他宗を圧するものとなっていったのである。

このような急速な教線拡大、寺院創建がなにゆえ可能だったか、簡単には答えられないが、やはりこの時代に近世の村につながる村々が、自治組織としての実態を具備するに至り、あわせて村の草分けといわれる有力百姓、地侍層の台頭がみられたことが基盤にあると判断できよう。寺院の開基について伝えるものは少ないが、武の東漸寺を開いた長島肥後守、和田赤羽根の天養院の開基の長沢和泉、三戸福泉寺を開いた進藤隼人佐などは、こうした侍たちで、村の政治を担いながら、同時に小田原北条氏のもとで組織され、戦時には兵士として戦いに参加していたと推測される。こうした階層の台頭のなかで、彼らの家の菩提寺を建立する動きが高まっていたわけで、浄土宗の僧侶はこうした動向を利用しながら短期間のうちに多くの寺院を設立していったのである。

ただ浄土宗の寺院が急速に村々に創建されたといっても、子細に検討すると、浄土の寺院が結局設立されなかった地域もあることがわかる。臨済宗寺院が集中的に存在する矢部と、大明寺とその一派の寺院が集中する地域には浄土の寺院は作られた形跡がなく、図をみてもこの一帯が浄土宗寺院の空白地帯として存在することがわかる。また光明寺に近い小坪や堀内・山口などには浄土の寺院が展開するが、真言宗延命寺が存在する逗子には浄土宗の勢力は入り込むことができなかったのである。これらのことは浄土宗の勢力を阻止した空間の宗教的特質の強さを示すものであるが、逆にいうとこうした顕著な特徴をもたない地域は、みな浄土宗の進出を許し、結果として浄土宗の繁栄を招いたとみることができよう。

なおこの同じ時代に浄土真宗もあらたな広がりをみせている。表5・図9からわかるように、延徳・明応の頃から真宗寺院設立の動きが開始し、戦国期を通してかなりの数の寺院が開かれた。ただこのうち宝徳寺・浄土寺は天台からの改宗、高徳寺は真言からの改宗であり、野比の最福寺は、鎌倉にあった寺院を移転させたものである。新たに寺を開くこともあったと思われるが、他宗の寺院を転宗させたり、他所の寺院を移してきたりする形で真宗寺院は広がっていったのである。ただ浄土宗のように半島全域にわたって広がりをみせるには至らず、図からわかるように、佐島・長井・三崎・野比といった拠点を押さえるかたちで展開をみせたことがわかる。

おわりに

「新編相模国風土記稿」という書物にみえる寺院記事を考察しながら、中世の三浦半島における寺院の展開の様相を展望してみた。各宗派の動きについては各所で要約したので繰り返さないが、全体として注目したいのは、半島各地の地域的特質である。三浦半島は全体としてそう広くはないが、それでもその内部にはかなり個性的な地域がいくつか存在している。そしてそうした地域の個性が、寺院勢力の存在形態に大きく反映していることがわかるのである。大明寺を中心とする日蓮宗寺院が展開した公郷周辺、密教寺院がみな臨済に転宗した矢部一帯、臨済寺院の展開がめだつ半島南端部などがその実例であるが、三浦の歴史を考察する時に、こうしたある程度の広さをもつ地域空間の独自性を認識することが重要であることをあらためて実感する。

また三浦の寺院の多くは中世のはじめから存在したわけではなく、鎌倉末から室町にかけて基本的なものが揃い、その後室町末から戦国期に急速な増加を示したことがわかった。このことは単なる宗教上の問題ではなく、三浦半島における社会状況の変化と連動したものとみなければなるまい。詳細は今後の研究課題であるが、鎌倉末から室町にかけての寺院を支えた階層と、戦国期の寺院創建を促した階層とはかなり異なっていたと考えざるを得ない。前者は早くから一定の地位を占めた武家や有徳人層で、その活動はかなり広範なものであったと考えられるが、後者は一般的には村に基盤を置く新興の住人や侍層だったと推測される。室町末から戦国にかけての時代は、旧来の支配階級が没落して新興の地侍層が台頭し、あわせて村を中核とする地域社会が前代とは比較できない充実を示した時期であった。浄土宗を中心とする寺院が村々にまんべんなく配置されるという事態は、こうした社会の変化を背景として実現されたことと考えられるのである。

こうした状況が近世になってどのように変化するのかという課題は、もはや本章の扱う範囲を越えているが、江戸の初期に沼間の海宝院の勢力が大きく伸張し、多くの曹洞宗寺院が創建されたことは「風土記稿」の記載からもうかがえ、重要な問題と考えられる。また「風土記稿」には当山修験に属する修験の寺院もかなり登場する。こうした修験の寺の展開についても分析を加える必要があろう。

本章は「新編相模国風土記稿」のみを分析の素材としており、その意味では蕪雑の誹りを免れないかもしれない。たしかに「風土記稿」の記載には誤りもあろうし、その後の調査で明らかになった事実も存在するであろう。ただ本章は三浦の寺院のすべてについて確実な史実を明らかにしようとしたものではなく、あくまで中世における寺院の展開の大筋をつかむことを目的としたものであるから、個々の誤りについてはご寛恕を乞いたい。

注

（1）建武二年（一三三五）九月、三浦介高継は足利尊氏から本領を安堵されるが、尊氏の安堵状にみえる三浦の内部の村は、三崎・松和（松輪）・金田・菊名・網代（小網代）・諸石（諸磯）のみで、半島南端に局限されている（「宇都宮文書」、拙稿「三浦氏と鎌倉府」〈『鎌倉府と関東』一九九五年、校倉書房、所収〉九九頁参照）。

第三章　古代・中世の江戸

一　武蔵国豊島郡江戸郷

「本郷も兼康《かねやす》までは江戸の内」という俚言《りげん》が残ることからもわかるように、いわゆる「江戸」の範囲は江戸城（皇居）とその周辺の一定部分からなり、そのイメージもつかみやすい。しかしこうした周知の「江戸」は、あくまで江戸時代以後のものであり、それ以前から同じ場所が「江戸」と呼ばれていたと素朴に考えるわけにはいかない。そもそも「江戸」とはどのあたりを指す地名だったのか。このことをはじめに探究してみよう。

「江戸」という地名が登場する初見史料は、鎌倉時代の半ば、弘長元年（一二六一）に作成された次のような文書である（関興寺文書、『東京都古代中世古文書金石文集成』第一巻〈古文書編一〉所収。なお、本章で利用した史料のほとんどは、同書の第一巻～第三巻〈古文書編一～三〉に収録されている）。

武蔵国豊嶋郡江戸郷内前嶋村者、先所《（祖）》之所領、尓今相伝仕候処に、此両三年饉飢之間、百姓一人も候ハす、依御公事対捍仕候、定あしさまのけんさんにも入候ぬとおほえ候、於彼所領者、それへまいらせ候ぬ、御年貢・御公事をも可有御沙汰候、此様を申させ給て御沙汰可有候、恐々謹言、

弘長元年十月三日　　平長重（花押）

謹上　五代右衛門尉殿御宿所

後述するように東京地域には江戸氏の一族が勢力を広げており、彼らの多くは名前の一字に「重」の字を用いることが多かった（こうしたものを「通字《とおりじ》」という）。この文書の差出人の「平長重」も「重」の字をもつから、江戸氏の一人とみてよかろう。江戸氏は平氏の流れだから、「平長重」という名乗りも理解できる。

「武蔵国豊嶋郡江戸郷内前嶋村」は先祖相伝の所領だが、ここ数年の飢饉で百姓がいなくなり、御公事も納められない状況なので、貴殿（宛名の五代右衛門尉）にこの所領をお渡ししたいというのが文書の趣旨である。なかなか面白い内容の文書だが、ここでは冒頭の「武蔵国豊嶋郡江戸郷内前嶋村」という表現に注意を限定したい。「江戸」が「江戸郷」といわれていること、「江戸郷」は「豊島郡」のなかにあったこと、「江戸郷」のなかに「前嶋村」という村があったこと、この三点がこれからわかるのである。

これから一八年後の弘安四年（一二八一）にも、次のような文書が作られている（深江文書）。

ゆつりわた《譲渡》すまつゝるか《松鶴》はゝ《母》の所
むさし《武蔵》の国ゑと《江戸》のかう《郷》しハさきのむら《村》の□□一宇かうた入道かさいけ《在家》、をなしきうしろのさいけつきのはたけ《畠》、
ひかし《東》ハこちうたかつくりのはたけのさかいをかきる、にしきた《西北》ハ田をかきる、をなしきさいけつきの田六反、
同つく《佃》田二反、かのところは、重政かちうたいさうてん《重代相伝》のしりやう《私領》なり、しかるを、まつゝるかはゝに、後家分
としてゆつりわたすところ実なり、よて後日せうもん《証文》のために、譲状如件、

弘安四年卯月十五日

平重政（花押）

差出人の「平重政」も江戸一族であろう（文書には「多賀谷八郎」と注記した紙が貼られているが、根拠は不明）。「むさしの国ゑとのかうしハさきのむら」にある在家一宇と、うしろの在家つきの畠、さらに在家つきの田六反と佃二反を「まつゝるかはゝ」（おそらく重政の妻であろう）に後家分として譲るという内容の譲状であるが、ここにも「ゑ

とのかう」として「江戸郷」が登場し、その内部に「しハさきのむら」という村があったことがわかる。これはのちに「芝崎村」あるいは「柴崎村」としてみえる。

鎌倉時代には「江戸郷」という郷があり、その内部に「前嶋村」と「芝崎村」という村があったことがわかるが、この「前嶋村」「芝崎村」の場所はどこか。普通の地域であれば現地の景観や地名の調査でかなり解明できる事柄だが、東京は事情が違う。太田道灌による江戸築城と、徳川家康入部以後の大規模な埋め立てによって地形は大きく変貌し、中世の景観を復元するのは容易でない。ただ地理学も含むさまざまな角度から考察が加えられ、それなりの推測が可能な状況にはなってきている。論者によって微妙な違いはあるが、いわゆる江戸城の前に「日比谷入江」という入江があり、その前方に「前島」という半島があった（現在の東京駅から有楽町に至るあたり）というところは共通の認識といえよう。「前嶋村」はこの「前島」にあった村で、「芝崎村」はその北の低地部分（いまの神田の一帯）といわれている。

このうち「前嶋村」はやがて鎌倉の円覚寺の所領となり、永和三年（一三七七）の史料にその名をみせるが、応永二十六年（一四一九）の史料には、やはり円覚寺領の「武蔵国江戸前嶋内森木村」という形で顔を出す。これから「前嶋」のなかに「森木村」という村があったことがわかる。このころには前嶋村の内部から森木村という小集落が生まれていたわけだが、その場所は特定できない。

鎌倉・室町時代の史料から「江戸郷」の内にあったことが確認できるのは、前嶋村（および森木村）と芝崎村だけだが、戦国時代の史料には「平川」も「江戸」の内とするものがある。天文九年（一五四一）に平川の楞厳寺《りようごんじ》が比叡山延暦寺から寺号を与えられたときの証文に「武蔵国豊島郡江戸平川」とみえ、これから「平川」も「江戸郷」の内と判断することができる。ただ後述するように、この時代には「江戸」の範囲が広がっている可能性もあり、確実な証拠とはいえない。しかし「江戸城」の北辺を流れる平川に沿って展開していたと思われる「平川」は、「芝崎村」に隣りあうから、これも「江戸郷」に含まれていたとするのが自然であろう。なお戦国時代の史料には「上平川村」「下平川村」とみえ、「平川」がこの二村にすでに分かれていたことが知られる。

二　桜田郷と比々谷郷

江戸というのは郷の名で、中世の「江戸郷」の内であったことが確実な地域は、江戸城（皇居）の北辺から東部にかけての、比較的狭い範囲だけだった。そして江戸城から南の地域には、「江戸郷」とは異なる郷村が展開していたのである。

古くから史料にみえるのは「桜田郷」である。これは「和名類聚抄」にも登場する古代からの郷で、応永三十年（一四二四）の史料にも「武州豊嶋郡桜田郷」としてみえる。江戸大炊助憲重という武士が桜田郷内の「沽却地」（売却地）について訴え、これを回復したことに関わるものだが、「桜田郷」という郷が「豊嶋郡」のなかに存在していたことがこれからわかる。このほかにも史料は多いが、この「桜田郷」は江戸城の南方に広がっており、現在の桜田門がその名残りと考えられている。

また桜田の南の日比谷は「比々谷」という形で史料に現われる。大永六年（一五二六）に小田原北条氏が、牛込助五郎に対して「比々谷村」の陣夫・小屋夫の提出を免除したというのがその初見で、永禄二年（一五五九）に作成された「北条氏所領役帳」（小田原衆所領役帳）には「比々谷本郷」としてみえる。ともに戦国時代の史料ではあるが、「比々谷」の地名は古くからあったとみるべきであろう。江戸や桜田と同格の「郷」なのか、より小さな「村」なのかが問題だが、「比々谷本郷」という表現があることからみて、「比々谷郷」という郷だったととりあえずは考えたい。

また前述した永禄二年の「北条氏所領役帳」には「局沢」の地名がみえ、同年の北条家の朱印状にも「局沢江戸明神職」のことが記されている。この「局沢」は皇居の西側、吹上御苑から北の丸公園あたりをさすとみられている。これは小規模の村だったとみえ、桜田郷の一部ではないかと推測される。

現在の皇居の一帯には、江戸郷・桜田郷・比々谷郷という三つの郷が隣接して存在していたのである。皇居の中心部分がどの郷に属するかは定かでないが、かつての平川の流れで江戸郷と桜田郷が分かれるとみるのが自然であろうから、皇居は桜田郷内ととらえることができよう。「江戸」という地名が肥大化したため、この一帯が古くから「江戸」と呼ばれていたと考えてしまいがちだが、厳密な意味での「江戸」は皇居の北辺と東辺にすぎず、江戸城の中核部分も「江戸」の外だったのである。

三　江戸の中心はどこか

ここで再び「江戸郷」のことに戻りたい。前嶋・芝崎・平川と連なる、平川東岸一帯が「江戸郷」に含まれていたことは、これまでの考察で明らかになったが、これが「江戸郷」の全範囲かということになると問題が残る。「江戸郷」のなかに三つの村があるというだけでは、いったい「江戸郷」の中心がどこなのかわからない。また後述するように江戸を拠点とする江戸氏が平安末期からこの地を支配したことが明らかであるが、この江戸氏の館がどこにあったかということも大きな問題である。

そこで、皇居の周辺から少し離れて、平川・芝崎の北の方面に眼を広げ、中世の郷村のありようを探っていきたい。そうすると問題になるのは湯島と本郷ということになる。

このうち湯島については「湯島郷」という独立の郷だったことが史料にみえる。湯島も桜田と同じく「和名類聚抄」にみえる古い郷で、永享二年（一四三〇）にも「武蔵国豊島郡湯島郷之内片岡分山免」を三年間免除するという証文が残っているから、「湯島郷」が豊島郡に属する郷だったことがわかる。湯島は「江戸郷」と隣りあう郷だったわけで、これを江戸郷の内とみることはできない。

残るのは「本郷」である。「本郷」という地名の由来については「御府内備考」に「本郷は古しへ湯島の内にして、その本郷なれば湯島本郷と称すべきを、上略して本郷とのみ唱へしより、後世湯島と本郷とはおのづから別の地名と成りしなるべし」と記されている。「本郷」は「湯島本郷」で、のちに「湯島」がとれて「本郷」と呼ばれるようになったというのである。

ただこの所説には疑問がある。まず「本郷」という名前だが、これは一定の広さをもつ荘園（庄）や郷の中心という意味で用いられるのが一般的である。たとえば鎌倉の東隣にある六浦庄の中心は「六浦本郷」、北隣の山内庄の中心は「山内本郷」と呼ばれる。東京地域でも城北に「平塚本郷」という地名があるが、これはおそらく平塚郷の中心という意味であろう。つまり「本郷」というのは中心地、センターの意味なのであり、「もとの集落」を「本郷」という例はあまりないのである。

「本郷」の名は前記した「北条氏所領役帳」にすでにみえ、戦国時代には「本郷」と「湯島」がともに存在していたことが明らかである。「本郷」がかつて「湯島本郷」と呼ばれていたという証拠はまったくなく、仮にそうだったとしても、「湯島本郷」の集落が健在なのに東隣の集落が「湯島」を名乗るというのは、やはり不自然である。また地形からみても湯島と本郷は一体のものとは考えにくい。いわゆる「本郷台地」を挟んで湯島と本郷の集落は離れており、早淵川沿いの湯島と小石川に接する本郷とは、水系も異にしていたとみられるのである。

「本郷は湯島の本郷」という所伝が疑わしいとなると、それでは「本郷」は何の「本郷」なのか、ということになろう。前述のように「本郷」とは荘園や郷の中心の意味であろうが、今の「本郷」を含む広い庄または郷として何が考えられるか。

この問いに対する答えは、いまのところ一つしか思いつかない。この近辺にある広域の庄や郷となると、いままでみてきた「江戸郷」しか考えつかないのである。確証はないが「本郷」は「江戸郷」の「本郷」、すなわち「江戸本郷」だったのではあるまいか。

「本郷」というと東京大学のある台地上を想定しがちだが、本来は小石川沿いの平地とその後背地の高台がその中心だったと考えられる。現在は神田川以北が「本郷」地内だが、神田川が江戸初期の開削であることを考慮すれば、本郷台地の西の縁にあたる、もとの平川沿いの一帯も古くは本郷の内だったと推測できる。現在の場所でいえば、春日の駅あたりから水道橋をぬけて、神田神保町に向かうひとつづきの空間が「江戸本郷」だったのではあるまいか。そしてその南に上平川村・下平川村・芝崎村・前嶋村という村々が連なっていたと考えられるのである。

こうしてみると、中世の「江戸郷」は小石川および平川に沿って広がる細長い郷で、その中心は現在の水道橋近辺だったと想定できる。江戸氏の本来の居館もこのあたりに存在していたのではあるまいか。

「江戸」という地名の由来についてはさまざまな説があるが、この近くの地名で「津」が「戸」に置き換えられる例が多い（たとえば今津から今戸、亀津から亀戸、奥津から奥戸）ことからみて、もとは「江の津」と呼ばれていたとみてよかろう。「江」とは水路のことで、「津」は船の停泊地を指す。日比谷入江から平川の流れが連なり、しばらく入ったところに津があったのだろう。「江戸」はこのあたりの風景を端的に表現した地名なのである。

四　江戸氏の時代

このように江戸は本来狭い範囲の郷にすぎなかったが、それでもごくありふれた場所とばかりもいえない。平安時代の末からこの地に江戸氏という豪族が館を構え、その一族が周辺一帯に広がって所領支配を行なっていったのであ

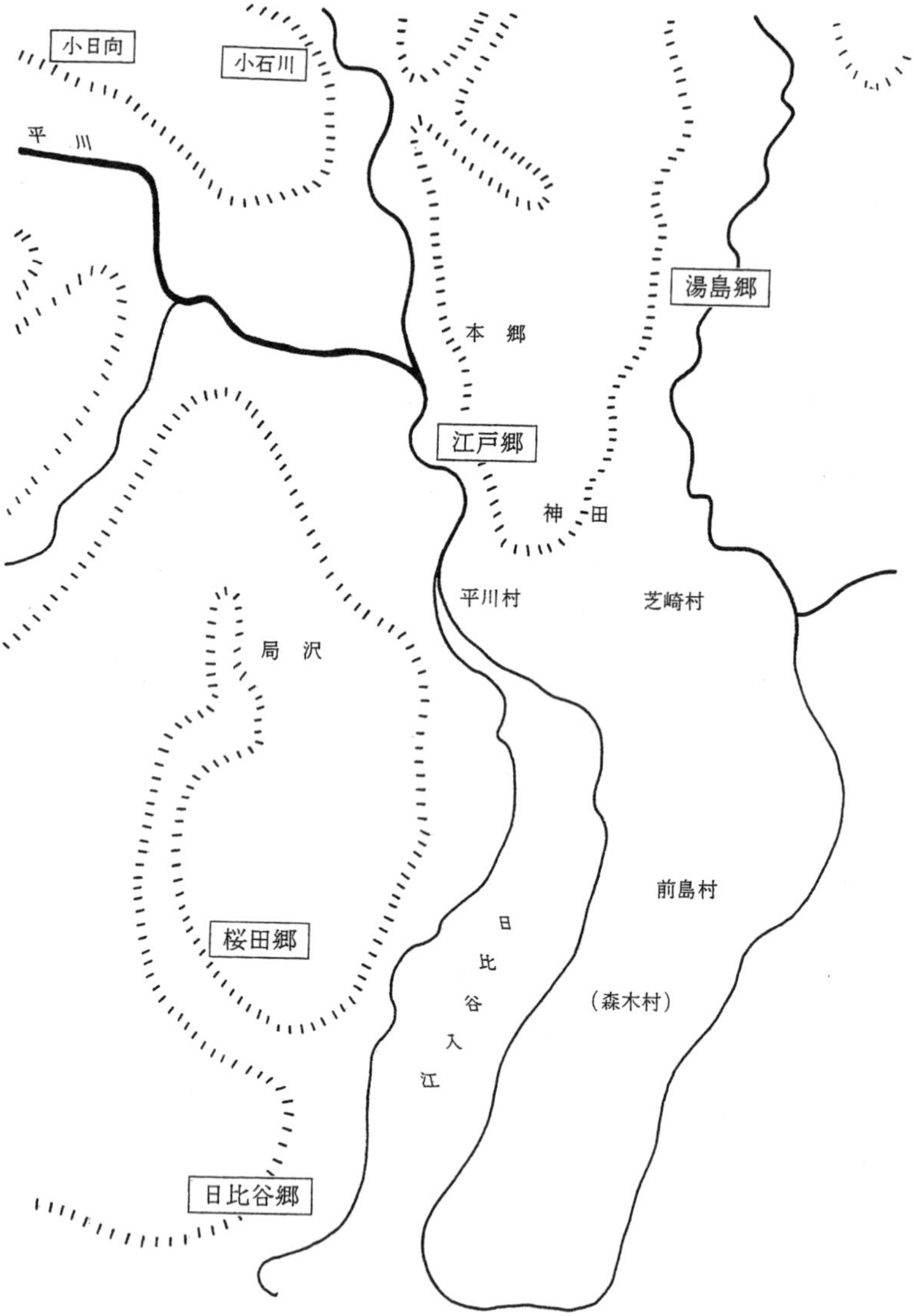

図 10　中世の江戸と現代の東京

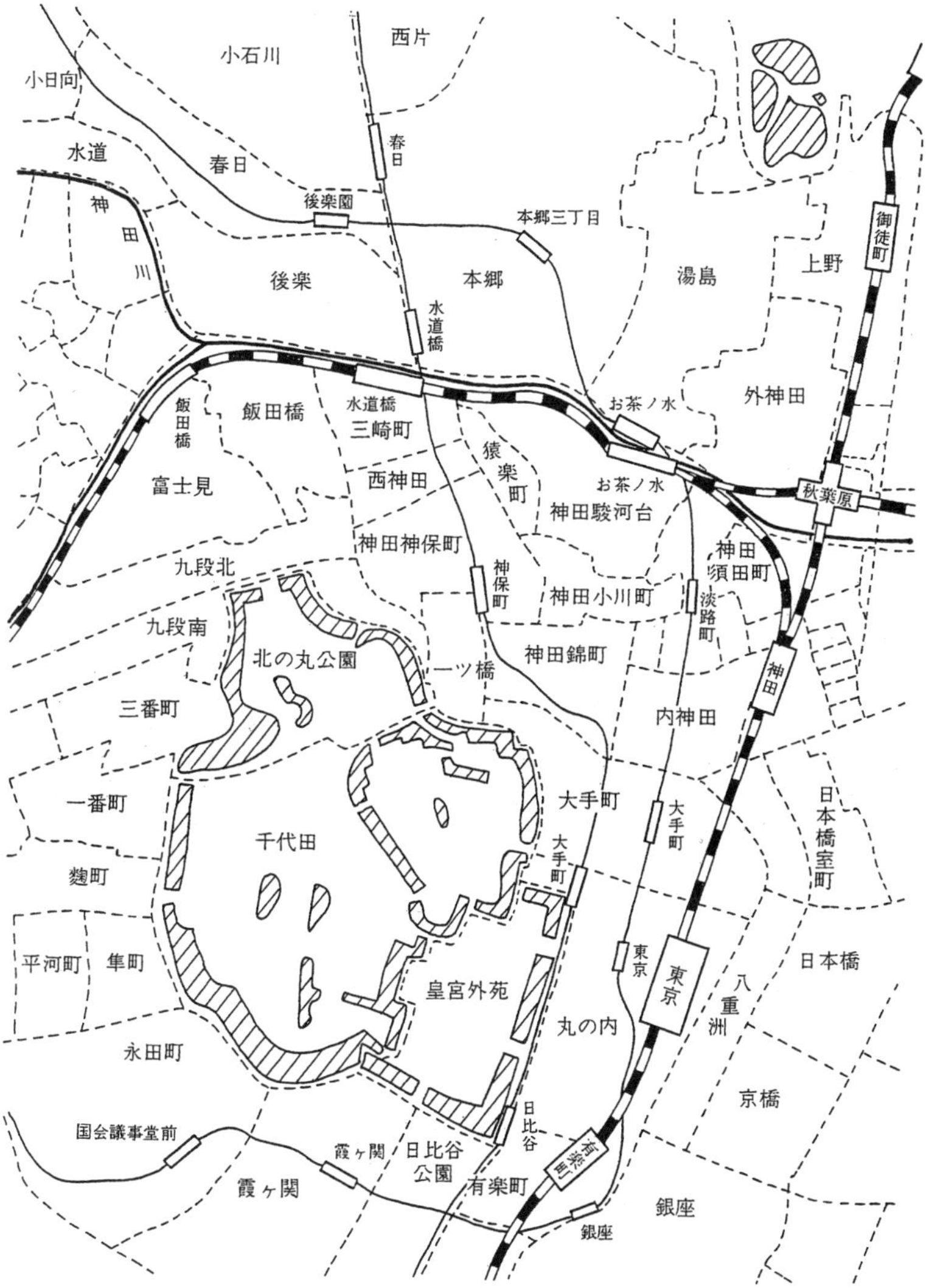
西片
小石川
小日向
春日
水道
春日
後楽園
本郷三丁目
神田川
御徒町
後楽
本郷
湯島
上野
水道橋
飯田橋
飯田橋
水道橋
三崎町
お茶ノ水
外神田
猿楽町
お茶ノ水
富士見
西神田
神田駿河台
秋葉原
神田神保町
神田須田町
九段北
神保町
神田小川町
淡路町
九段南
北の丸公園
一ツ橋
神田錦町
神田
三番町
内神田
一番町
大手町
大手町
日本橋室町
千代田
大手町
麹町
平河町
隼町
東京
東京
日本橋
皇宮外苑
八重洲
丸の内
永田町
京橋
国会議事堂前
日比谷
有楽町
霞ヶ関
日比谷公園
霞ヶ関
有楽町
銀座
銀座

り、このことからみてもここがそれなりに枢要の地であったことがうかがえるのである。

江戸氏は桓武平氏の一流で、畠山氏や河越氏と同族にあたる。この一門の祖先は秩父を本拠にしていたから、これらの同族を一括して「秩父平氏」と呼ぶこともある。系図によれば三家の共通の祖先は平（秩父）重綱という人物で、子息の重弘・重隆・重継がそれぞれ畠山・河越・江戸の祖となったという。ちょうど平安時代の末期で、源頼朝に重用された畠山重能は重弘の子、有名な重忠は彼の子息にあたる。また頼朝に仕えながら源義経の事件に連座して討たれた河越重頼は重隆の孫である。そして頼朝のもとで活躍する江戸太郎重長は、前記した重継の子にあたるのである。

江戸重長の活躍については「吾妻鏡」などに記されている。治承四年（一一八〇）の頼朝の挙兵に際して、彼は一族の畠山重忠・河越重頼らとともに平家に与して戦うが、房総で再起した頼朝が武蔵にむけて進んできた時点で帰参し、隅田川に浮橋を作って軍勢の渡河をたすけ、まもなく頼朝から武蔵国の雑事を司るようにとの命令を受けている。その後頼朝は鎌倉に入り、いわゆる鎌倉幕府が成立するが、江戸重長は将軍に仕える御家人の身分を得た。同族の河越重頼はまもなく討たれ、畠山重忠も政権争いにまきこまれて滅びるが、江戸氏はこうした政争から距離をおいて滅亡をまぬがれ、その流れはこの地域の領主として長く続いていった。

重長は「江戸太郎」として「吾妻鏡」などにみえるから、すでに江戸の地を拠点とし、その地名を名字としていたことがわかるが、その父にあたる重継についてはたしかな記録はない。したがってはじめて江戸に館を構えたのが重継か重長かは不明というしかないが、いずれにせよ平安時代の最末期に、江戸郷を拠点とする江戸氏が領主としての歩みをはじめたのである。同じ時期に武蔵の各地には多数の武家が輩出しているが、俗にいう「武蔵七党《むさししちとう》」に属した中小の武士たちと、畠山・河越・江戸に代表される秩父平氏一門とでは格が違っていた。畠山氏が荒川中流に居館をかまえ、河越氏が入間川を押さえるというふうに、彼らは流通の要となる絶好の場所を確保し、ここを拠点として広域の活動を展開していたのである。畠山・河越とならぶ江戸氏も同様の特質をもっていたとみてよかろう。当時の江戸郷のありさまについては史料に乏しいが、東京湾岸の湊のなかではそれなりに目立った存在だったのであろう。また武蔵から下総方面に至る道のうち、最も海岸線に近い道はおそらく江戸郷を通っており、ここから浅草・今戸（今津）に出て隅田川を渡河していたと考えられる。江戸は古くから水陸の交通の交わる場所だったのであり、そうしたこともあって秩父平氏一門の拠点の一つに選ばれたと想定されるのである。

さて、こうして登場した江戸氏は、鎌倉時代のみならず、南北朝・室町時代に至るまで、三〇〇年にわたって地域の支配を続けるが、注意しなければならないのは、一人の惣領が広域を支配するという形をとらず、多くの一族が輩出してそれぞれが所領支配を行ない、彼らがまとまって総体的な江戸一門の勢力圏を形づくっていたという点である。こうした江戸一族の広がりを詳細に跡付ける余裕はないので、ここでは彼らの存在を端的に示す史料を一点紹介するにとどめたい。応永二十七年（一四二〇）に作成された、江戸一門の名前の書き立てがそれである（米良文書）。

武蔵国江戸の惣領之流
六郷殿　　しほやとの　　まつことの
中野殿　　あさかやとの　　い丶くらとの
さくらたとの　　いしはまとの　　うし丶まとの
大との　　こうかたとの　　しはさきとの
うの木との　　けんとういん　　かねすきとの
こひなたとの
　このほかそし（庶子）お丶く御入候
　はらとのいつせき（一跡）
　かまたとのいつせき

応永廿七年　五月九日

これは紀伊熊野の御師の一人が書き上げた檀那名の一覧で、当時の江戸一門の顔ぶれがうかがえる。まず「惣領之流」つまり惣領家の系統として、六郷殿・渋谷殿・丸子殿・中野殿・阿佐谷殿・飯倉殿・桜田殿・石浜殿・牛島殿・大殿・国府方殿・芝崎殿・鵜木殿・金曾木殿・小日向殿といった人々がおり、庶子の系統としては原殿と蒲田殿の流れがあるということがこれからわかる。

ここにみえる地名は東京地域の中部から南部にかけて広がっている。芝崎と桜田については前述したが、これより東方では隅田川に面した石浜と、その対岸の牛島があり、北の方には金曾木と小日向がある。国府方は今の麹町あたりで、江戸郷や桜田郷に隣接していた。飯倉は桜田の南方にあり、さらに南に進むと蒲田・原・鵜木・丸子がある。「六郷」というのは今の大田区一帯で、蒲田や原もこれに含まれる。西方の渋谷・中野・阿佐谷の地名は今も残る。このように数多くの一門が分立して所領支配を行なっているというのが中世のこの地域の現実だったのである。

一門の広がりをみたところで、あらためて江戸郷とその周辺に注目してみたい。江戸郷内の芝崎村には「芝崎殿」、桜田郷には「桜田殿」という武士がいた。江戸郷内の前嶋村は前述のように鎌倉の円覚寺の所領となっていたが、それでは江戸郷の中心と考えられる「本郷」や平川村はどうだったか。

江戸氏の一門は数多くいたが、そのなかでどの家が中核となり、惣領として認められていたかは定かでなく、檀那注文の冒頭に記された「六郷殿」が室町時代のころには惣領の地位にあったと考えることもできる。江戸氏の惣領が「江戸郷」に長くいたという証拠はなく、「本郷」や平川村の支配のありようはうかがい知れないが、一つだけ注目したいのは、先の注文にみえる「大との」という記載である。この「大との」がどこにいたかはこれだけからはわからないが、同じく熊野の御師がまとめた別の檀那注文（米良文書）に「大ひやうこ」（大兵庫）という人物が現れ、その名前の肩（右上）に「さはい所在名平河」と記されている。この注記の意味はとりにくいが、「大ひやうこ」という人物が平川村に住んでいたことはまちがいなかろう。この「大ひやうこ」と先にみた「大との」が関連するとすれば、江戸一門の「大殿」は江戸郷平川村にいたと想定されるのである。

それでは「大との」の「大」とは何か。これが残された問題である。「大との」は江戸氏の本家かとする説もあるが、「大ひやうこ」に「殿」がつかないことなどから考えて、「大」というのは地名とみるべきであろう。「大」と呼ばれる場所は残らないが、後述する戦国時代の史料に「神田の台」という記載もあるから、本郷台地の縁辺部、今の駿河台あたりが「ダイ」と呼ばれ、そこを領した江戸一門が「大殿」と呼ばれていたと今のところは想定しておきたい。

五　江戸の古代を探る

中世に「江戸郷」という郷があり、その範囲は現在の本郷から有楽町あたりに至る、昔の平川東岸一帯だったと推測してきたが、この「江戸郷」がいつごろからあるかということになると、なかなかつかみにくい。「江戸郷」と明記した史料は鎌倉時代にはじめてみえるが、秩父平氏の一流が江戸氏を名乗った平安時代末期（十二世紀中頃）には、すくなくとも「江戸」という地名があったことは確実である。いうまでもないことだが、「江戸氏」がいたから「江戸」という地名が生まれたわけではなく、「江戸」という場所に本拠を構えた領主が「江戸」を称したわけで、「江戸」は「江戸氏」の登場以前から存在することになる。このようになんとか平安末期まではさかのぼりうるが、これ以前のこととなると、「江戸」と書かれた史料はみつかっておらず、状況証拠から考えていくしかない。

古代の史料はもともと多くはないが、地域のありさまを考えるときに最も利用されるのは、平安時代半ば成立の「和名類聚抄」という本に収められた、郡や郷の一覧である。江戸の地は武蔵国豊島郡に属するので、とりあえず豊島郡の記事をみてみると、郡内に日頭・占方・荒墓・湯島・広岡・余戸・駅家の七郷があるとみえる。この七郷の場所についてはさまざまな議論があるが、現在の地名にそのまま残るのは湯島だけで、日頭郷が小日向と通じると考えられる以外は、今の地名とはつながりがない。そしてこの七郷のなかに「江戸」の名を見出すことはできないのである。

ところで豊島郡の南にある荏原郡には、蒲田・田本・満田・荏原・覚志・御田・木田・桜田・駅家の九郷があったことが、同じく「和名類聚抄」にみえるが、このなかに「桜田郷」があることは注目すべきである。前記したように、中世後期の「桜田郷」は豊島郡に属していたが、ここでは荏原郡の内としてみえる。おそらく桜田の地は古くは荏原郡内で、江戸氏の発展によって江戸とひとまとまりに認識され、豊島郡に組み入れられたのではないかと考えられるが、この「桜田」も「湯島」と同様、古代の郷として登場しているのである。

古代の郷のなかに「湯島郷」と「桜田郷」はあるのに「江戸郷」はない、このことをどうとらえたらいいか。湯島と桜田のほうが古くからある集落で、江戸はかなり遅れて登場したと考えることもできようが、このように単純に割り切ることはできない。そもそも古代の「郷」とはどのようなものか、古代の「郷」と中世の「郷」との関係はどうか、より根本から考えてみる必要がある。

律令にもとづく中央集権国家を築こうとした朝廷は、全国を四〇あまりの「国」に分け、国のなかには「郡」を置き、さらにその内部にいくつかの「里」を設置した。これを「国郡里制《こくぐんり》」と呼ぶが、この「里」は当初は五〇戸を基準に編成された。奈良時代の初期に「里」が「郷」と改称され、この「郷」の下により小規模な「里」を置く形になるが、この「里」はまもなく廃止され、国―郡―郷の形になって、これが長く続いた。古代の「郷」は五〇戸ごとに編成されたはじめの「里」を引き継ぐものだが、注意すべきなのは、これはあくまで支配の単位として国家によって設定された枠組みにすぎず、必ずしも現実の集落のありようを反映していないということである。

「和名類聚抄」にみえる郷の名前の過半が、現在その痕跡を残さないことから、古代の郷は平安時代の半ばに解体し、荒廃のなかから新たに中世の郷が生まれたとする見解もあるが、そもそも古代の「郷」が形式的な枠組みにすぎないとすれば、その名前が消滅するのは別段不思議なことではない。郷の戸数を平準化して機械的に編成するような支配体制から、現実の集落や耕地のありように即した支配の形へという転換がなされたというのが、むしろ実態だったのであり、古代の集落は決して解体したわけではないとみるべきであろう。

古代の集落のありようについて考えるうえで、「正倉院文書」のなかに残る養老五年（七二一）の下総国葛飾郡大島郷の戸籍はとくに参考になる。前記したように奈良時代の前期、郡のなかにあった「里」が「郷」と改称され、その下にあらたに「里」が設置されたが、大島郷戸籍はこの国―郡―郷―里制の時代のものであり、大島郷のなかに甲和里・仲村里・島俣里という三つの「里」がその名を出す。この三つの「里」はそれぞれ四〇戸余りで編成されており、これも機械的に家を振り分けたものともとらえうるが、それでもその範囲はかなり狭く、集落の存在やその名称を反映している可能性が高い。そして実際に「甲和」は現在の小岩（江戸川区）、「島俣」が柴又（葛飾区）につながることは明らかで、「仲村」というのは甲和と島俣の間という意味ではないかと推測される。大島郷の範囲は今の柴又から小岩に至る一帯で、柴又近在の四〇戸余りが「島俣里」、小岩あたりの四〇余戸が「甲和里」としてまとめられ、その間に存在する家々は一括して編成されて、「仲村里」という里が設定されたと想定できる。そしてこの三つの里を包括する形で成立した「大島郷」は、支配や徴税のための枠組みにすぎず、「大島」の名も特定の集落に由来するものではない。だから「郷」の制度が解体すると「大島」の名も忘れ去られてしまったのである。

国―郡―郷―里という編成がなされたのは短期間だけで、「里」は制度上は姿を消すが、「甲和」や「島俣」といった地名は、制度の如何にかかわらず存続した。集落の存在を示すこうした地名は、「郷」よりもこの「里」のレベルの名称として多く用いられたのであり、「郷」はこうした集落をいくつか包摂した空間と考えたほうがよさそうである。「江戸」の名が古代の「郷」のなかにみえないからといって、「江戸」という集落がなかったとはいえない。もちろん証拠はないが、奈良時代の「里」の一つとして「江戸里」があった可能性も高いのである。

ここで視点をまた江戸の地に戻したい。前記したように古代には「湯島郷」と「桜田郷」があり、また小日向に通じると推定できる「日頭郷」という郷もあった。問題なのは中世の「江戸郷」の地が、古代においてはどのように編成されていたかということである。この地域に人家がなかったとは考えにくいから、湯島・桜田・日頭といった郷のなかに吸収されていたか、あるいはこれとは別の独自の郷をなしていたか、ということになろう。

前記したように湯島郷と日頭郷は豊島郡内だが、桜田郷は荏原郡に属している。おそらく当時の郡境は平川で、南岸の桜田は荏原郡と認識されていたのであろう。江戸は平川の北岸だから、豊島郡内とみるべきで、江戸が桜田郷に含まれる可能性は低い。次に湯島や日頭とは別の郷だとした場合、占方・荒墓・広岡・余戸・駅家のうちのいずれか、ということになるが、このうち駅家郷は陸路の拠点であった豊島駅に関係する郷で、豊島郡家のあった御殿前遺跡のあたり（北区西ヶ原）に比定でき、余戸は基準戸数によって郷を編成した時の余分の家をまとめた呼称にすぎない。残る占方・荒墓・広岡については場所を特定できないが、豊島郡の全体的広がりを考慮したとき、このいずれかが江戸に該当するとは考えにくい。やはり江戸にあった人家は「湯島郷」あるいは「日頭郷」のなかに編成されたとみるのが自然であろう。江戸は湯島と日頭（日向）の間にあるから、郷の基準戸数にあわせる形で、湯島の全体と江戸の一部が「湯島郷」を構成し、小日向・小石川あたりと江戸の北端の家がまとまって「日頭郷」としてとらえられたといったところではあるまいか。古代の江戸のことは杳としてとらえにくいが、地名が史料にみえないからといって集落が存在しなかったとはいえない。湯島や桜田と同じく江戸も古い歴史をもつ集落で、奈良時代にはそれなりの形をなしていたと考えられるのである。

六　江戸城と太田道灌

ここでもう一度中世に戻ることにしよう。江戸一門がこの一帯の郷村と百姓を支配する時代は長く続いたが、十五世紀の半ば、室町時代の後半に入るあたりで状況は大きく変わることになる。室町時代の関東は鎌倉府と呼ばれる政権によって管轄され、京都の将軍家の一族がその首長として君臨し（鎌倉公方）、補佐役の上杉氏が関東管領をつとめて政務を統括していた。江戸氏もこうした体制に組み込まれ、江戸一門の中心にいたと思われる江戸遠江守という人物は、鎌倉公方に直接仕える奉公衆の一員になっている。しかし公方足利氏と管領上杉氏の対立がもとでこの政権は解体にむかうことになる。永享十年（一四三八）におきた内乱の結果、鎌倉公方足利持氏が滅亡するという事態になり（永享の乱）、その後遺児の成氏が迎えられて鎌倉府の再建がなされたものの、享徳三年（一四五四）、公方成氏が管領上杉憲忠を謀殺すると、両陣営は全面的戦闘に突入した。成氏は上杉方を追いながら北上し、結果的には下総古河に移住することになる（古河公方）。そして対する上杉方は武蔵北端の五十子《いかっこ》を拠点としてこれに対峙し、両派のにらみあいが長く続く（享徳の乱）。

政治情勢の変貌は、江戸の地にも大きな影響を及ぼした。上杉方の軍事拠点の一つとして江戸の一帯が着目され、太田氏による大規模な築城がなされることになったのである。

江戸築城の時期については諸説あるが、康正二年（一四五六）ころに作業が開始されたと考えられる。内乱勃発からそう経ないうちにこの事業はなされたわけで、公方方に対抗する拠点としてこの地が選ばれたことはまちがいない。のちにみる文明八年（一四七六）の正宗龍統《しょうじゅうりゅうとう》の文にみえる「武州江戸城者、太田左金吾道灌源公所肇築也」という表現を信ずれば、この城は太田道灌によって築かれたということになる。道灌は上杉一門の扇谷上杉氏の重臣で、康正二年当時二五歳の青年だった。ほぼ同じ時期に河越城と岩付（岩槻）城の築城もなされ、江戸はこれとならぶ扇谷上杉氏の拠点となり、実際にはその重臣太田道灌の居城として発展を遂げることになる。

道灌時代の江戸城については、文明八年に京都建仁寺の正宗龍統がつくった「江戸城静勝軒と題する詩に寄せる序」（荏柄天神社文書、『神奈川県史』資料編三〈古代中世三下〉所収）によってその様子をうかがえる。高い土塁を築き、堀を巡らせた堅固な城で、南方の静勝軒を中心として、東に泊船軒、西に含雪軒という建物がある。城の東には川が流れ、曲折して南方の海に至る。そこには多くの商船がひしめきあい、「高橋」の下までいったところで纜《ともづな》を繫いで上陸し、その場の市で各地の特産物が売り買いされている。こうした描写には誇張もあろうが、江戸城がそれなりに堅固な城郭であり、交易の拠点として繁栄していたことは確認できよう。東を流れる川というのは平川のことで、ここに掛けられた「高橋」という名の橋は、城から浅草方面に行く時の出口にあたっていたのであろう。

この詩文からこの城がすでに「江戸城」と呼ばれていたことがわかるが、考えてみれば城のある場所は桜田郷の内である可能性が高い。にもかかわらずこれを「江戸城」と称したわけで、「江戸」という地名が「江戸郷」の狭い範囲を越えて広がりをみせていることを推察できる。江戸氏とその一門が輩出するなかで、「江戸」は広域の地域呼称としてしだいに認知されていったのではあるまいか。

ところで道灌の江戸築城にあたって、桜田殿や芝崎殿といった近隣の江戸一族がどうなったか、やはり気になるところである。このあたりのことはよくわからないが、各地に広がった江戸一門のうち、戦国時代まで続いたことがわかる家は限られているから、多くの江戸一族が内乱の過程で没落したとみるべきであろう。桜田殿・芝崎殿といった武士たちを滅ぼすか帰服させたあとに、江戸築城を企てたと考えるのが自然ではあるまいか。詳細は不明だが、江戸一族の支配した郷村の多くは太田道灌とそれに連なる武士たちの所領となり、江戸城の周辺には上杉・太田に反抗しうる勢力はいない状況になっていたのではあるまいか。

七　小田原北条氏と江戸

太田道灌は江戸を拠点として活躍した。文明九年（一四七七）には反乱を起こした長尾景春を討つために奔走するが、この時江戸は河越とならぶ軍事拠点として機能した。また景春に与同した豊島氏も道灌によって滅ぼされ、城北も含めた東京地域一帯が扇谷上杉氏と道灌の勢力圏に入ることになる。

道灌は文明十八年（一四八六）に主君の上杉定正によって謀殺されるが、江戸城の政治的位置は変わらなかった。道灌の子の資康は江戸城に籠って抵抗したが、まもなく逃走し、江戸城は上杉氏によって接取された。上杉定正はまもなく本家筋の山内上杉氏との戦いを開始するが、この争いのなかでも江戸は河越とならぶ扇谷方の軍事拠点として重んじられた。定正の後継者の朝良と朝興は江戸に居を構えたこともあり、また太田資康の子の資高は、扇谷上杉氏に帰参して江戸城に入った。こうして上杉氏と太田氏によって江戸城が守られる時代がしばらく続く。

しかしまもなく江戸城は新興の北条氏によって奪取されることになる。伊豆・相模を押さえた北条氏綱は、扇谷上杉朝興とにらみあいを続けていたが、大永四年（一五二四）、高縄原で大勝し、勢いに乗って江戸城を奪い取った。この時城を守っていた太田資高が氏綱に内応したため、戦わずしてこれを手に入れることができたのである。こののち江戸城には北条直臣の遠山氏や富永氏が守将として送り込まれるが、内応した太田資高はその勢力を保持し、江戸城の守将の一人に加えられた。北条のものになったとはいっても、江戸城は北条氏と太田氏による共同管理下にあったとみたほうが実情に近い。

こののちも北条と上杉の争いは続き、江戸城もたびたび上杉方の攻撃にさらされた。しかし天文十五年（一五四六）の河越の一戦で北条氏康が勝利を収め、扇谷上杉氏が滅亡したため危険は遠のき、以後江戸城は北条軍の北関東進攻のための重要拠点として位置づけられることになる。永禄四年（一五六一）には長尾景虎（上杉謙信）の軍勢が南下するが、江戸城は玉縄城とともによく攻撃に耐え、城を守り抜いた。

永禄六年には安房の里見氏の軍勢が東から迫るが、この時城内にいた太田新六郎康資が、里見に内通して陣中に駆け込んだ。そして翌年正月、下総国府台で北条と里見の決戦がなされ、結局北条氏が勝利を収めた。江戸守将の遠山綱景がこの時戦死しているが、敵方に加わり逃走した太田康資の所領は没収された。太田氏はこうして没落し、このあとは遠山氏を中核とする支配が江戸城とその周辺に及ぶことになる。太田氏の勢力を放逐することによって、北条氏ははじめて江戸城を実質的にわがものとすることができたのである。

北条氏時代の江戸城のありさまについては、当時の文書史料から多少なりともうかがうことができる。城の中核部分は「本城」と呼ばれ、その東隣に「中城」という空間があった。天正三年（一五七五）のことだが、「江戸本城」を富永に渡すようにとの大名の命令が遠山政景あてに出されているし、前述した太田康資の敵陣駆け入りの時には、敵が攻めてきたら妻子を人質に出して「中城」に入り奔走せよと、北条氏康が太田康宗・恒岡弾正忠の両人に命じている。この「中城」については塀の修理に関する北条氏の命令も残っている。天正四年に阿佐ヶ谷の小代官・百姓中に出された朱印状で、中城の塀四間分を阿佐ヶ谷郷で担当し、一月以内に修理せよとの内容である。また天正五年の「江戸夏普請」に関わる朱印状も残されている。江戸城の普請や修理は近隣の郷の百姓たちや、集められた人足たちによって担われていたのである。

江戸城とその周辺のありようを具体的に伝えるのは、天正十三年（一五八五）の北条氏房の婚儀に関わって道祖土《さいと》図書助《ずしよのすけ》に出された北条氏政の命令である（道祖土文書）。この時花婿の氏房は江戸から岩付まで行列を伴いながら進む算段になっており、お供の一人に選ばれた道祖土に対して細かな注意がなされたわけだが、その一条目にはつぎのようにある。

来十七昼以前、江戸へ打着、翌日十八辰刻、可致出仕候、小者一人つゝにて中城へは参、召連候供衆を八宿中ニ置、おり立馬、得道具共を八神田之坂之上ニ可置、自彼地馬ニ可乗候、神田之台迄ハ、かちにて御こしのさきへ可参、

江戸に着いたら、小者一人を連れて「中城」へ参るように。召し連れる供衆は「宿中」に置き、馬や道具は「神田の坂の上」に置け。出発の際にはその場所から馬に乗ることとし、「神田の台」までは徒歩で輿の前を進むように。氏政の指示は細かいが、これから江戸城とその北辺の風景がかなり復元できる。城の入り口のそばには「宿」があり、「神田の台」と呼ばれる高台に登ると、そこから「神田の坂」が続き、ここに道が通っていたことがわかるのである。

この「宿」に関連して「大橋宿」というものも史料にみえる。遠山康英にあてた氏政の判物で、下総の高城という武士に「江城大橋宿」に移るよう指示せよという内容のものである。この「大橋宿」の場所は定かでないが、城の近辺に「大橋」があり、その場所に「宿」が設けられていたとみられる。城の北方に「高橋」と呼ばれる橋が架けられ、その下に市が成立していたことを先に述べたが、あるいはこの「大橋宿」も平川に架けられた橋のふもとに展開していた宿なのかもしれない。供衆が待機することになった「宿」も、おそらく平川沿いにあったと想定される。

「神田の台」「神田の坂」は、平川の北に連なる台地と坂で、「本郷台地」の南辺にあたると思われる。「宿」を出たあと小高い平地（台）があり、そこから坂を登るというのが、江戸から岩付に至る主要な道筋だったわけで、現在の「本郷台地」の上に道が通っていた可能性が高い。

太田道灌によって築かれた江戸城は、北条氏の時代にいっそうの整備を加えられた。東京地域の中核として位置づけられるとともに、北方への進軍を実現させるための軍事拠点として、大きな発展を遂げたのである。そしてこうした過程のなかで、広く東京地域一帯が「江戸廻」として意識されるようになってゆく。前記した「北条氏所領役帳」には東京地域の地名が多数みえるが、そうした郷村名の肩（右上）には「江戸廻」「江戸」といった注記がなされてい

る。本来は狭い郷にすぎなかった「江戸」は中世の歴史のなかでしだいに肥大化し、広域の地域名称となっていったのである。

江戸とか江戸城というと、太田道灌のことがまず思い浮かぶが、道灌の死後も扇谷上杉氏や小田原北条氏によって整備が加えられ、軍事と流通の拠点としての重みを増していたことを忘れてはならない。ことに北条氏時代の江戸の発展は特筆すべきであろう。下総や常陸・下野方面への軍事行動の際の中継拠点として江戸はつねに選ばれ、物資や情報の多くも江戸を経由して小田原にもたらされた。詳細を論ずることはできないが、江戸を中核とする放射線状の交通路は、北条氏の時代、とくにその末期にはかなり整備されていたと考えられる。秀吉の命を帯びた軍勢の襲来を受けて、天正十八年（一五九〇）四月、江戸城は浅野長吉（のちの長政）に明け渡され、北条氏の時代はここに終わるが、無傷で残されたこの城は、徳川家康の居城として引き継がれ、江戸は一層の発展を遂げることになるのである。

第四章　上総佐坪にみる室町期の在地社会

はじめに

上総国埴生郡佐坪郷・一野村は、中世関東の百姓の動きを知りうる数少ない郷村の一つとして、早くから注目されてきた。永原慶二氏は「東国における惣領制の解体過程」(1)において、佐坪における夏麦年貢延納、本年貢の定免三斗の請け切りと、そのうえでの減免要求といった動きを指摘し、また領主の鶴岡八幡宮が百姓対策として近隣の武士に協力を求めていることにも注目された。また高村隆氏は「中世後期東国社寺領における支配と農民動向―鶴岡八幡宮領上総国佐坪郷を素材として―」(2)において、佐坪に関する本格的な分析を行ない、二五の供僧が耕地と百姓を二五の番に編成して支配する分田支配の実態を明らかにされ、さらに農民闘争の展開を論じ、夏麦や本年貢をめぐる百姓の動きや、定免制への移行について言及されている。こうした先行研究に導かれて、私も本年貢をめぐる闘争をとりあげ、とくに政所（代官）の立場と行動を分析することにより、室町期の領主支配の実態をとらえようとしたことがある。(3)

こうした諸研究は、「鶴岡事書日記」(4)（以下「事書日記」と記す）のなかにみられる記述に依拠して行なわれている。この記録は明徳五年から応永七年までの八幡宮の衆会の議事録であり、ここに佐坪郷・一野村についての記事が多く存在し、その内容も多彩で、分田支配や農民闘争の問題だけではなく、室町期の関東の郷村と地域社会の実態を、多方面から分析することが可能である。

中世の関東の郷村と百姓の実態について具体的かつ多面的に描くことは、現状ではまだ困難である。しかしこの佐坪郷についていえば、「事書日記」の豊かな記事を徹底的に利用することによって、具体像を提示することが可能ではないかと思う。「事書日記」の記事を、農民闘争などの限られた研究のためのみに封じ込めておく必要はない。本章はこうした問題関心のもと、この記録から佐坪の実態を多面的に描こうとしたものである。

ただ前述のように佐坪については高村論文をはじめとする先行研究があり、具体的事実の指摘はすでにかなりなされている。ただ細かい部分では問題もあるし、佐坪の事例は関東の中世社会を考えるうえできわめて貴重であると判断されるので、ここでは先行研究との重複を厭わず、できるだけ史料を出して実証の過程を明かにする方針をとりたい。

一　貢　納

1　秋年貢

応永初年当時、佐坪・一野の百姓たちは、秋年貢・夏麦・盆料という三種類の貢租を鶴岡八幡宮に納めていた。その中核に位置するのは秋年貢（供米）だが、これをめぐる百姓の動きと領主の対応は、かなり詳細にわかる。秋年貢に関わる最初の記載は、応永二年（一三九五）七月の衆会の記事である。

〔史料1〕

一、（中略）次佐坪郷・一野村当年々貢事、百姓等有強訴之聞、仍上使可被下之由、同落居了、

この段階で佐坪・一野の百姓たちは強訴を企てており、八幡宮では衆会の結果、「上使」の下向を決めたわけである。

そして閏七月には綿貫上総房継玄・平川肥後房祐玄が両使として下向することになり、同時に次のような書状が書かれた。

〔史料2〕

雖未細々申通候、以事次令啓候、抑八幡宮領佐坪郷幷一野村百姓等、毎年供米対捍候、代官雖申含候、動及強訴候、当年付所務両使下候、定可及異儀候歟、近所間、逃散事候者、有御糺明、預御扶持候者本望候、社領事候間、不顧憚申入候、被懸御意候者、可為御祈禱専一候、委細使者可申入候、他事期後信候、恐々謹言、

閏七月五日　　法印尚賢

謹上　東条殿

茗荷沢殿

小蓋殿

この書状は、百姓の闘争に直面した八幡宮が、近隣の領主に協力を依頼したもので、古くから注目されているが、その内容から百姓の動きの実態をうかがうこともできる。「抑八幡宮領佐坪郷幷一野村百姓等、毎年供米対捍候、代官雖申含候、動及強訴候」という記載を信ずれば、百姓たちは毎年秋年貢（供米）を対捍しており、今年も同様で、代官が説得しても応じず、強訴を企てていたということになる。百姓の闘争にまず直接対応したのはおそらく政所（代官）であろうが、この場合は政所が事態を収拾できず、八幡宮から両使が下向して強制的に年貢を徴収することになったのである。そして同時に八幡宮は、東条・茗荷沢・小蓋という近隣の領主に対して、百姓が逃散した時はこれを捕えてほしいと要請したのである。

この両使下向は効を奏し、一応の収納は果たされたようである。翌応永三年は史料が欠損しているが、このころ政所が罷免されたらしい。おそらく百姓の闘争を抑止できなかった責を問われたのであろう。翌応永四年正月には平田

彦六実次が政所に任命されるが、この応永四年からまた秋年貢をめぐる百姓の闘争が展開されることになる。以下この闘争について、関連史料を読み比べながらその実態に迫りたい。

〔史料3〕

七月四日注進、同七日到来、披見了、抑当郷旱魃損亡之間事、此所者自往古相定于古作、不云旱水損、不立損亡損田、御佃以下券、諸御公事、自今以後以此斗代雖為一粒不可対捍之由、当郷百姓等各捧押書依申請、御佃以下上中下斗代、閣諸事如此間被定置之処、当年旱損之由之申状捧之条、造意之企、罪科難遁者也、若破古作旨可為本斗代分者、先々熟年之時御年貢、勘本斗代可致其弁哉、宜任百姓等申請之旨者也、

（中略）

応永四年七月八日　法印

佐坪政所殿

〔史料4〕

当村年貢事、当年殊延引之条、言語道断次第也、不日可運上之旨、百姓等堅可被申含之、若猶催促無沙汰候者、可有殊沙汰之状如件、

応永五年九月十日　法印

佐坪政所殿

〔史料5〕

両村斗代以下細（佃之カ）々物等事、近年衆中所務之様不同之由其聞候、此所根本被停止諸御公事御佃等、不云上中下之斗代、以沽作之分、段別可為参斗代之由、百姓等捧連署之押書依申請、以別儀為其分之処、近比斗代等恣申乱之条存外也、所詮（任脱カ）百姓等申請押書状、云段別三斗代、云佃ニ（之カ）公事物、為一同之所務、十月中可致沙汰之由、可被申含

候、若有及異儀百姓等者、交名可有注進之状如件、

応永五年十月十三日　　法印

佐坪政所殿

〔史料6〕

両村斗代事、為三斗代之処、先年今年計壱作、為運賃分、段別蒙三升宛之御免、自明年於向後者、如元以三斗代可致沙汰之由、堅百姓等乍捧押書、及于今弐斗七升宛進之条、奸謀之至極也、其旨去々年所被成書下也、所詮於当年者、両村之作稲被下点札、以三斗代分可致沙汰之由、堅可被申含、若於及異儀百姓等者、皆以可被召進、努々不可有無沙汰之状如件、

応永七年七月十二日　　法印在判

佐坪政所殿

〔史料7〕

就両村年貢定、度々被成書下之処、如今月廿日注進者、御寄進以後六十余年、三斗代之内運賃船賃料一段別三升宛御免之外、更無煩之由、古老百姓等申云々、是以奸曲之至也、貞和五年記録幷観応二年百姓等連判押書、三斗三升代之由分明也両通案文、被下之、此上者無所諍者哉、所詮任此等支証状之旨、堅以正米三斗可運上之申、可被申含也、若尚有可有（ママ）申子細者、古老百姓等四五人可被具参之状如件、

応永七年七月廿四日　　法印在判

佐坪政所殿

この五点はいずれも鶴岡八幡宮の執行から佐坪の政所にあてられた書下である。最初の〔史料3〕は応永四年七月に政所の注進を受けて出したもので、百姓が旱損を理由に減免要求をしていることと、これに対する八幡宮の姿勢が

読み取れる。難解な箇所もあるが、ここでの八幡宮の主張は次のようなものである。

そもそもここ（佐坪・一野）は、往古から「古作」と定め、旱損・水損や損田の量にかかわらず、年貢・公事を一体化して、今後はこの斗代（反別三斗）できちんと納めると、百姓が押書により申請したので、その通りに定め置いた。それなのに、今年になって旱損による減免を要求するとはけしからん。もし「古作」の法を廃止して、「本斗代」による納入に切り替えるというのなら、先々の熟年（収穫の多かった年）の年貢も、「本斗代」を調べて弁済すべきだ。どちらがいいか、百姓の意見に従うことにしよう。

この記載から、ある段階で「本斗代」による納入から「古作」によるそれへと切り替えがなされたことがわかるが、この転換の内容は〔史料5〕を読むことでより明確になる。ここには御公事・御佃を停止し、上中下の斗代を論ぜず、反別三斗代に決めたと記されており、この定斗代化の内容が、田の質の違い（御佃・上田・中田・下田の種別）を無視して、田積のみを賦課の基準とするものであり、また同時に御公事を本年貢に組み込んだことがわかる。そして〔史料3〕にみられるように、この転換によって旱損・水損などの損亡も考慮の対象から外されたのである。反別三斗の定額納への転換は、細かくみると、

①御佃および上・中・下という収穫高による田の区別の廃止。

②各年における収穫高の多寡による年貢高の設定をやめる（損亡による減免もなし）。

③御公事を廃止し、その分は本年貢に組み入れる。

という三つの内容を含み込んでいたのである。

この重要な転換がいつなされたかは、〔史料7〕から明確となる。ここで八幡宮側が反別三斗納入を決めたことを示す証拠として「貞和五年記録」と「観応二年百姓等連判押書」をもちだしており、このうちの後者が、〔史料3〕や〔史料5〕・〔史料6〕にみえる百姓の連判押書にあたることは明らかである。八幡宮と百姓との契約は、応永初年を五〇

年近くさかのぼる観応二年（一三五一）になされたのである。

この転換が領主と百姓のいずれの主導でなされたかは難しい問題だが、八幡宮側の主張では、百姓の押書による申請を八幡宮が認めたものと記されており、この転換が百姓にとっても意義あるものだったことがうかがえる。損免は認められないが、豊作の場合は剰余分が百姓のもとに留保されるわけで、郷村と百姓の発展の可能性を開く第一歩であった。また御公事の廃止は、貢納の種別の整理の一環で、必要以上の運送費用をなくす意味もあったと思われる。

そして何より年貢の定額化は、郷村に対する領主の介入を局限させたという重要な意義をもつ。この契約によって領主が郷村の実態を細かく把握する機会はほとんどなくなり、領主と百姓の関係も、年貢の定額納を媒介とする一種の契約関係に転化したのである。

このように観応二年に反別三斗代の定額納が決定されたわけだが、応永四年の百姓の闘争は、定斗代法のもとでもなお損免を要求するというものであった。前記したように、八幡宮は損免要求は論外であるとつっぱねたが、交渉の結果、この年に限って一割の減免がなされたようである。そのへんのことは応永七年七月の〔史料6〕からうかがえる。ここに「佐坪・一野の斗代は三斗代だが、先年、今年一作だけ運賃分として反別三升を免除した。そして明年からは従来どおり三斗代を納めると百姓が押書で誓約した。それなのに今まで二斗七升分しか納めないのはけしからん」とあり、この「先年」というのが応永四年のことと考えられるのである。応永四年に一割減免を達成した百姓は、一年限りという約束を破って、応永五・六年の両年も反別二斗七升分しか納入せず、さすがに頭にきた八幡宮が応永七年七月に〔史料6〕の書下を出し、今年は作稲に点札を下し（差し押さえることか）、きちんと三斗代を納めさせよと政所に指示したのである。

ところが百姓たちはこれに従うどころか、自分たちの論理で抵抗を試みる。古老百姓たちは「御寄進以後六十余年にわたって、三斗代のうち運賃・船賃を引いた二斗七升だけ納めています」と、運賃分は昔から三斗代に含まれると主張したのである（史料7）。八幡宮は観応の百姓連判押書などに運賃こみで三斗三升代と書かれていると証拠を出し、三斗代の運上を重ねて命じた。そして政所（岩名手光阿）が上総の現地で百姓と折衝し、この年は反別二斗九升代を納めるということで決着がついた。この間の事情は応永七年八月の記事にみえる。

〔史料8〕

一、佐坪・一野両村斗代事、可為三斗代之由、度々被成書下之処、鎌倉進以弐斗九升代分可致沙汰之由、廿五人百姓各連判押書状捧之旨、岩名手入道光阿注進之、仍三斗代事、堅雖可被仰付、岩名手於国対百姓等及種々問答、如此申成之由執申上者、弐斗九升代ニテ可被閣之歟之由沙汰了、仍会所返事ニテ下之、

今月六日注進、同七日到来、令披露候了、抑両村斗代事、鎌倉進一段別可為三斗代之由仰下之処、弐斗九升分可致沙汰之由、百姓等申之由承候、其間子細近日可有御上候へ者、以面衆中可有其沙汰候歟、先御年貢放生会已前、早々可運上之旨可仰含候、当会所之間如此申候、

八月七日　　顕覚

岩名手入道殿

二五人の百姓は二斗九升分を納めるとの押書を捧げ、政所の岩名手は鎌倉に上って八幡宮に注進する。八幡宮は三斗代の納入を命ずるべきところだが、岩名手が現地で百姓と「種々問答」を行ない、二斗七升ではなく二斗九升分の納入を誓約させたことを評価して、この申請を受け入れ、二斗九升分でいいから放生会まできちんと納めよと岩名手に指示したのである。

百姓の闘争の中心は年貢減免であり、数年間一割減免を実現したわけだが、同時に百姓たちは年貢納入の時期を遅らせており、これも大きな問題となっている。応永五年には年貢納入が遅れ、八幡宮は九月十日と十月十三日に納入を命ずる書下を出し、十月中に納めさせよと政所に指示している（史料4・史料5）。

反別二斗九升で決着した応永七年、八幡宮は前記したように放生会までに年貢を納めよと政所に指示している（史料8）。おそらく放生会の行なわれる八月十五日が秋年貢の納入期限だったのであろう。九月十日の段階ですでに年貢延引が問題になっていることからも、このことが裏づけられる。八月に米を納めるのはかなり早いように感ずるが、温暖な上総地方では秋の収穫は八月はじめにはなされたとみてよかろう（ちなみに現在でも新暦の八月末には稲刈りがされている）。

応永四年には百姓の減免要求の注進は七月四日になされ、定額納を命ずる書下は七月八日に出されている（史料3）。応永七年にも七月上旬に八幡宮から定額納の命令が出ており、秋年貢納入についての交渉は六月下旬から七月上旬になされたものと推測される。そして八月はじめまでに収穫がなされ、十五日までには鎌倉に米が納入されるのが原則だったのである。

2　夏麦銭

続いて夏麦の検討に移ろう。秋年貢に関わる強訴が問題となった応永二年（一三九五）には、夏麦の納入も滞っていた。同年五月九日の衆会の記事はこのことをよく示す。

〔史料9〕

次佐坪・一野夏麦、近年付秋年貢致弁事、衆中御無沙汰故歟、不可然、所詮自当年夏可致其弁之由一同畢、

佐坪・一野の夏麦の納入が毎年のように遅れ、秋年貢とともに納められていたのであり、八幡宮はこの衆会において今年からはきちんと夏に納めさせることに決めたのである。そして間もなく宮下部の綿貫継玄が下向し、百姓から夏麦を徴収した。その様子は七月六日の書下と、七月二十八日の衆会の記録からわかる。

〔史料10〕

佐坪・一野両村夏麦事、反別五拾宛分進上内、五人分号定不令難渋条、不可然、急速致譴責可有取沙汰、尚以及異儀者、重而可有注進、同数珠免夏麦三連、且所取上之状如件、

応永二年七月六日　　　　法印

佐坪政所殿

〔史料11〕

一、佐坪畠一口分七反伍拾歩此内二反屋敷也、残五反五十歩、壱反別五拾宛、合一口分弐百六十三文定、応永二乙亥六廿、上総房継玄取沙汰分拾参文不足、於後年堅可被仰付也、

両史料にみえるように、佐坪・一野の夏麦の納入額は反別五〇文と決まっていた。そして〔史料10〕から二五人の百姓のうち五人が、長く不作であると主張して納入を拒んだことがわかる。〔史料11〕によれば綿貫継玄による夏麦収納は六月二十日になされており、一口分一三文のみ残して収納がなされたことが知られる。五人の未納の動きと一三文の未進との関連は不明だが、この年は上使の下向によって夏麦の六月徴収がほぼ実現したのである。

ところで〔史料11〕には、佐坪・一野の百姓一口分の畠は七反五〇歩で、このうち二反が屋敷、残りの五反五〇歩が租税賦課の対象となったとの記載があり、八幡宮が百姓の畠を各人均一に整理し把握していたことがわかる。おそらく屋敷が二反、それ以外の畠が五反余というのは、当時の百姓の経営の実態とそう異ならないものであったと推測される。関東の畠地についてはその面積などを示す史料は少ないから、この佐坪の事例はきわめて貴重である。

さて、前記したように佐坪・一野では畠についても反別五〇文というように貢納額が固定されており、「夏麦銭」という記載もあるので、当時すでに代銭納がなされていたと考えられる。夏麦（夏麦銭）納入の定額化がいつなされたかは不明だが、秋年貢と同じく観応のころに契約がなされた可能性も高かろう。

なお、細かくみると〔史料11〕にみえる畠の面積と夏麦銭の額の記載は若干の問題を含む。租税賦課対象の畠は一口分五反五〇歩で、反別五〇文の課税をすると一口分は二六三文になるとあるが、一反三六〇歩で計算するとこれでは計算があわない。反別五〇文であるから、五反では二五〇文で、二六三文から二五〇文を引いた一三文が五〇歩に対応する税額になるが、一反三六〇歩とすると五〇歩分の税が一三文というのは多すぎるのである。

この年の閏七月五日に出された書下にも、佐坪の畠についての同様の記載があるが、そこには「各拾肆文無其沙汰候」とある。〔史料11〕には各々一三文分が未進とあり、一四文未進というこの記事とあわないが、おそらく百姓の未進分は割り切れない数値で、一三文と一四文の間だったのであろう。確証はないが百姓は五反分の二五〇文のみ納入し、五〇歩に相当する一三ないし一四文が未納だったと推測される。そしていま仮に一反を一八〇歩で計算すると、五〇歩相当の税額は約一三・八九文になる。史料の記載に誤りがあるとも思えないので、佐坪においては一反は一八〇歩であった可能性もあると考えておきたい。

話が横道にそれたが、夏麦をめぐる百姓の運動はその後どのように展開したか、続けてみてみたい。応永二年は上使の下向により夏の上納が果たされたが、応永四年になるとまた貢納の延引が問題となった。

〔史料12〕

一、当郷夏麦事、自去年五月中可致沙汰之由落居之処、当年延引之条、無勿躰次第也、急々可運上候、

（中略）

応永四年六月七日　　法印

佐坪政所殿

ここに夏麦は去年から五月中に納めると決まったとあるから、応永二年に綿貫によって徴収がなされた際、翌応永三年からは五月中に貢納することを百姓たちが約束したことがわかる。応永三年には約束は守られたようだが、翌四

年にはまた延引という事態になり、五月中の納入のないことを確認した八幡宮は、六月七日に早速書下を出し、政所に運上を命じたのである。この後七月八日の書下でもこの問題にふれ、盆料とともに納入せよと迫っている。百姓たちは夏麦銭の納入を拒み、七月になっても納めなかったのである。

〔史料13〕

（上略）次夏麦銭事、先立五月廿日已前可致沙汰之由落居之処、于今延引、不思議次第也、於向後者約束月両（過候カ）日者、以一倍可致沙汰之由、堅百姓等可被申含之状如件、

応永六年六月廿三日　　法印在判

佐坪政所殿

応永四年の夏麦銭延引に苦労した八幡宮は、強硬姿勢を強め、納期を五月末から五月二十日にさかのぼらせた。しかし応永六年にも百姓は納付を遅らせ、八幡宮はついに、今後納期の月に遅れたら二倍の銭を課するとの通達を出したのである。

夏麦銭をめぐる百姓の闘争の眼目は、減免よりむしろ納期の延引であり、具体的には秋年貢と同時上納を目指し、応永二年以前にはこれが常態になっていた。これに対して八幡宮は夏麦銭は夏に納めよと指示し、上使を下向させて徴収し、また納期を五月中、さらには五月二十日と限定し、約束を破ったら二倍の銭を課するという脅しも辞さなかったのである。

百姓たちはなぜ夏麦銭の早期納入を渋り、秋年貢とともに納めようとしたか、確言はできないが、貢納の運送を単純化して費用と労力を省こうという指向性があったのではあるまいか。これに対して八幡宮は恒常的に銭貨を必要としており、その納入延引は捨ておけない問題だったのであろう。

3　盆　料

「事書日記」には七月十五日の盂蘭盆までに納める盆料の記事が多く、盆料をめぐる領主と百姓のせめぎあいは関連史料を一瞥することで具体的にわかる。

〔史料14〕

盆料事、如去年各一駄宛可進上之、於向後者毎年可為此定之旨、堅可被申含百姓等、若無沙汰之時者、可被罪科之状如件、

明徳五年七月五日　　法印

佐坪政所殿

〔史料15〕

当村盆料事、号近年不熟、以少分致其弁之条奸曲也、所詮於当年者、以一駄宛分可致其弁由、堅可申含、若於有無沙汰者、可為政所許容由、依運上多少可有罪科之状如件、

応永二　七　五　　法印

佐坪政所殿

〔史料16〕

（上略）

一、盆料事、来月十二日以前、各一駄宛可有運上之由、固可被申付候、先年落居事候、尚以可被申含状（ママ）之如件、

応永四年六月七日　　法印

佐坪政所殿

〔史料17〕
盆料事、一口分佐坪二駄、一野一駄宛、来月十日以前可進上之由、百姓等固可被含申、若無沙汰候者、可被罪科之状如件、
応永五年六月廿五日　法印
佐坪政所殿

〔史料14〕は明徳五年（一三九四）のもので、盂蘭盆の一〇日前の七月五日に、去年のように百姓一口あたり一駄の盆料を納めよと命じ、今後もこの量をきちんと納めるように百姓に伝えよとの指示もなされている。おそらくこれ以前から盆料の量が問題となり、この段階で八幡宮も一口一駄の納入を確保しようとしたのである。

しかし百姓は決められた量の納入を果たさず、翌応永二年（一三九五）七月五日の書下には、近年不熟と号して、少分しか納めてこないと記されている。八幡宮はあらためて一駄ずつの皆納を命じ、量が少なかったら政所を処罰すると脅している（史料15）。

応永二年と三年の納入状況は不明だが、応永四年になると八幡宮は各一駄を七月十二日までに納めよとの命を下す（史料16）。ここではじめて納期をきちんと設定したわけで、盆料の量だけでなく納期も問題とされたことがわかる。またこの書下が六月七日に出されていることも注目される。これまでの同種の書下は七月五日付けであったが、ここでは一ケ月近くも前に指示がなされているのである。八幡宮の盆料収取に対する意欲を示す事態といえよう。

そして翌応永五年には、六月二十五日付けの書下で、納期を七月十日に早めるとともに、納入量を佐坪二駄・一野一駄に増やす指令を発している（史料17）。八幡宮は百姓の闘争に対応するだけでなく、機をみて貢納の量を増やす試みも行なっていたのである。翌応永七年六月二十三日の書下にも同様に佐坪二駄・一野一駄とみえるから、八幡宮の盆料増徴の方針は引き継がれたことがわかる。

盆料をめぐる百姓の動きは、少ししか納めないというものであったが、八幡宮の姿勢は強硬で、納期を限り、納量についても定量を確保するだけでなく、その増額をはかる動きも示していたのである。

4　貢納と運送

以上みたように佐坪・一野の租税はかなり整理され、秋年貢・夏麦・盆料の三種に統合されていた。そして税の納期は、夏麦が五月、盆料が七月、秋年貢が八月で、この期間は百姓たちにとって収穫と納入が繰り返される多忙な時期だったと想像される。

貢納と運送の実態についても佐坪・一野の場合は注目すべき史料が残っている。まず貢納に関しては、秋年貢の対捍が続く渦中に出された次の書下が参考になる。

〔史料18〕

佐坪・一野年貢等毎年無沙汰候、其故者、一口分、或誂他百姓、就便宜彼弱《(ママ)》運上之、不解結解、不取返抄、不及是非之沙汰、其人躰毎度逃下也、仍而皆納与未進難存知候、如先々申下候、其年々一口分誰々何程致沙汰哉、又未進候哉、被駆《(被カ)》返抄候《(衍カ)》、急々可致執進也、此条度々雖申下、尚以無其分候、急々可被執進也、此条無勿躰次第也、当年事者無沙汰候者、可有其科之状如件、

応永六年十月九日

佐坪政所殿

これは八幡宮の執行から佐坪の政所にあてて、年貢の徴収方法の改善について指示したものである。難解な部分もあるが、大意は次のようなものである。

佐坪・一野の年貢毎年無沙汰の理由は徴収方法にある。たとえば一口分の年貢を、他の百姓に誂え、その百姓が

都合のいい時に運上し、そこで結解も遂げず、返抄も取らないで、きちんと決算しないまま百姓が行方不明になる、といったことが続いている。そのため皆納と未進の区別がつかない。前からいっているように、その年々に一口分ずつ、誰がどれほど納めたか、未進がどれほどか、きちんと返抄を作成し、それをまとめて届けよ。何回命令しても守られないが、今年こそきちんと届けよ。

年貢収納にあたって、各百姓ごとの結解と返抄作成がきちんとなされていないのが問題であるとして、政所に確実な事務遂行を命じているわけで、当時の年貢収納の実態をうかがうことができるが、ことに佐坪・一野全体ではなく、二五人百姓のそれぞれ個々の納入額を確認せよと指示していることは注目すべきである。年貢は郷村の年貢ではなく、個々の百姓に賦課されるものであり、その皆納や未進も、あくまで個々の百姓の問題だったのである。

また年貢を他の百姓に誂えて納入するという記事も面白い。このころには数人分の年貢を一人の百姓がまとめて納入するということもなされていたのである。しかしこれは納入量の確定を困難にするということで問題視されている。まとめて納めることもあったが、年貢はあくまで個々の百姓の責任で納め、未進分も郷村ではなく、個々の百姓が負うものであったことをあらためて指摘したい。

佐坪から鎌倉への運送については、政所岩名手の奔走によって反別二斗九升代の納入が決まった応永七年（一四〇〇）八月に出された次の史料が注目される。

〔史料19〕

埴生郡――《サツホ》より八幡宮御供米運送問事、大阿弥にて候ける、今候はぬ程ニ、不具孫三郎ニ仰付候程ニ、去年ハ無子細運送之処、今年ハ大阿弥属御寺歎申候とて、不具孫三郎斟酌之間、此御□（供カ）米大阿弥取置候て未渡候、不具三郎ニ被仰付候て可給候よし、岩名手入道是ハ本此御所ニ奉公之仕候、申候、若又不具三郎猶斟酌事候ハ、、以器用之輩、たれにても候へ、被仰付候て可給之由申候、早々可有御了簡候哉、恐々謹言、

八月廿七日　

無畏寺方丈

この史料の袖に「心城院状案」とあり、この書状は岩名手の依頼を受けた心城院（鎌倉の密教寺院の心性院ではないか）[5]が無畏寺に出したものであり、その内容から年貢の運送のようすがわかる。書状の概略を述べると次のようになろう。

①佐坪から八幡宮に供米を運送する問は、かつては大阿弥であった。

②しかし最近は不具孫三郎がつとめており、去年はきちんと運上した。

③ところが今年は大阿弥が「御寺」に訴願した（運送を担いたいと）ため、不具孫三郎が遠慮しており、御米は大阿弥が確保して不具に渡していない。

④政所の岩名手は、「心城院」に対して、不具孫三郎に運送を命じてほしい、もし彼が遠慮したら、誰でも力量のある者に命じてほしいと懇願した。

⑤「心城院」は岩名手の訴えを無畏寺に伝え、早く処理するよう要請した。

佐坪の供米を運送する問として現れるのは大阿弥と不具孫三郎で、近年は不具が運送を果たしていたのに、今年は大阿弥が運送したいと「御寺」に懇願したため、なかなか鎌倉に供米が送られなかったのである。困った政所（鎌倉にいたと思われる）は心城院に訴え、不具に運送を命ずるよう無畏寺に指示してほしいと要望している。この文面から判断して、大阿弥が懇願した「御寺」とは無畏寺であろう。おそらくこの寺は問のいる湊にあり、問の動向を管轄していたのであろう。そしてこの無畏寺は鎌倉の心城院（心性院か）の管下にあり、そのため政所の岩名手は心城院に訴えて事態を打開しようとしたのだと考えられる。

佐坪の年貢が集積された湊がどこかはわからないが、そこは大阿弥や不具ら問の拠点であり、また無畏寺という寺院が存在し、年貢米の運送任務の割り振りに一定の権限を行使していたのである。そして誰が運送を担うかがよく問題になり、それが解決されなければ鎌倉への貢納は果たされなかったのである。この応永七年の場合は、運送役未定のため、佐坪の年貢米はとりあえず大阿弥が確保していた。運送役が決まってから米が渡されるのではなく、とりあえず米はいずれかの問に渡され、あとの運送は問どうしの問題として処理されたことも同時にわかる。

なお秋年貢の項でみたように、佐坪・一野の秋年貢の運賃は、年貢の一割の反別三升分であった。鎌倉までの運送費用が年貢の一割を占めるものであったことは、当時の百姓の立場と行動を考える場合無視できない問題であろう。

二　政　所

1　平田と岩名手

ここまで貢納をめぐる領主と百姓のせめぎあいを論じてきたが、いずれの場合も両者の間に立って政所が関与していたことがわかる。八幡宮の書下はすべて政所に出されたものであり、百姓の訴願も政所が受理し八幡宮に注進された。そしてこの注進に対して書下が出されるという具合で、訴願と命令伝達のルートは百姓—政所—八幡宮—政所—百姓という形で循環していたのである。

「事書日記」にみえる政所で名前の記されるのは平田彦六実次と岩名手入道光阿である。平田彦六実次は応永四年（一三九七）正月十日に政所に補任されており、それ以前に前任の政所は改易されたと推測される。応永二年には夏麦と秋年貢の収納のために綿貫・平川といった上使が下向しており、自力で事態を解決できなかった当時の政所は、その無能を問われて改易されたのであろう。

新たに政所となった平田彦六実次は、秋年貢減免の闘争などに直面しながらも、自力で問題を解決し、上使の下向という屈辱的な事態は招いていない。また応永七年当時の政所の岩名手光阿も、百姓を説得して反別二斗九升の上納を果たすなど、政所として充分な力量をもち、きちんとした成果を挙げていたようである。

　このように応永四年以降、政所は佐坪・一野の管理者としての面目を回復するが、ここで問題になるのは平田彦六実次と岩名手入道光阿の関係である。ある段階で平田から岩名手へ政所の交代がなされたとみるのが自然であろうが、それにしては平田が改易されたという記事も、岩名手を政所に補任するという記事も「事書日記」にはみえない。いったいこの事態をどう理解すればいいか。この難問は次の史料を読むことで解決されよう。

〔史料20〕

補任　上総国埴生郡佐坪村原阿弥陀堂号西光寺免田参段大畠参段事

　平田彦六実次

右、寺役等事、以器用之仁、任先例可被相計之状如件、

　応永五年十一月廿八日　　法印倫瑜

〔史料21〕（応永五年十一月条）

一、佐坪原阿弥陀堂三段大安堵料政所岩名手壱貫五百文沙汰之、（下略）

これはともに佐坪の原阿弥陀堂の免田・免畠給付に関わる史料で、「事書日記」にならんで記されており、前者が給付の補任状、後者は免田の安堵料納入の記事である。ここで給付を受けた人物に注目すると、前者では「平田彦六実次」とあり、後者では「政所岩名手」とある。この史料をごく自然に読めば、どうしても平田と岩名手は同一人物と考えざるをえない。実際前者の史料は平田の名のみえる最後の記事であり、後者は岩名手が最初に登場する史料なのである。

　降って応永六年十一月の記事に次のようなものがある。

〔史料22〕

両通之補任、判形遅々間、以会所使節尋遣之処、速ニ令進歟云々、承仕来而云、如此被成補任令安堵之時者、我等中へ一献之沙汰候也、仍押置之云々、此条先々無其儀、甚無謂候由申之処、上総御代官□(岩カ)名手安堵之時其沙汰、(候脱カ)此条□(岩カ)名手之時、依任料送数日、至于正月十日比下［　　］始之間、少分有其儀歟、不足可為先規之由、執行方申遣之処、彼補任状持来了十一月廿七日、即両人方へ下、

ここでは所職の補任・安堵の時、承仕に一献料を納めるのが通例かどうかが問題となっているが、承仕が「上総の御代官の岩名手が安堵された時、任料の問題で数日が過ぎ、正月十日になってやっと補任状が出たが、その時少し一献料が納められた」と主張していることが注目される。承仕は岩名手の補任を正月十日と認識しているわけだが、前記したように平田彦六実次が佐坪の政所に補任されたのは、応永四年正月十日であった（補任状が「事書日記」にみえる）。この日付の一致からも、平田と岩名手が同一人物であることが裏づけられる。

そうすると、平田（岩名手）が原阿弥陀堂免田を与えられた応永五年十一月に、平田彦六実次は岩名手入道光阿と改名したことになる。おそらく入道と同時に改名も果たしたのであろうが、ここで平田から岩名手と姓を改めていることは重大である。このことはいったい何を意味するのか。

平田彦六実次の出自は確定できないが、佐坪の西方に現在も「平田」の小字が残っている。ここは名のとおり平坦な水田地帯で、かなり広範にわたり、岩撫（旧岩撫村）と水沼（旧水沼村）の両方にまたがって存在している。確証はないが、平田彦六実次はおそらくこの平田に根拠をもつ地侍であろう。

そして「岩名手」はもちろん現在の岩撫（旧岩撫村）にあたる。これは佐坪と同格の郷村であり、そのまま近世の村につながるものである。「平田」はその一部にすぎず、現在は岩撫が大字名、平田が小字名になっているのである。

応永五年十一月の段階で、佐坪の政所をつとめていた平田彦六実次は、入道と同時に岩名手という郷名を自ら姓と

して名乗ったのである。本来郷名を姓とすることは御家人層に広くみられ、その郷の実質的支配者であることを示すものである。平田（岩名手）のこの行動は、郷村のごく一部を管轄する地侍から、郷村第一の実力者としての存在への転化を示すものととらえることができよう。

こうした身分的上昇は何ゆえ可能だったか。彼が自分だけで名前を変えたとは考えられないし、それでは社会的認知も得られない。おそらくこの改姓は、鶴岡八幡宮をはじめとする権門の承認を得て行なったものであろう。応永四年正月に政所に補任されて以来、秋年貢の減免闘争など困難な状況に直面しながら、平田彦六実次は実務をこなし百姓を説得して、一定の貢納を実現していた。こうした功績を認められた結果改姓も可能になったのであろう。

第一節でみたように、岩名手光阿は百姓と対面しながら年貢収納を実現していたが、年貢運送についても心城院（心性院）に訴願するなど、鎌倉の寺院との関わりを利用して活動していた。この心城院書状に岩名手入道について「是ハ本此御所ニ奉公之仕候」という注記がみえる。この「此御所」は不明だが、心性院あるいはこれと関連が深く、その上位に位置した勝長寿院のことではないかと考えられる(6)。彼は勝長寿院に奉公していた可能性が高いわけで、鶴岡八幡宮だけでなく、鎌倉の宗教権門と深い関係を保持していたことが看取できるのである。こうした積極的な行動によって、彼は佐坪の政所職も獲得し、さらにはその居住する郷の名を姓にもつという、画期的な身分上昇を果たすことに成功したのである。

2　政所の活動

ところで「事書日記」には政所の存在形態や活動を示す記事が豊富に存在する。まず政所のもつ田畠の規模を示す次の史料をみよう。

〔史料23〕

佐坪幷一野村政所職田畠事

田壱町二反大　加湯屋免定

合　本給分

畠壱町大　幷先政所屋敷　者

右、以此旨可有（存カ）□知之由候也、会所之間令申候、恐々謹言、

（応永四年）正月十一日　会所 珍誉判

平田彦六殿

これは平田彦六にあてて政所職（代官職）の補任状が出された翌日に出された通知であるが、それによれば、政所職に付属する田は一町二反大で、「湯屋免」がこれに含まれ、また畠は一町大で、さらに先の政所の屋敷があった。屋敷を中核として一定規模の田・畠をもつ政所の経営のようすがこれからうかがえる。

政所の職務の中心は諸税の徴収と運上であるが、これ以外の諸問題の解決にも深く関わり、諸事の注進と指示の実行を責務としていた。ことに注目されるのは、郷内の寺・堂や田畠などの渡付を政所が執行していることである。

〔史料24〕

当村祖母谷阿弥陀堂別当職事、上総房継玄被補任候、仍当年々貢幷堂舎田畠下地等、悉可被渡付彼仁之由衆儀候也、補任案副会所之間申候也、恐々謹言、

応永四 十月三日　禅瑜

佐坪政所殿

これは応永四年（一三九七）十月三日に、佐坪の祖母谷阿弥陀堂の別当職が綿貫継玄に与えられた際に出された会所の書状で、別当職に関わる堂舎と田畠下地を継玄に渡付せよと政所に指示したもので、政所が下地渡付の権利と義

務をもっていたことがわかる。このような事例は、白山神宮寺観音堂免田畠についてもみられ、後述する一野の田をめぐる願法と了道の争いの時にも、政所の平田が現地の実見を行ない、畔の境を改めて田を百姓に渡付していることがみえる。

このような権限を利用しながら、政所の平田（岩名手）は佐坪・一野の現地の掌握を進めていくが、その過程で明らかな越権行為も犯すことになる。

〔史料25〕

天羽三位幷兵部房安堵後、号政所安堵、重被懸任料之由有其聞、事実者不便次第也、於向後者如此課役可被停止之状如件、

応永六年十二月廿四日　　　　法印

佐坪政所殿

応永六年十一月に佐坪の白山神宮寺観音堂免田が天羽三位阿闍梨頼円に、一野村霊仙寺別当職が兵部房善祐にそれぞれ与えられたが、この両者に対して、佐坪の政所岩名手光阿は、「政所安堵」と号して任料を要求したのである。前述のように、堂免田などの補任・安堵に際しては政所の協力が不可欠であり、実際の土地交付は政所が行なう。この権限を利用して、岩名手は自らも安堵の権限をもち任料をもらう権利もあると主張したのである。

急速にその実力を増した佐坪政所の岩名手は、勢いにのってこうした行為も行なうに至ったのである。もちろんそれは公的には認められなかったが、当時の有力な地侍層の勢いを示す事例として貴重であろう。

三　寺・堂と免田・免畠

1　寺・堂

ここまで佐坪・一野の全体に関わる問題を扱ってきたが、「事書日記」からさらに郷村内部のさまざまな状況を明らかにすることができる。本節では寺・堂や免田・免畠などの権益に関わる記述を追ってみたい。

「事書日記」に現われる寺・堂は佐坪の白山神宮寺観音堂・原阿弥陀堂・祖母谷阿弥陀堂と、一野の霊仙寺の四か所であるが、いずれの場合も、堂舎と免田畠をめぐって数多くの人々が動いている。

白山神宮寺観音堂については、応永二年（一三九五）に天羽三位阿闍梨頼円と小生田伊豆阿闍梨定信との間で争いがあり、八幡宮で裁決がなされたことが知られる。

〔史料26〕

一、佐坪白山神宮寺観音堂免田事、天羽三位、彼文書質物ニ置テ既ニ一倍過畢ヌ、然ニ銭主ヲフ田ノ伊豆阿闍梨、彼文書并借状捧之致訴訟云々、此間之子細雖多之、借状分明之上者、可付銭主ニ之由落居了、（下略）

観音堂免田を所有していた頼円が、定信から借銭した際に、この免田の補任状を質物として置き、さらに借銭の返済を果たさなかったために、定信が補任状と借状を根拠として八幡宮に訴え、八幡宮ではこれを認めて定信に観音堂免田を与えることに決めたのである。そして直ちに補任状が定信あてに出された。

〔史料27〕

補任　佐坪郷白山神宮寺観音堂免田畠式

合田伍段屋敷一宇者

伊豆阿闍梨定信

右田畠屋敷、依有相伝之由緒、以新補之儀所被宛行也、於寺役御祈禱等者、守先例可令勤仕之状如件、

応永二年閏七月廿五日　　　　法印尚賢在判

寺・堂および免田・免畠の給与はこうした執行の補任状でなされたのであるが、ここにみられるように観音堂に付属する免田は五反で、そのほか屋敷一宇があった（これが免畠にあたるか）。伊豆阿闍梨定信は、この屋敷と免田を獲得するかわりに、観音堂の修理と祈禱勤仕の義務を負ったのである。

ところが数年後定信はこの権益を失い、応永六年七月には、この免田を「公物」にするから早く年貢を送れと命ずる書下が政所あてに出されている。定信にかわって観音堂の管理をするものがいないため、この地を免田ではなく、年貢を賦課する田とするという指令である。しかしこの後に先に権利を失った頼円がまたこれを所望し、十一月には頼円にあてて還付の補任状が出され（ここには免田四反とみえる）、翌七年に政所の手で渡付がなされている。

佐坪の原阿弥陀堂は先の〔史料20〕〔史料21〕でみたように、応永五年十一月に政所もつとめていた平田彦六実次（岩名手光阿）に与えられている。ここにみえるように、原阿弥陀堂は西光寺とも称し、それに付属する免田は三反大（三反半と記されることもある）、免畠は三反であった。僧侶ではない平田が阿弥陀堂の管理を任された事情は不明だが、〔史料20〕にみえるように、八幡宮は寺役については「器用之仁」を選んでつとめさせよと平田に指示している。

この阿弥陀堂については応永四年から平田に与えることが決まっていたようだが、彼がなかなか任料（安堵料）を納めなかったために、正式の補任が遅れていた。八幡宮は応永四年九月と翌五年七月に、早く任料を払えと指示しているが、平田は任料の免除を要求するありさまであった。しかしさすがに八幡宮も譲らず、八月には任料無沙汰なら「公物」にするといい放ち、平田もついに折れて十一月になって免田三反分に相当する一貫五〇〇文を納め、これでようやく補任状が出されることになったのである。

佐坪の祖母谷阿弥陀堂については、応永四年十月三日に補任状が出され、綿貫継玄（上総房）に与えられている。ここには「佐坪村西光寺別当職」ともみえ、祖母谷阿弥陀堂が西光寺別当職とも称されるものであったことがわかる。原阿弥陀堂も同じく西光寺と称しており、両者が密接な関係にあったことがうかがえる。この補任状によれば免田は二反、免畠は三反であった。

この時別当職を得た綿貫継玄は、応永二年に佐坪に下向した人物であり、八幡宮に奉公する有力な「宮下部」であるが、この補任は継玄のたっての希望を受けて行なったものであった。この年の八月の記事に、継玄が「佐坪祖母谷伊勢房跡職」と「早野ノ数珠免」を望み、七月二十四日に補任が内定したと記されている。補任状にはこの別当職は武蔵佐々目郷の地蔵堂のかわりとして与えるとみえ、彼が広い範囲で八幡宮領にある堂の権利の獲得を実現していたことがわかる。

なおこの記事に「伊勢房跡」とあるように、祖母谷阿弥陀堂はかつて「伊勢房」という人物が確保していた。またさかのぼって応永二年五月の書下には祖母谷阿弥陀堂免の帰属が決まらないことが記され、関係者が出頭しないので改易するとの指示がなされている。確証はないが、伊勢房がこの権利を放棄した後、これにかわる者が決まらず、この免田は「公物」として年貢賦課の対象となったようである。継玄が補任された直前の応永四年九月に、この地の年貢を納めよとの命が政所に出されていることから、少なくとも当時は「公物」になっていたことがわかる。

一野村の霊仙寺については応永五年九月十日付けの補任状があり、「霊仙寺供僧職免田五段屋敷一宇」が平川祐玄（肥後房）に与えられている。霊仙寺には供僧職があり、これに付属するものは免田五段と屋敷一宇であった。

この平川祐玄は綿貫継玄とともに佐坪に下向した人物であり、継玄と同じく活発な動きを示す「宮下部」であった。またこの補任状にこの地が「卿阿闍梨頼秀跡」であるとみえ、祐玄の前任者が「卿阿闍梨頼秀」という人物だったことも知られる。彼はなんらかの事情でここを放棄し、応永五年七月には、「卿房跡」のこの地に「点札」を下し、年貢を取れとの指示が政所に出されている。他の場合と同じくここも一時「公物」として扱われたのである。

ところでこの霊仙寺には供僧職だけでなく別当職もあり、これは応永六年十一月に兵部房善祐という人物に与えられている。同月十六日の記事に、「一野霊仙寺別当職田三段屋敷等兵部房安堵」について先月会所で決定がなされ、その後兵部房が任料を集めるために下国し、三反分の一貫五〇〇文を納入したと記されている。霊仙寺の別当職に附属するのは免田三反と屋敷であったわけだが、霊仙寺が別当職と供僧職を併せもつ寺であったことは注目に値する。

以上佐坪・一野の寺・堂に関わる記事をみてきた。こうした寺・堂にはその管理に対応する屋敷・免田・免畠が設定され、原則的には僧侶がその所職を保持し、その補任権は八幡宮が掌握していた。「事書日記」をみる限り、これらの寺・堂に郷村や百姓の運営による村堂としての性格を見出すことはできない。むしろ逆にこうした寺・堂が、八幡宮の支配を補完する役割を果たしていたと考えるほうが適切ではないかという感を強くする。

2　山守免

また「事書日記」には山の管理と関連する「山守免」の記事がみえる。

〔史料28〕

当村山守免田畠事、可被成公物之由落居之間、去明徳三年七月廿七日、被取進請文之処候、無音之間、当年重而雖致催促、尚以難渋之条、太不可然、彼任押書趣、三ケ年分可有取沙汰、同当年分土貢者、宰相被仰付畢押書進之、

（中略）

応永二年七月六日　法印

佐坪政所殿

山守免の田畠は、管理者がいないので、「公物」にすることが決まり、明徳三年（一三九二）七月に政所から請文（年

貢を納めるとの誓約か）が提出された。ところが政所はなかなか年貢を送らず、今年（応永二年＝一三九五）になってまた催促した（五月十四日の書下にみえる）が、それでも無沙汰なので、八幡宮はこの書下を出して、三年分（明徳三年・四年・応永元年）の年貢を納めよと政所に命令したのである。

佐坪・一野には従来山を管理する「山守」が置かれており、その管理のための免田・免畠も設定されていたが、この段階になると「山守」が不在となり、田畠は実質的には政所の管轄下に置かれた。こうした事態に対して、八幡宮側は当然この免田・免畠は「公物」であるとして年貢上納を政所に命じ、政所は一応これに従うそぶりをみせながら、実際には年貢未進を続けたのである。

なおこの史料の末尾に、今年（応永二年）の年貢については「宰相」に仰せ付けたとみえ、彼が押書を提出していることもわかるが、この「宰相」とは、後にも登場する宰相房（宰相山臥）という宗教者である。彼が年貢上納を請け負った事情は不明だが、彼は当時一野のうちの埴生沢をめぐって権益の回復を企てており、八幡宮にとりいる方途としてこうした請負を申し出たとも考えられる。

この後年貢が納められたかは不明で、当時の政所は結局罷免されるが、応永四年に政所に就任した平田実次も、前任者同様この年貢を納入しなかった。八幡宮は応永四年九月と、五年七月に上納を命ずるが、これに対して平田は山守を定め置いたから年貢は出せないと主張するに至る。もちろん八幡宮はこれを認めず、いったん公物になったのに勝手に山守を設定するのは違法だと非難しているが、年貢上納をしない方便として山守を自分で設定するということも、政所平田の積極的行動の一つとして評価することができよう。

そしてこの年も政所は年貢を送らず、十二月には三年分（応永四・五・六年）の年貢を早く送れという指示が出されている。「山守免」の問題は、ひとえに領主と政所の問題であり、両者の間に熾烈なかけひきが展開されたのである。

3　数珠免

また「事書日記」には「数珠免」とよばれる免田・免畠が登場し、そこからの年貢・夏麦の徴収が政所の責務として位置づけられている。

〔史料29〕

数珠免二ケ所年貢事、去年以最下分令収納之、不審之処、剰当年分迄、至于今令遅引之条、何躰次第候哉、難得心候、急速可被取進之条如件、

応永元年十月廿二日

佐坪政所殿

〔史料30〕

二月廿三日注進披見了、

一、早野数珠免年貢壱貫文到来候、此所者天羽三位先立令糺明所請取也、矢貫・倉持両所事、尋出候由雖被申、年貢未到来候、如何、委細可有注進候、

（中略）

応永二年三月四日　　　　法印

両者ともに八幡宮の執行から政所にあてられた書下であるが、前者の史料は「数珠免」のみえる最初のもので、「数珠免二ケ所」の年貢が、去年（明徳四年＝一三九三）は少ししか送られず、当年（応永元年＝一三九四）は十月になっても送られてこないと記されている。そして翌年三月の後者の史料に、「早野数珠免」の年貢が到来したこと、「矢貫・倉持」の数珠免年貢はまだ届いていないことがみえる。

「数珠免」とは何か、確証はないが、数珠に関わる免田・免畠と解釈し、かつて数珠を八幡宮に貢納していた人がい

て、その経営する田畠が免田・免畠として認められたものと考えておきたい。ただこの段階では年貢賦課の対象になっているから、すでに数珠の納入はとだえて免田畠も「公物」となり、「数珠免」の語はかつて免田・免畠であった土地を示す語となっていたのである。

数珠免の場所は早野・矢貫・倉持の三か所であるが、これらはみな佐坪郷内ではなく、矢貫は佐坪の北方、倉持は西北にある郷村であり、早野はやや離れるが東北に存在する（現在は茂原市内）。このように散在する形で八幡宮領としての数珠免が存在し、そこからの年貢徴収は佐坪の政所に委ねられていた。政所の権限は、佐坪・一野を越えてその周辺に及んでいたのである。

ところで〔史料30〕には、この数珠免をめぐって「天羽三位」が関与していることがみえる。この「天羽三位」は、白山神宮寺観音堂を一時所持していた天羽三位阿闍梨頼円その人であるが、彼が前にこの早野の数珠免を「糺明」して「請取」ったと記されているのである。これは彼が早野数珠免の場所をつきとめ、そこを自ら押さえて耕作し、年貢の上納を誓約したという意味であろう。続く「矢貫・倉持両所についても、尋ね出したと言っているが、年貢はまだ来ない」というのも、天羽三位がこの両所の数珠免もみつけたと八幡宮に報告したことを示すと解釈できる。そうするとこうした数珠免は古くから把握されていたわけではなく、天羽三位が努力してみつけだしたものということになる。おそらくある時点で数珠の上納がなくなり、それとともに免田畠の存在もつかみえなくなっていたのであろう。それをこの時期に捜しだしたわけで、八幡宮側の所領把握の努力とともに、それを担う宗教者の活動を指摘することができる。

矢貫・倉持の数珠免については、そのままうやむやになったようであるが、早野の数珠免は八幡宮の所領として把握され、続いて種々の問題がおきている。応永元年分の年貢は翌二年の春に納められたが、同年の夏には夏麦の上納が問題となった。この年は綿貫継玄が下向し夏麦徴収にあたったが、早野の夏麦についても「惣夏麦」とともに進上せよとの指示が出された。この書下には「早野の夏麦を時節を過ぎても無沙汰なのはけしからん」と書かれているから、これ以前に夏麦上納の遅引があったことが想定される。この年は綿貫の手で六月に夏麦収納がなされたが、数珠免の夏麦三連（三〇〇文）はすぐには収納されなかったらしく、七月六日の書下にこれを早く納めよと書かれている。

応永四年になると綿貫継玄がこの早野数珠免の所持を望むということがおきる。彼は佐坪祖母谷阿弥陀堂とともに「早野ノ数珠免」を希望し、七月二十四日の衆会で正式に補任が決定された。おそらくこれまで数珠免を管理していた天羽三位がこれを放棄し、かわって綿貫がこの地の管理者となったのである。もちろん「数珠免」といっても免田畠ではないから、貢納の義務をもつ一般の田畠であるが、こうした田畠も綿貫ら宗教勢力は獲得しようと努力したのである。

こうして綿貫が数珠免を所持し、政所が年貢を徴収するという形になったが、応永四年には不作を理由に年貢上納がなされず、翌五年にも政所は不作で出せないと報告した。こうした年貢未納を主導したのが政所か綿貫か（あるいは百姓か）は不明だが、彼らの抵抗によって八幡宮の収取は困難をきわめたのである。

4　杓子屋敷と埴生沢一分在家

免田畠とは異なるが、ここで「事書日記」によく出る杓子屋敷と埴生沢一分在家のこともとりあげたい。

〔史料31〕

八幡宮領上総国一野村内杓子屋敷幷沢一分在家田畠等事、蘓右京亮《清茂》多年以隠密之儀令押領之由有其聞、急速有糺明、可有注進之状如件、

応永二年三月四日　法印

佐坪政所殿

一野村の内の「杓子屋敷」と「沢一分在家田畠」を蘇右京亮清茂が多年にわたり隠密に押領しているという情報を得た八幡宮が、はやく糺明して報告せよと政所に指示しており、これがこの地に関わる最初の記事である。後述するように、この「沢」とは一野村の内の埴生沢にあたる。杓子屋敷が埴生沢の内かどうかは定かでないが、杓子屋敷と埴生沢一分在家は隣接していたと考えられる。そしてこの地は八幡宮領一野村の一部であるにもかかわらず、蘇右京亮清茂が領有し、そのため年貢が八幡宮に納められない状況になっていたのである。

そして五月になって、八幡宮はこの地について宰相房（宰相山臥）が証状をもっているということなので、彼を出頭させよとの指令を出した。詳細は不明だが、この宰相房もこの地に関わる権利をもっていたのであろう。

この問題はなかなか解決されず蘇の領有は続き、応永四年（一三九七）七月には政所の平田と蘇の注進状が提出されたとの記事もある（ここに「埴生沢一分方」とみえる）。八幡宮はこの地を返還させる意志を固め、応永五年七月と八月の二度にわたって、蘇と問答して返還させよと政所に命じており、もし抵抗したら「公方」に訴訟するといって脅せとまで指示している。八幡宮は鎌倉府への訴訟も辞さないという態度で臨んだのである。

政所の平田（岩名手）は蘇の説得につとめ、この地は結局八幡宮に返還された。ところがここを押さえた政所は、案の定年貢の納入をせず、八幡宮から詰問される。応永六年十二月、八幡宮は「杓子屋敷を受け取った後、何の連絡もないのはどうしたことか。早く年貢を払え」と政所に命じている。山守免の場合と同様、あらたに田畠を掌握した政所は、容易には年貢を鎌倉に送らなかったのである。

杓子屋敷と埴生沢一分在家は、蘇清茂の押領を受け、さらには政所の平田が掌握してしまい、そこからの年貢収取は困難をきわめたのである。この地を押領した蘇右京亮清茂は、官途をもっていることからみてかなりの武士と考えられるが、関連史料がなく実態は不明である。ただ「蘇」をかりに「とげ」と読むと、埴生沢のすぐ東の万喜城を拠点とし戦国期に繁栄した土岐氏のことが思いうかぶ。まったくの想像にすぎないが、蘇氏は万喜の土岐氏につながる武士かもしれない。

5　侍と僧侶の活動

本節では佐坪・一野の内外の寺・堂や免田・免畠などをみてきたが、数多くの侍や僧侶たちがこうした権益をめぐって活発に動いていたことがわかる。今こころみにここに登場する人物と関連する権益を整理して示すと次のようになろう。

平田彦六実次（岩名手入道光阿）	政所職　原阿弥陀堂
蕀右京亮清茂	杓子屋敷・埴生沢一分在家
綿貫上総房継玄	祖母谷阿弥陀堂　早野数珠免
平川肥後房祐玄	霊仙寺供僧職
天羽三位阿闍梨頼円	白山神宮寺観音堂　早野数珠免
小生田伊豆阿闍梨定信	白山神宮寺観音堂
宰相房（宰相山臥）	（杓子屋敷・埴生沢一分在家　山守免）
伊勢房	祖母谷阿弥陀堂
卿阿闍梨頼秀	霊仙寺供僧職
兵部房善祐	霊仙寺別当職

これを一見するだけでいかに多くの人物がこの地をめぐって活動していたかがみてとれよう。政所の平田（岩名手）は前述のように佐坪の西の平田の出身と考えられ、やがて郷名の岩名手を冒し改姓したわけだが、彼の活動は積極的で、多様な手段でこの地域における実力を培っていこうとする。佐坪の原阿弥陀堂の確保もその一環であろう。また

各所で述べたように、平田は政所の職務として押さえた土地の年貢を納めず、そこを実質的な支配下に置く動きも示す。山守免がその好例であり、蕀と問答して獲得した杓子屋敷・埴生沢一分在家も同様である。杓子屋敷と埴生沢一分在家を押領した蕀右京亮清茂は、万喜の土岐氏の祖である可能性ももつ侍であるが、彼の場合は八幡宮の支配に便乗する形ではなく、自力で山間の屋敷や田畠を掌握することに成功していたのである。室町期の侍の積極的勢力拡張の動きの例としてとらえることができよう。

綿貫継玄と平川祐玄は八幡宮の「宮下部」であり、この地域に拠点を置く僧ではないが、八幡宮との密接な関係を背景として、八幡宮領内の寺・堂の所職を広く確保しようとしていた。応永二年（一三九五）には佐坪の夏麦銭や秋年貢の徴収を担っており、当時の社会においてきわめて有力な存在であったと想定される。天羽三位阿闍梨頼円と小生田伊豆阿闍梨定信は、ともに地名を冠しており、上総に拠点をもつ僧侶であった。天羽は上総南西部の天羽郡を指し、小生田は佐坪の東隣の郷村である。宰相房以下の四人は不明だが、宰相房は上総にいることが記事にみえ、上総の僧と推測され、他の者もその可能性が高い。

こうした地域の宗教勢力が多数存在し、それぞれが寺・堂と免田畠の獲得などの方法で成長を果たそうとしていたのである。早野の数珠免を発見した天羽三位の行為なども同様に位置づけられよう。そしてそうした彼らの希望は、最終的には鶴岡八幡宮による認定によって認められたのであり、逆にいうと八幡宮はこうした宗教勢力をその支配のためにうまく利用したとみることもできる。実際寺・堂をめぐる所職の給付は、そのみかえりとしての安堵料（任料）を伴ったのであり、反別五〇〇文の任料は八幡宮の供僧たちの重要な収入源だったのである。八幡宮の支配は、政所を核とする支配にとどまらず、自らの配下の多数の宗教勢力によって補完されているというものだったのである。

四　百　姓

それでは最後に百姓について考えたい。前述のように、佐坪・一野の百姓たちは多様な方法で租税の減免や納期の延長を試み、一定の成果を得ていた。こうした活動は百姓たちの連帯によって達成されたわけだが、「事書日記」には郷村全体の百姓の動きだけでなく、個々の百姓の行動を物語る記事もいくらかみえる。

〔史料32〕

佐坪百姓源次三郎捧折紙訴申、小弐房ニ被奪取婦上、結句還可打由申之間、始終喧嘩之本歟、歎存之由申之、衆会儀云、如此等事難有沙汰之由、執行方へ被申遣之処、難被棄之由返答間、同廿九日被成書下畢、

これは応永二年（一三九五）四月二十五日の衆会の記事であるが、佐坪の百姓の源次三郎が、小弐房に妻を奪われたとして折紙を捧げて訴訟に及んだのである。文意は難解であるが、鎌倉まで来た源次三郎が「妻を奪われた上は、すぐに還って小弐房を打ち殺す」と、おそらく直属の供僧に訴え、これを受けた供僧が「これは喧嘩の元になるからたいへんだ」と衆会の議事にかけたと解釈するのが妥当であろう。そして衆会の議事では解決できないということで、執行に伝達したところ、捨て置くわけにはいかないということで書下が出された、というのが事件の内容である。

百姓源次三郎は単身で八幡宮に訴訟したのであり、これは郷村の一員としてではない百姓個人の行動として注目される。また彼の妻を奪ったという大弐房は、上総に根拠をもつ僧侶の一人であろうが、僧侶が百姓の妻を奪うという事態は、彼ら宗教者が百姓と離れて存在していたわけではなく、かなり密接なつきあいをしながら生きていたことをかえって示しているといえよう。

百姓が八幡宮に訴訟した事例はもう一つある。応永四年に展開された願法と了道の争いがそれである。

〔史料33〕

一野村内頓学坊十九番下地之内、皮籠谷道下向弐段半二（ママ）田事、混十八番所之内願法耕作之条、無謂上者、任分田張了道方へ可渡之由、衆会沙汰落居云々、次至当年々貢者、可弁済之由、可被申含也、仍云下地云年貢、早々可被致其沙汰之状如件、

応永四年十月三日　　　　法印

佐坪政所殿

〔史料34〕

先日就頓学坊分一野皮籠谷弐段内半ノ田事、被成書下十月三日之処、政所平田返事状ニ、

畏令申候、抑去二日、御書下之旨謹拝見仕了、随而一野村十九番御地之内頓学坊分皮籠谷道之下半西ノ方之田、混十八番候之由、蒙仰候間、莅彼所検知仕、任分田帳之旨、立畔境、十九番百姓方へ渡付了、恐々謹言、

応永四十一月六日　　　　実次判

進上　仙波殿

一野村内の皮籠谷にある二反の田のうち道の下にある半反の田の帰属をめぐって了道と願法が争ったわけである。了道は頓学坊分の百姓であり、願法は文恵坊分の百姓であったが、願法が耕作しているこの半反の田が、実は頓学坊分の田であると了道が主張したため、八幡宮の衆会で問題となり、分田帳の記載どおり頓学坊分の了道に渡すべきだということに議事が決し、その執行が政所の平田に命ぜられた。そして平田は命令通り現地を検知して、分田帳に従って畔境を作り、この半反の田を了道に渡したのである。

これは百姓どうしの田の畔境をめぐる争いの事例として興味深いが、問題が解決された直後に、次のような書下が出されていることはより重大である。

〔史料35〕

一野村頓学坊分百姓了道、以無理強訴上於下地之間、任衆中一同之法、可払彼在所之由落居候、努々不可有緩怠之儀之状如件、

応永四年十二月日　　法印

佐坪政所殿

これは了道が「無理強訴」を行なったので、「衆中一同之法」に従って了道を在所から追放する、という命令である。願法との争いに勝利した了道は、その直後に「無理強訴」の罪を問われて追放刑に処せられたのである。「上於下地」という部分が難解だが、耕作権を八幡宮に返上した、という意味ではあるまいか。

願法によって田を押領された了道は、これを解決するために八幡宮に訴訟するが、この訴訟自体が違法であるとして追放刑を受けたのである。ここで問題とされたのは、了道の主張の内容ではなく、訴訟という行為そのものであった。これからちょうど一年後、今度は対立する願法のほうが、やはり「無理強訴」の罪を問われて同じく追放になる。

〔史料36〕

一野村文恵坊分百姓願法、以無理強訴上下地之上者、任法可被払在所候、更不可有緩怠之儀之状如件、

応永五年十二月十九日　　法印

佐坪政所殿

了道追放の時とほとんど同じ内容の書下である。詳細は不明だが、了道の主張によって田を失った願法が、自分のほうが正しいと八幡宮に訴訟したのであろう。そしてこの場合は彼の主張は通らず、しかも「無理強訴」に及んだことを問われて追放刑を受けてしまうのである。

主張の是非にかかわらず、百姓の訴訟行為そのものを「無理強訴」と断じて処罰に及ぶという八幡宮の姿勢をどう

理解したらいいか。八幡宮にとって百姓はその命令に従うべき存在であり、直接訴訟に及ぶという事態が続けば、いずれは領主としての存立が危うくなるという認識があったのかもしれない。

八幡宮は「無理強訴」に追放刑で臨むのは「衆中一同之法」であるといっている。この表現からみて、こうしたことは古くからの法ではなく、最近になって衆中が評議して法として決めたものであるという感じをもつ。この応永四年の二年前に訴訟をおこした源次三郎については、その処罰が問題にされた形跡はないから、こうした「法」はその後設定された可能性が高い。源次三郎の訴訟の時、衆会では「如此等事難有沙汰」と、訴訟に対する対応に苦慮しており、こうした百姓の訴訟が珍しいもので、その対応に八幡宮側も慣れていないようすがうかがわれる。断定はできないが、この時期になって百姓の直訴が表面化し、八幡宮側もこれへの対応として、内容の吟味と裁決は行なうが、直訴そのものは違法として処罰するという方針を定め、実際に適用したとみることもできよう。

しかしそれにしても、追放の危険を冒してまで自らの主張を通そうとした了道や願法の行動は注目に値する。郷村内部の百姓集団に収まることなく、個々の主張にまかせて行動する中世の百姓の姿をここにみることができる。

五　中世の復元

以上「事書日記」の記載を分析しながら、佐坪・一野の中世社会に繰り広げられたさまざまな問題をみてきた。ただこれらはあくまで文献解釈のレベルにとどまっており、綿密な現地調査によって、佐坪・一野の現地の空間の上に、ここまで明らかにしてきた事象を位置づけることが必要である。これは今後に委ねざるをえないが、本章作成にあたって短時日の調査を行ない、いくらかの成果も得たので、その結果をここで述べ、今後の調査の足がかりとしたい。

「事書日記」にみえる寺・堂のうち白山神宮寺観音堂と原阿弥陀堂については、若干の調査によってある程度の推測

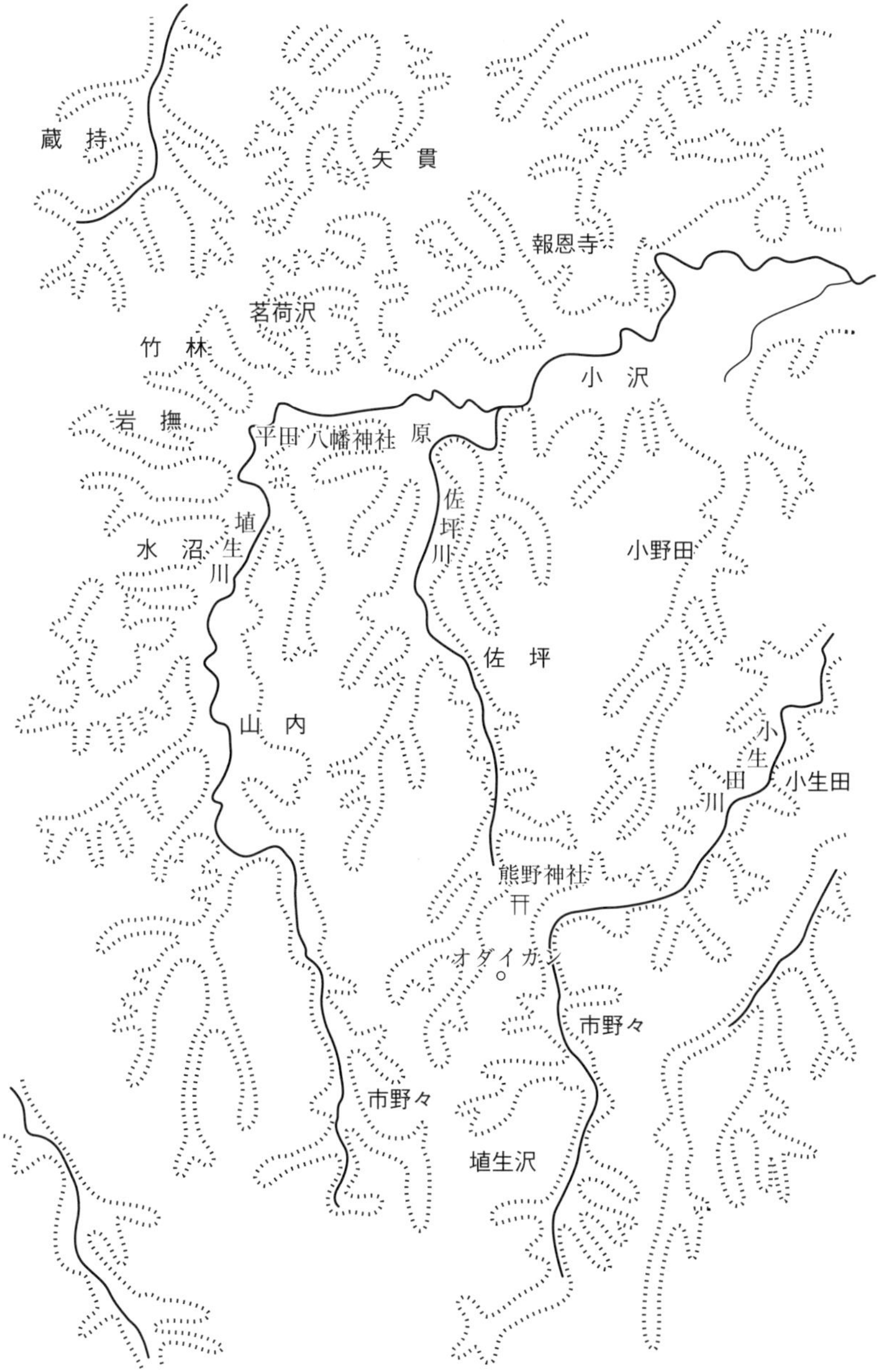

図 11　佐坪・一野とその周辺

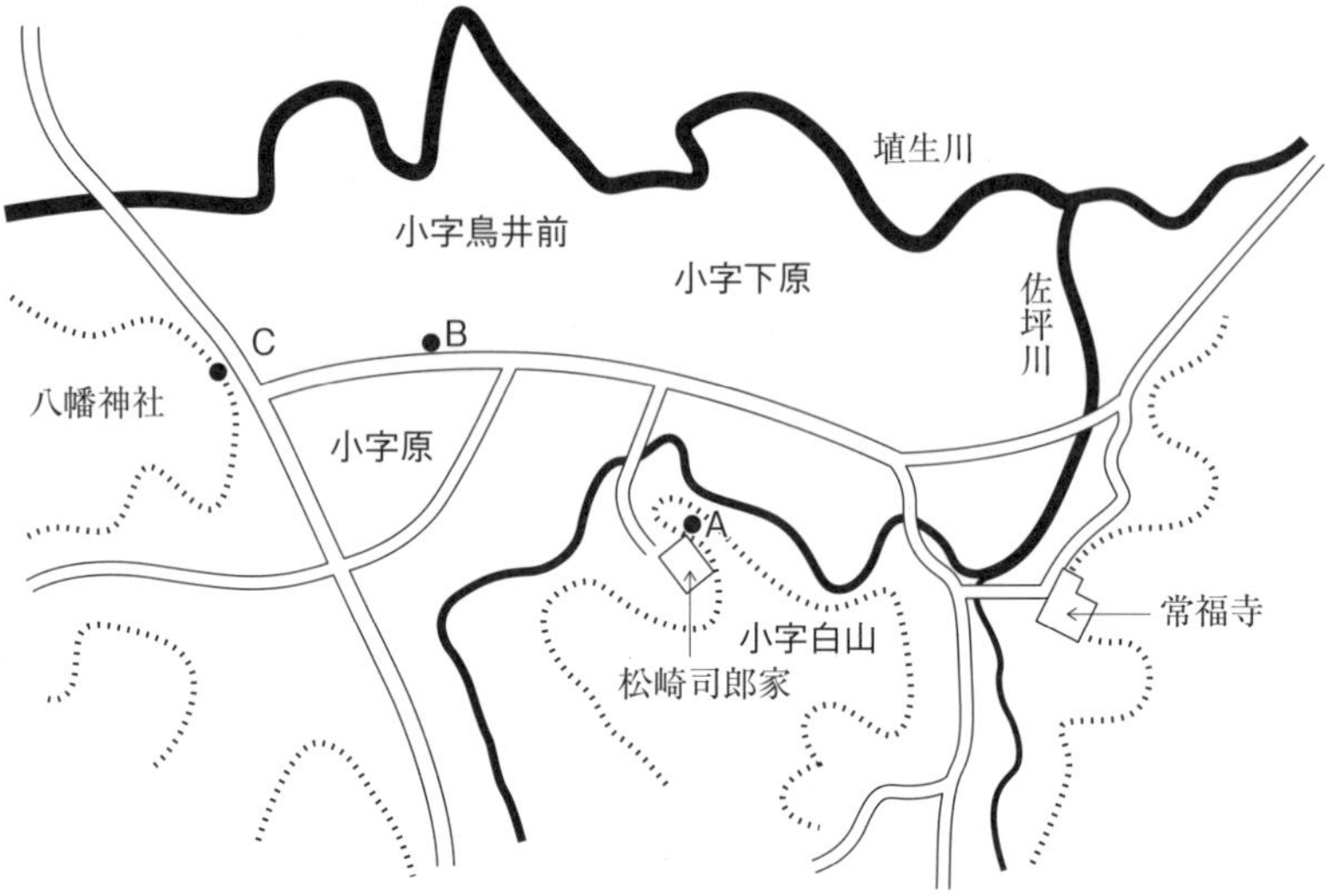

図 12　原・白山とその周辺　A：白山神社があったと伝えられる場所
B：阿弥陀如来像があったといわれる場所
C：より以前に阿弥陀如来像があったという場所

が可能である。まず白山神宮寺観音堂であるが、佐坪の現在の小字に「白山」が残ることが注目される。ここは佐坪集落の北辺の山にあたり、山の麓に松崎司郎家があるが、同家の方のお話によれば、この山にはかつて白山神社があったとのことであり、実際山上には明治に造立された「白山大権現」と刻まれた石塔があった。ここは周囲を望める適地にあたり、白山神宮寺観音堂の所在地とみてまちがいなかろう。

松崎家は山の東南の口呂から移られてきた家であり、家のある台地はかつては畠だったという。そして家の南方には谷田があり、山の北方の佐坪川のほとりにも田があったという。「事書日記」には白山神宮寺観音堂に付属する屋敷一宇と免田五反が記載されているが、松崎家のあるところが中世の屋敷にあたり、その周囲の水田が免田五反にあたると考えることができよう。

この白山の西北の麓に広がる平地は、現在の小字「原」にあたる。原阿弥陀堂とこの「原」は当然関連すると考えられるが、すでに古くから注目されているように、白山の東の丘の上にある常福寺に、平安期の作と考えられている阿弥陀如来像が現在も安置されており、この阿弥陀仏は、かつては八幡神社から東にのびる松並木の傍ら（水田の中央）、小字「原」の北にあったといわれているのである。

ところが前記した松崎家の方のお話によれば、阿弥陀如来はたしかに松並木の傍らにあったが、より古くは八幡神社の麓の忠魂碑のあるところにあり、のちに田の中央に移されたのだという。八幡神社は佐坪第一の神社で、ここから原一帯を展望することができる、きわめて立地のよい神社である。そしてこの伝承の通りであれば、阿弥陀像はこの神社の縁に鎮座していたことになる。水田の真んなかに阿弥陀様がいるというのはいささか不自然で、やはり古くは山の麓にあり、阿弥陀様がここから原一帯をみおろす形になっていたと考えるのが自然であろう。そして中世の原阿弥陀堂がこの地にあったことは疑いなかろう。

原一帯は佐坪の谷の入り口にあたり、きわめて枢要の地であったが、原阿弥陀堂と白山神宮寺観音堂は東西からこの地域をみおろす形になっている。二つの山は高さもほとんど同じで、好対象をなす。この二つの堂は、佐坪地域の掌握のために絶好の立地条件を備えており、ここを八幡宮が掌握し、また政所の平田や天羽・小生田ら宗教者が掌握しようとしたこともうなづける。

ここで目を佐坪の南部に転じ、現在熊野と呼ばれる地点に注目したい。ここには現在も「熊野の清水」と呼ばれる名水があり、古くから名水の地として知られていたが、この「熊野」は「ゆや」と読まれている。そして同地の江沢勝氏のお話によると、「熊野」はふるくは「湯谷」と記されていたが、熊野神社の社人の勢力が強かったために「熊野」の字を使うようになったということである。

ところで第二節でみたように、佐坪の政所は「湯屋免」と呼ばれる免田をもっていた。確証はないがこの湯屋免は、現在の熊野（かつての湯谷）にあったと考えてよかろう。そして湯屋免が政所の免田の一部だったことからみて、政所屋敷と免田畠もこの「能野」の近くにあったのではないかとの想定が成り立つ。

そしてこの想定を裏づける伝承が存在するのである。同じく江沢勝氏のご教示によると、熊野神社から南の丘を登ったところに「おだいかん」といわれる平坦な場所があり、ここからは佐坪と一野が両方とも観望できたという。実際にこの場所に案内していただき、その北側に大多喜街道が今でも残り、また近くに「古屋敷」という場所もあることを教えていただいた。佐坪の政所が佐坪と一野の両方を管轄していたことを考えると、政所屋敷の立地としてこの「おだいかん」あるいはその周辺は最適である。細かい場所の特定はできないが、政所の根拠地が佐坪の南部のこの一帯であったことはまちがいなかろう。

佐坪の百姓たちの家の分布はわからず、佐坪川の流域の谷が彼らの生活空間だったと想定されるのみであるが、佐坪・一野の支配にとって、ここで復元できた原阿弥陀堂・白山神宮寺観音堂のある北辺と、政所屋敷のある佐坪南部の高台が枢要の地であることはたしかであろう。ことに政所の拠点が百姓の生活圏から離れ、その動きを監督しうる高台に置かれていたことは注目に値するといえよう。

おわりに

「事書日記」の記事を子細に検討しながら、佐坪・一野で展開された諸事象をみてきたが、領主の鶴岡八幡宮、政所、僧侶たち、そして百姓たちというさまざまな立場の人々が、それぞれ個性的な行動をとり、全体として在地社会が成り立っていたという印象を受ける。

領主の八幡宮は、たしかに年貢や夏麦の定額化によって、郷村の内部に介入することは少なくなったが、貢租収納の意欲は旺盛で、時には宮下部を下向させて強制的徴収を行なったし、盆料の量を増やすなどの増徴策に出ることもあった。また政所や僧侶を働かせて、うやむやになりかねない田畠の掌握につとめている。免田・免畠は無主であると判明すれば直ちに「公物」として年貢賦課の対象としたし、また長く所在不明だった数珠免の把握も実現した。この応永初年という時代は、領主層の所領支配が困難に直面していた時代であったが、そのため彼らは収納実現のためのいっそうの努力を払ったのであり、領主支配の再編成の時代ととらえるのが実態にあっているように思える。

政所については各所で述べたが、ことに平田彦六実次の行動は特筆される。彼は近隣の地侍であるが、権門との結びつきを利用しながら勢力拡大につとめ、岩名手と改姓し身分的上昇を果たした。そして一方で政所としての職務を着実に果たしながら、他方ではあらゆる手段で権益を拡大しようとする。免田の安堵に関わって安堵料を取ろうとしたり、山守免や杓子屋敷などを掌握しながら年貢を納めなかったりと、その活動は多彩かつ巧妙である。

天羽三位阿闍梨頼円や小生田伊豆阿闍梨定信をはじめとする地域の僧侶や、綿貫継玄ら八幡宮直属の僧の活動も見逃せない。彼らは八幡宮との結びつきを軸に、寺・堂と免田畠をはじめとする各種の権益と田畠の掌握を試みており、きわめて活発な動きを示す。こうした数多くの宗教者が当時の地域社会には存在しており、彼らは郷村の地頭職はもたないが、郷村内部の所職を掌握することによって社会的地位を得ようとしていた。そして八幡宮など宗教領主の所領支配は、こうした僧侶たちの指向性を利用しながらなされており、彼らの行動は領主支配を補完するものだったのである。

百姓たちはすでに年貢や夏麦の定額化を実現し、そのうえでさらに貢租の減免要求や延納を重ねていた。こうした行動は郷村全体の百姓の一定度の団結のあらわれであり、共同体としての郷村の萌芽がそこにはみられる。しかし当時の百姓は近世の百姓のように年貢を村でまとめて上納していたわけではなく、各人の責任で個々に納入し、個別に決算がなされていたらしい。年貢の定額化は果たしたが、郷村による年貢請負はまだみられず、いわゆる村請の段階には至っていないとみるのが妥当であろう。また百姓をめぐる紛争が八幡宮の裁断によって裁かれる事例もあり、「事書日記」からは郷の問題を郷で解決する、いわゆる自検断の存在がみえてこない。もちろんこれは「事書日記」の性格に由来するもので、現実には郷のことは郷で処理されていたのかもしれないが、平田のような政所がにらみをきかせる佐坪において、百姓による自由な検断が果たして存在しえたか、疑ってみる必要もあろう。史料的制約などから確言はできないが、当時の佐坪は共同体としてはまだ未熟な状態にあり、百姓は郷の一員として行動することもあるが、基本的には特定の供僧に直属する百姓として、かなり個人的に動いていたと考えられるのである。

中世関東の郷村と百姓の実態がどのようなものだったか、このことを考えるのに必要な具体的事例はあまりに少ない。本章はこうした現状を克服したいという目的で、佐坪郷のようすを詳しく検討したものであるが、応永初年という時代の郷村は、戦国期や近世の郷村とはかなり異なっていたのではないかという印象をもつ。近世の村のイメージを中世にさかのぼらせるのではなく、中世の史料から具体的に実態を明らかにしていく努力がいっそう必要であろう。

注

(1) 永原慶二「東国における惣領制の解体過程」(同『日本封建制成立過程の研究』所収。初出は一九五二年)。
(2) 高村隆「中世後期東国社寺領における支配と農民動向—鶴岡八幡宮領上総国佐坪郷を素材として—」(『房総の郷土史』第三号、一九七五年)。
(3) 拙稿「室町期における鶴岡社の所領支配と代官」(『鎌倉府と関東』校倉書房、一九九五年、所収、初出は一九八八年)。
(4) 「鶴岡事書日記」は『神道大系』神社編二十(鶴岡)及び『戸田市史』資料編一で翻刻がなされ、前者は国学院大学黒川家旧蔵本を、後者は彰考館本を底本とする。ここでは後者を用い、東京大学史料編纂所架蔵の謄写本により校訂した。
(5) 「鎌倉年中行事」に心性院の公方との対面の記事などがある(正月十二日条、『日本庶民生活史料集成』第二十三巻、七七四頁)。
(6) 「鎌倉年中行事」に、勝長寿院の門跡が衆徒たちと対面する際、門跡が御酒を飲んだ後、その盃を心性院が受け取って飲み、さらに衆徒に渡したとの記事があり(『同右』七八三頁)、心性院が勝長寿院の下に位置していたことがうかがえる。

第五章　宇塚道慶の活躍—室町期関東の有徳人—

はじめに

中世における地域の歴史を考える時、史料の残りかたに制約されて、どうしても支配権力の動向を主軸に据えてしまいがちだが、公家や武家などの支配者だけでなく、地域に生きたさまざまな人々の動きを具体的にとらえることがなにより重要であろう。中世の在地社会の研究は、比較的史料が残っている畿内やその周辺において進められ、多くの研究蓄積があるが、史料の少ない関東においても、さまざまな工夫をしながら、地域社会や民衆の姿に少しでも迫っていくことが必要だと考えられる。

中世の民衆（百姓）は自らの手で文書などの史料を遺すことがほとんどないから、彼らの声を聞くことはかなり難しい。しかし中世の民衆は権力と無縁だったわけではなく、領主の支配の対象となっていたから、領主の遺した文書や記録のなかに、百姓たちの動きが書き込まれることはかなりある。こうした領主側の史料を積極的に活用しながら、在地社会の実態に迫るという試みは、それなりの有効性をもつということができよう。

このような問題関心と視角にもとづいて、筆者は鶴岡八幡宮の所領であった武蔵佐々目郷や上総佐坪郷などを素材として、代官と百姓の動きに注目しながら、「室町期における鶴岡社の所領支配と在地社会」(1)という論文を書いて、室町期関東の在地社会の実態の一端にふれた。そしてこの成果を基礎としながら、一九九一年度の歴史学研究会の大会報告「室町期関東の支配構造と在地社会」(2)においても、在地社会の問題に注目して一定の見取り図を描こうと試みた。そしてこの報告においては、前述した鶴岡八幡宮領の事例に加えて、下野の日光山の所領で展開された百姓の動きと、代官宇塚道慶の動向に注目して、いくつかの論点を提示した。その要点は以下のようなものである。

・応永二十六年（一四一九）に日光山領である下野苻所郷で百姓の逃散事件がおきる。
・百姓たちは年貢減免を求めて逃散という行動に出るが、政所（代官）の宇塚道慶が百姓に「口入」を行ない、供米の半分を免除するという条件を出して百姓を村に戻し、供米一貫五三〇文を領主に納めた。
・ところがその後、領主側（日光山の見衆）は、定額の年貢を納入するよう催促する。代官の宇塚道慶は反論するが、領主側は供米の半分は免除したのではなく、「閣いた」だけだと主張する。そして未納の場合は道慶から政所職を没収することもありうるという決定がなされる。
・この一件にみえる領主・代官・百姓の関係は以下の通りである。「領主の日光山はあくまで定額の年貢を払えと強要し、百姓はいろいろな手段で年貢減免を要求する。そして代官の宇塚道慶は、基本的には領主側の立場にたって百姓と直接交渉を行ない、できるだけ多くの年貢を上納するように努力している。」
・宇塚道慶は上野佐貫庄の武士で、御家人ではない「侍層」であったと考えられる。
・同じく日光山領の下野西鹿沼郷に関わる史料からも、代官と百姓の動きをとらえることができる。
・西鹿沼郷は不作のため供米の上納は円滑に進まなかったが、代官の宇塚道慶は奔走して、少しずつでも年貢を上納し、領主の指示に対しては書状を認めて対応している。
・道慶の書状から年貢収納の実態の一端をうかがうことができる。代官は年貢を出せと催促はするが、代官が自力で年貢を運ぶのではなく、実際の進納は百姓の手でなされていた。また年貢の計量は「ます取り」が行なっていた。

・年貢収納の現場に代官は直接立ち会っていない。代官の職務は年貢上納の催促であり、年貢の計測や運送は百姓の手でなされていた。

ここでみた日光山領の事例は、鶴岡八幡宮領と同様に、室町期関東の地域社会のようす（支配構造）を具体的に示す格好の素材であるといえる。この時の大会報告においては、「輪王寺文書」の分析からうかがえる実態の概略を示し、一九九五年に刊行した『鎌倉府と関東―中世の政治秩序と在地社会―』(3)のなかにもこの報告を収録したが、日光山領でおきたことがらについて、史料を示しながら詳細に提示する作業は先送りしてしまっていた。

そのようななか、『鹿沼市史』の編纂事業が進み、研究環境は大きく進んだ。大会報告を行なった当時、「輪王寺文書」は『栃木県史』史料編に収録されているのみだったが、一九九九年に『鹿沼市史』資料編が刊行され、写真つきの充実したテキストが用意された。さらに二〇〇一年に新井敦史氏が「応永期日光山領苻所郷関係文書の再検討」を発表して、資料編における文書の年次比定などに検討を加えられ、こうした研究の成果を加味しながら、二〇〇四年には『鹿沼市史』通史編（原始古代中世）が刊行され、室町期の日光山と日光山領についてのまとまった叙述がなされることになる。

このような研究の進展に導かれながら、あらためて史料を見直し、室町期下野（日光山領）の地域社会の実態について考察を加えてみたいと思う。以前の報告では領主・代官・百姓の動きを総合的にとらえたが、今回はとくに代官の宇塚道慶に注目して、その行動をあとづけることにしたい。なお、この時期の日光山領の百姓の動きや道慶の活動については、前述した『鹿沼市史』通史編や新井氏の論文にも詳しく書かれているので、内容が重複するところも多いことをあらかじめお断りしておきたい。

宇塚道慶は日光山領の代官として活躍するが、輪王寺には彼から寄進された鰐口や穀釜が遺されており、その銘文から宇塚道慶の出自などがうかがえる。まず新宮権現の鰐口に、応永二十年（一四一三）九月十八日に「宇塚肥後入道道慶」が寄進したことが刻まれており(8)、当時宇塚道慶が「肥後入道」を称していたことがわかる。また中禅寺の穀釜には、応永三十三年（一四二六）三月十八日に「上野国佐貫庄藤原朝臣沙弥道慶」が寄進したとみえ(9)、宇塚道慶が「上野国佐貫庄」を本拠とする人物で、藤原を本姓としていたことが知られる。

佐貫庄は利根川や渡良瀬川に接する重要な地点であり、関東の中央部の一つの拠点といえる。交通の要衝であるこの地を本拠としながら、宇塚道慶は下野方面に力を伸ばし、日光山の所領の代官をつとめるまでになっていったのである。

一　上野国からの役夫工米の請負

宇塚道慶が史料上にはじめて現れるのは、応永十八年（一四一一）のことである。伊勢の大神宮に所蔵される「惣官家旧記」(10)に収められている文書の写のなかに、道慶が発給した請文がみえるのである。

〔史料1〕

請申　造外宮料上野国役夫工米請料神役事

合仟佰貫文者此外先分目銭神役運上毎度可副進之

右、当国大使職事、定請料仟佰貫文、以長松丸名字所請申也、此内明年壬辰歳六月中、弐佰貫文、同年十一月中、参佰貫文、明後年癸巳歳六月中、参佰貫文、同年十一月中、参佰貫文、以上仟佰貫文、不謂国済否、守月宛次第、慥可進済于造営所者也、次、見参料佰拾貫文、幷　宣旨料伍貫文、奉行料伍貫文、大饗料三佰三十貫文之内且半分佰陸拾五貫文者山口祭幷御事始二ヶ度為大饗分者也、仍此等之所役者、可令当進也、於残半分佰陸拾伍貫文者、明年壬辰歳八月中佰貫文、可進之、残分陸拾伍貫文者、明後年癸巳歳八月中可進上之也、縦殊子細出来、雖有難済事、為厳重神物之上者、以私力可沙汰満也、若日限令違期、雖為少分、有難渋之事者、被訴申　公方、被申行ヽヽ犯用之重科、云大使、云請人等、可被没収所帯・資材・田畠等、其上被処先進用途於無、可被改易大使職於他人、其時雖為一言不可申対論者也、此等条々、雖為一事令違犯、若偽申者、忝奉始　二所太神宮、可蒙日本国中大小神祇冥道御罰於大使・請人等身者也、仍為ヽヽ進請文如件、

応永十八年辛卯十月十六日　　大使　日光政所代長松丸　判

請人　　宇塚道慶　判

伊勢の大神宮は二〇年に一度造営がなされる決まりになっており、その財源調達のため、諸国に役夫工米と呼ばれる課役が賦課された。そして外宮造営のための課役のうち、上野国の分について、「大使」である「日光山政所代長松丸」と「請人」の宇塚道慶が連署して請文を提出したのである。役夫工米などの課役をきちんと集めて外宮に納入することを誓約したものだが、その具体的内容は以下のようなものである。

・役夫工米一一〇〇貫文は、四回に分割し納入する。明年（応永十九年）六月中に二〇〇貫文、十一月中に三〇〇貫文、明後年（応永二十年）六月中に三〇〇貫文、十一月中に三〇〇貫文の四回払いである。
・役夫工米は「国済否」にかかわらず、必ず進納する。
・このほかの費用として、見参料五貫文、奉行料五貫文、大饗料三三〇貫文がある。
・このうち見参料、奉行料、大饗料の半分（一六五貫文）はすぐに進納する。
・大饗料の残り半分（一六五貫文）は、二回に分割して納入する。明年（応永十九年）八月中に一〇〇貫文、明後年（応永二十年）八月中に六五貫文の二回払いである。
・事情があって銭を集められなくても、「私力」で完済する。

・もしも難渋したら、所帯などを没収され、先に納めた用途を帳消しにして、大使職を解任されても、異議は唱えない。

上野国から造営費用を集めることを請け負って、「大使職」に任じられたのは、日光山政所代の長松丸だったが、宇塚道慶は「請人」として名を連ね、神役の納入を実質的に保証している。役夫工米については「国済否」にかかわらず必ず納入すると約束し、大饗料などの諸費用についても、「私力」によって完済すると誓約しており、かなりの財産をもっていたことをうかがうことができる。役夫工米などは上野国内の領主たちのところを回って徴収することになるが、彼らがなかなか納めてくれないことも容易に想定できた。もしもそういう状況になったとしても、自分の力で約束の分は必ず納めると約束しているわけで、自身が所持している財産で「立て替え払い」ができる存在になっていたことがわかる。

このように宇塚道慶の活動は、自身の本貫である上野国に関わってなされたことが知られるが、ここで彼が日光山政所代の保証人になっていることも見逃すことはできない。具体的なことはわからないが、応永十八年の段階で道慶はすでに日光山と深い関係をもっていたとみてまちがいなかろう。新宮権現に鰐口を寄進したのは、この二年後の応永二十年のことである。

二　小池郷・奈良部郷の代官として

宇塚道慶は日光山領であるいくつかの郷の代官（政所）をつとめている。以下彼が関係した郷ごとに考察を加えていきたいが、まず常行堂の再建に関係した小池郷と奈良部郷に関わる史料をみていくことにしたい。

〔史料2〕(11)

四本龍寺御寄進小池郷、雖令中絶、就御当用、五ケ年歟、常行堂御寄附之処、当御代官道慶入道御年貢無沙汰之由、先々有注進者歟、但近年謂乱世、御成敗者寛宥、旁被打置条、無興隆至也、所詮自何年御寄進、但何箇年土貢不致沙汰之由、見衆中載罰文之詞、厳密可被致注進、為其前可被加問答旨、其沙汰候也、仍状如件、

応永廿六年卯月三日　　　　慶守（花押）

日光山見衆御中

応永二十六年（一四一九）の四月に、日光山座主持玄の側近と推測される慶守が、見衆中にあてて出した書下で、日光山領のうちの小池郷に関わるものである。小池郷は四本龍寺に寄進されていたが、「中絶」の状況にあった。そうしたところ、五年間という期間を決めて、日光山の常行堂に寄附することになった。ところが当時の代官である「道慶入道」が年貢を無沙汰していて、年貢収納がままならないということを、おそらく見衆が座主に注進してきた。これに対して座主は、何年から寄進されているのか、何年間年貢が納められていないのかといったことを、見衆のほうから起請文のかたちで注進してくるように指示した。この書下からわかるのは以上のようなことである。

ここにみえる「道慶入道」は宇塚道慶のことで、応永二十六年当時、彼が小池郷の「代官」をつとめていたことと、年貢無沙汰という状況が続いていたことがわかる。この書下には「近年乱世なので、放置していた」とあるが、この「近年乱世」は、応永二十三年（一四一六）の冬に勃発した上杉禅秀の乱と、それにつながる戦乱状況を指すものと思われる。確証はないが、宇塚道慶は応永二十三年のころにはすでに小池郷の代官をつとめていて、禅秀の乱以後の政治的混乱状況を利用して、年貢をきちんと納めていなかった可能性が高い。

ところでこの書下には、四本龍寺に寄進されていた小池郷が常行堂に寄附されたと書かれているが、この寄附は常行堂の再建事業に関わるものと推測される。応永二十一年（一四一四）十二月二十三日のこと、大風のために常行堂

が大破するという大事件がおき、その再建が日光山の最も重要な課題となっていたのである。(12) この常行堂再建事業と郷の寄附に関わる史料はいくらか残されていて、宇塚道慶のことも書かれているので、しばらく関連史料を検討してみることにしたい。

〔史料3〕(13)

就常行堂事、御状三通、委細拝見、即披露候了、

一、御ようきやく方の事ハ、奈良部郷を、たうねんより五ケ年御きしんにて候上、御ねんく名主とく分を、もとより四本龍寺へ御きしんにて候間、そのとをりにても御きしんにて候、又昌雅ふきやうのとしよりのねんく、おなしく御きしんにて候、くハしく御留守へ御けうしよを下され候、御留守ニことのやうくハしくたつね御申候へく候、たゝし奈良部郷下地ハ、うつか方ふきやうにて候、ふきやうの事ハこのまゝにて候へく候よし、おほせにて候、

一、四本龍寺のはしら廿ほん、常行堂へ御しやくよう、これ又子細候ましく候よし、仰にて候、此子細も同御教書ニのせられ候、

一、過去帳御披見候、仍返進之候、御堂ニ御しんらう候よし、御留守より御申候間、御書を進られ候、ことにめてたく候、

一、四本龍寺御寄進ハ、はしめハ小池郷にて候へとも、観日房そせうを申され候て、奈良部郷ニさうはくにて候ほとニ、いまハ奈良部郷四本龍寺の御きしんにて候、御心へ候へく候、御代くわんハ、うつか方にて候、

一、たんせんの事ハ、此間御りやう中の地下人、まいねんのけいくわいにて候間、少分にては候へとも、おほせつけられかたく候よし、おほせにて候、此事ハいかにも、昌雅と御留守両仰事面々あいあい候て、小池・奈良部郷御年貢等を御かんちやう候て、やかて又御ちうしん候ぬと存候、くハしく御教書ニのせられ候、よく〱

御たんかう候へく候、委細事ハつくしかたく候間、とゝめ申候、恐々謹言、

十月十三日　　　　祐恵（花押）

恵乗房御報

日光山座主の側近と推測される祐恵が、見衆の最高位にいる上執事の恵乗房（常誉）にあてて出した書状である。恵乗房が常行堂のことに関わる書状三通を祐恵のもとに送り、祐恵がこれを座主に披露し、その意見を承ったうえで、この条書を書いて具体的な指示をしたのである。

一条目の冒頭に「御用脚のことについては、奈良部郷を当年から五年間寄進する」とみえるが、この「御用脚」は常行堂の再建費用とみてまちがいなかろう。常行堂の再建費用をまかなうために、奈良部郷を五年間寄附することになったわけである。また、これに続く文面から、この奈良部郷が四本龍寺に寄進されていたこと、昌雅が「奉行」をしていた時期があったことがわかるが、末尾に「たゝし奈良部郷下地ハ、うつか方ふきやうにて候、ふきやうの事はこのまゝにて候へく候よし、おほせにて候」とみえることは注目すべきである。この「うつか」は宇塚道慶とみていいだろう。当時奈良部郷の下地については宇塚道慶が「奉行」していて、奈良部郷を常行堂に寄附することになっても、いままで通り宇塚に「奉行」させるようにと、座主が指示を出したということなのである。

奈良部郷が四本龍寺に寄進された経緯については、四条目に具体的な記事がある。はじめは小池郷が四本龍寺に寄進されていたが、観日房が訴訟してきたので、奈良部郷と相博（交換）することになり、今では奈良部郷が四本龍寺の寺領になっているというのである。そしてそのあと、「御代くわんハ、うつか方にて候」と書かれている。

この書状の一条目には、宇塚道慶が奈良部郷の下地を「奉行」していると書かれているが、四条目には、宇塚が奈良部郷の「御代官」をつとめていることが明記されている。この書状が出された時点で、宇塚道慶が奈良部郷の代官（政所）をつとめていたことが確認されるのである。

この書状には月日が記されているだけなので、年次を確定することはできない。『鹿沼市史』資料編でも年次の推定はなされていなかったが、新井敦史氏はこの書状を応永二十三年のものと推定された[14]。本文書の五条目には、再建費用をまかなうために段銭を賦課するのは、所領内の地下人たちが毎年計会（困窮）している状況では難しいという座主の判断が書かれている。このような座主の認識は、荷所郷の段銭未納・逃散問題を経ることによって生じるものとして、新井氏は本文書を応永二十三年十月のものと推測されたのである（応永二十二年に段銭が賦課されたとされる）。説得的な見解なので、とりあえず氏の研究に依拠して、応永二十三年のものと仮定しておきたい。

ところでこの書状と同じく十月十三日の日付をもつ文書が一点存在する。

〔史料4〕[15]

就常行堂御修理用脚、注進之条々、任被申請候之旨、落居了、御教書見衆中へも、別紙ニ雖可被成下候、不例不本復候之間、先昌勝僧都方へ仰付了、任其趣、各致談合、可有沙汰候也、随而、御領中段別銭事、此間連々土民等窮困相続之間、暫可被扶之旨、其沙汰候、仍小池郷ハ公方御年貢可有候、御寄進分ニてハ、無子細候歟之趣、自其注進ニ見へ候之間、自元四本龍寺へ御寄進も御年貢之事候、仍如其五ケ年御寄進候也、此一段ハ凡ハ不可然候へとも、差当候て被申事候間、先如此申沙汰了、委細之趣筑前方可申候歟、猶々当堂御修理事、不被存等閑候条、神妙至候、仍如申請致沙汰了、恐々謹言、

十月十三日　　　　専聚

恵乗房僧都御房

逐申候

常行堂惣廻向帳令拝見了、尤殊勝最事候、次御寄進之小池郷事ハ、奈良部相博地候、土貢肝要候之間、不可改之候也、

「（端裏書）恵乗坊僧都御房　専聚」

座主の側近と考えられる専聚から、見衆上執事の恵乗房にあてて出された書状である。前述の書状の発給者の祐恵も座主側近であるが、祐恵の書状では宛名を「恵乗房」、専聚の書状では「恵乗房僧都御房」と書いていて、専聚書状のほうが厚礼である。おそらく専聚は身分的に祐恵より下位の人物だったのだろう。

書状の内容は前述の祐恵書状と共通するところがあり、同日に書かれたものとみてまちがいなかろう。常行堂の「御修理用脚」について見衆が座主に申請していたが、専聚はそのとおりに「落居」したことを恵乗房に伝え、昌勝僧都（御留守の座禅院）に下した命令（御教書）に従って、みなで談合して沙汰するようにと指示している。そのあと領内に段銭を賦課することは、土民たちが困窮している状況なので困難だろうという認識があることを示し、さらに「小池郷には公方御年貢があるだろうから、御寄進分としては問題ないと、注進状に書かれてあったが、もとより四本龍寺に寄進したのも御年貢である。そういうことなので、五年の間寄進することにする」と述べている。

この文面を素直に読めば、この時常行堂の修理用脚として寄進されたのは小池郷ということになる。前出の祐恵書状では奈良部郷を寄進すると書かれていたのに、この専聚書状によれば小池郷を寄進することが決まったようなのである。このあたりの事情はよくわからないが、前にみた応永二十六年四月の慶守書下（史料2）の内容とあわせて考えれば、結局常行堂の修理料として寄進されたのは小池郷だったようである。専聚書状の追伸部分に「御寄進之小池郷事ハ、奈良部相博地候」とあるから、いったん寄進されることになった奈良部郷の代わりに、小池郷が寄進されたということだろう。奈良部郷の寄進について述べる祐恵書状と、小池郷を寄進するという専聚書状が同日付なのは不可解であるが、いったん奈良部郷を寄進することが決まり、年貢徴収などに関わる条書（祐恵書状）が出されたが、そのすぐあとに奈良部郷のかわりに小池郷を寄進することになって、専聚が書状で見衆に伝えたということかもしれない。

このようにして、常行堂の再建の費用をまかなうために小池郷が寄進されることになったが、「御修理料」はなかなか集まらなかったようである。

〔史料5〕[16]

注進之趣承候了、御念仏盛物不足分事、惣政所へ申付子細候、彼方へ可有催促候、次御修理料事ハ、道慶無沙汰之条々、不限此一事候之間、暫可被相待申候、逐而可有御下知候、駒庭方事、于今無沙汰、凡ハ不可然候歟、仍惣政所方へ可下折紙由申付了、依彼左右逐可有其沙汰候也、恐々謹言、

十一月十六日　　専聚

見衆御中

史料四と同じく座主側近の専聚が書いた書状で、宛先は見衆中である。常行堂で行なわれる念仏会の「盛物」の不足分については「惣政所」に申し付けたので、そちらに催促してほしいと述べたあと、「御修理料」については「道慶」が無沙汰をしているということだが、ほかにも問題点があるので、しばらく様子をみて待っているようにと指示を加えている。

「道慶」すなわち宇塚道慶が「御修理料」を無沙汰していることがこの史料からわかる。前述の〔史料2〕（応永二十六年四月三日付）にも、小池郷の代官である宇塚道慶が年貢未進を続けているとみえるが、〔史料4〕の記載はこれと重なるところがある。おそらく小池郷が常行堂に寄進された時点（応永二十三年冬か）において、宇塚道慶はすでに小池郷の代官をつとめていて、年貢（修理料）をなかなか納めなかったということだろう。

応永十八年の段階ですでに日光山との関わりをもっていた宇塚道慶は、やがて奈良部郷や小池郷の代官として活動することになる。応永二十一年の冬に常行堂が大破し、再建事業がはじまるが、応永二十三年にはその費用をまかなうために奈良部郷が常行堂に寄進され、さらに奈良部郷との交換ということで、小池郷が常行堂に寄進されることに

なった。しかし小池郷の代官の宇塚道慶は修理料である年貢をなかなか上納せず、上杉禅秀の乱とこれに続く内乱状況のなかで、日光山の座主も厳密な催促を怠っていた。こうしたなか、応永二十五年に日光山座主は満守から持玄に替わるが[17]、新座主の持玄は見衆たちの訴えを受けて、応永二十六年になって宇塚の年貢未納をあらためて問題にし、詳しい事情を報告するよう見衆に求めた。〔史料2〕〜〔史料5〕の四点からうかがえる経緯はこのようなものである。〔史料3〕の祐恵書状の一条目に、「奈良部郷の下地は宇塚が奉行しているが、（常行堂に寄進しても）奉行についてはこのままにしておくようにと（座主から）仰せがあった」という一節がある。詳しいことはわからないが、奈良部郷を寄進されるにあたって、見衆側は代官を交代する可能性も示唆したけれども、座主は従来通り宇塚に代官をつとめさせるようにと指示を出したということではなかろうか。いろいろ問題はあるけれども、頼りになる人物だと、座主満守も宇塚道慶を評価していたのではないだろうか。

三　苻所郷・富岡郷の代官として

小池郷における宇塚道慶の年貢未進が問題にされていた応永二十六年、同じく日光山常行堂領である苻所郷では「河成」による供米・衣服料の未納という事態が起きていた。

〔史料6〕[18]

見衆等申、依苻所郷河成、衣服料令闕如之間、往年自惣政所雖致沙汰、以明神郷御正作御年貢可給云々、此条不可相違旨被仰付了、其後又依彼郷之河成、供米・衣服料三貫六十文令不足之間、同以彼御正作之内可入立申、於少分不足者以他足可被加入者歟、土貢等請合者、以別紙被仰付者也、其旨可被存知之状如件、

応永廿六年五月九日　　　　慶守（花押）

恵乗坊僧都御房

座主持玄の側近である慶守から、見衆上執事の恵乗房にあてて出された書下である。見衆のほうから「苻所郷が「河成」で衣服料が欠如している。従来は惣政所が沙汰してきたが、(今回は)明神郷の「御正作」の年貢をいただきたい」と申してきたので、座主もこれを認めた。その後、また苻所郷が「河成」になり、供米と衣服料の三貫六〇文が不足したということなので、明神郷の御正作年貢で立て替え、少しの不足分が出たら「他足」で補うことにするので心得ておくようにと伝えている。

苻所郷からの供米と衣服料の不足分は三貫六〇文だが、常行堂の供米と衣服料の合計は一一貫六〇文(供米は一貫五〇〇文、衣服料が九貫五六〇文)で、明神郷の御正作年貢は一〇貫四〇〇文なので、六六〇文の不足が出た。その分については「惣政所」の聖忠が「御年貢」の内から納めるということになって、この年の問題は解決をみたようである。(19) しかしこれはあくまで立て替えなので、苻所郷の供米・衣服料の未進分は負債として残り、あらためて催促がなされることになる。

〔史料7〕(20)

去年之供米三貫六十文、苻所郷就無沙汰、御催促之間、御百姓令逃散候、仍供米者、就河成無沙汰候者、然間、去春就蒙仰候、御百姓等致口入帰置候、仍半分壱貫五百三十文御免之処、此間又御催促候、一向愚身之肩事於中、帰置候様、御百姓等申候、如何様御意候哉、委細可蒙仰候、恐々謹言、

八月廿四日　　沙弥道慶(花押)

謹上　見衆御中

宇塚道慶から見衆中にあてて出された書状である。苻所郷の百姓たちが無沙汰をした「去年の供米三貫六十文」を、見衆のほうで催促したところ、百姓たちは逃散という手段に訴えた。そこで「去春」に宇塚道慶が仰せを受けて、百

姓たちに「口入」をして、郷に帰らせることに成功した。そこで、供米の半分にあたる一貫五三〇文は「御免」ということになった（半分の一貫五三〇文は納入したのだろう）。ところがそのあとで、見衆からまた催促がなされ、百姓たちは道慶がまちがったことをいって、だまして郷に帰らせたのだと主張した。そして困惑した道慶は、見衆に書状を認めて、「これはどういうことか、詳しく事情を聞きたい」と申し入れた。この書状からうかがえる事の経緯は以上のようなものである(21)。

応永二十六年におきた苻所郷の供米未進に関連する文書と思われるので、新井氏が指摘されているように翌年の応永二十七年八月のものとみてよかろう(22)。百姓の逃散という事態を解決するために、宇塚道慶は百姓と交渉して、供米の半分を納入させ（半分は免除）、百姓を郷に帰らせることに成功した。ところがそのあと、免除されたはずの半分をあらためて見衆が催促したので、とりあえず書状を差し出して質問したのである。

そして翌日の八月二十五日、見衆のほうから道慶に対して返答の書状が出される。

〔史料8(23)〕

御札委細承候了、抑苻所郷去年供米之事、任切符致催促候処、去春百姓等逃散、令致訴訟候間、彼供米之事、暫可閣旨、貴方へ其時分令申候き、既秋成候間、自是令催促候、惣而河成等之事、諸郷無御免候間、其旨堅可被仰付候、恐々謹言、

八月廿五日　　　見衆中

謹上　惣政所殿

冒頭に「御札委細承候了」とみえるから、宇塚道慶の書状に対する返書であることは明らかであろう。宛名に「惣政所殿」とあるので、このころ宇塚道慶は日光山領の財務を司る「惣政所」の地位にあったものと推測される。「苻所郷の去年の供米のことだが、切符に任せて催促したところ、去る春に百姓たちが逃散をして訴えてきた。それでその

供米については、しばらく「閣く」（納入延期を認める）ということを、あなたにその時申したはずだ。すでに「秋成」の時期になったので、こちらから催促したのだ。河成を理由として年貢を免除することは、どの郷でもないのだから、（百姓たちに）きちんと仰せ付けるように」というのが見衆たちの回答だった。

この文書から、百姓の逃散事件がおきたのが、本年（応永二十七年）の春だったことがわかる。逃散という実力行使に出て、百姓たちは供米の減免を訴え、宇塚道慶が領主（見衆）の命を受けて百姓と直接交渉を行ない、供米の半分は免除ということにして、百姓を郷に帰らせることに成功した。ところが見衆の側としては、供米の半分を免除した覚えはなく、それは「閣いた」にすぎないという認識があり、秋の収穫の時期になったのであらためて催促した。事の経緯はこのようなものだった。

百姓と交渉するにあたって、宇塚道慶は「半分免除」という条件を出し、このことについては領主の了解もとりつけていたつもりだったようだが、領主側はそんな約束をしたことはないと主張している。領主の指示に従いながら、宇塚道慶は百姓と交渉し、それなりの成果を得ていたが、領主側の年貢皆納を求める姿勢は強固で、領主（見衆）と道慶の間で意思疎通を欠き、認識の違いが露呈されることもあったのである。

領主の姿勢は強硬だったが、宇塚道慶も簡単には引きさがらず、年貢無沙汰の状態が続いたらしく、やがて座主の持玄から見衆中あてに次のような御教書が出されることになる。

〔史料9〕(24)

苻所郷年貢無沙汰事、重被成御教書候、所詮当年為無沙汰者、可被付下地於見衆中由、被仰下候、随彼左右、撰其器用、可令致奉行、雖被仰下政所方、不可有其足之間、如此其沙汰候也、仍執達如件、

九月廿八日　　　　　法印珍阿

見衆等御中

苻所郷の年貢無沙汰という状況に直面した座主は「当年も無沙汰だったら、下地を見衆中に付けることにする」と仰せを出した。そういうことなので、もし無沙汰ということになったら、「器用」の人を選んで奉行をさせるように、というのがこの御教書の主旨で、「政所方に命令したけれども、うまくいかないので、このように沙汰した」と説明を加えている。政所の宇塚道慶に年貢をきちんと出させるように命じたけれども、なかなか応じてくれないので、彼から代官職を没収して、見衆が直接支配する（見衆の関係者が郷を奉行する）ということにする可能性を示唆したのである。道慶と見衆が書状を交わした一月後、応永二十七年九月の御教書とも考えられるが、もっとあとの可能性もある。

ところで、宇塚道慶と苻所郷に関わる文書はほかに二通残されている。

〔史料10〕[25]

見衆等申、苻所郷供米不足分、依水失哉、随分令闕如云々、自当年以富岡郷土貢之内、地下興行之間、可令下行之由、申遣肥後入道方候、自私申定之間、不及御教書候、此旨可被仰付見衆等候、肥後入道方へ遣状候、早々可被仰遣候也、謹言、

五月十三日　　　　（花押）

浄土院御房

〔史料11〕[26]

鎌倉之御書、令拝見候了、抑御申事無相違候之条、悦喜至極候、仍富岡郷以御年貢之内二結可進之候、毎事期後信候、恐惶敬白、

五月十九日　　　　沙弥道慶（花押）

謹上　見衆御中御報

〔史料10〕の差出人は署名がないのでよくわからないが、座主の近くにいる高位の僧侶とみられる。宛名の浄土院は日光山の坊主の一人で、文中にみえる富岡郷を領している人物である。内容は苻所郷の供米に関わることで、水損のためか苻所郷の供米が不足していると、見衆たちが訴えてきたので、当年から富岡郷の年貢のなかから下行するよう「肥後入道方」に申し遣わしたから、そのことを見衆に伝えてほしいというのが、この書状の主旨である。そして「肥後入道方」にも書状を遣わしたので、早く彼に指示を出すようにと結んでいる。

前述したように、宇塚道慶は「肥後入道」を名乗っているから、この書状にみえる「肥後入道」も道慶をさすとみてよかろう。苻所郷の供米の不足分を補うために、当年からは富岡郷の年貢のなかから見衆あてに下行するようにと、座主の側近から指示が出されることになったのである。そして書状を受け取った宇塚道慶は、このことを了承して、見衆あてに書状を書いた。これが〔史料11〕である。鎌倉からの御書（〔史料10〕の差出人が道慶にあてて出した書状か）を受け取った道慶は、富岡郷の年貢のなかから「二結」（二貫文）を進納することを約束し、早速書状を書いたのである。

苻所郷の年貢未進分を富岡郷の年貢からまかなうことになったわけだが、これから宇塚道慶が苻所郷だけでなく富岡郷の現地の管理も任されていた（代官の地位にあった）ことがわかる。〔史料10〕に「地下興行之間」とあるから、河成状態にある苻所郷に比べて、富岡郷の耕地は比較的安定していて、年貢収納が見込める状況だったものと推測できる。苻所郷と富岡郷の代官を兼務していた道慶は、苻所郷での年貢未進を富岡郷の年貢で補うかたちで、なんとか責任を果たすことになったのだろう。

これらの文書にも年次がなく、時期を特定できない。河成による供米未進のおきた応永二十六年の可能性もあるが、この時は供米の不足分を明神郷の御正作年貢で補填しているので、富岡郷の年貢から二貫文を支払う必要はないようにも思える。むしろ百姓の逃散事件と道慶による交渉、見衆による再度の催促という事態になった応永二十七年の一件のあと、応永二十八年以降のものと考えるほうが自然なのではないかと思える。ほとんどの文書の年次が不明なのでなんともいえないが、応永二十七年の秋に見衆による再度の供米催促があったあと、代官の宇塚が供米を納めないため、代官職解任が議論され、こうした状況を解決するために、富岡郷の年貢で代替することになったという経緯が想定できるのではないかと思う。

〔史料10〕の某書状には、「私から申し定めたので、御教書には及ばない」と書かれているが、富岡郷の年貢で補填するということは、座主の了解をとりつけることもなく、その側近のある僧侶（〔史料10〕の差出人）が私的に立案して実行したものと思われる。詳細はわからないが、代官職を解任されかねなくなった宇塚道慶の立場を守るために、こうしたことを思いつき、事態を解決しようとしたのかもしれない。

四　西鹿沼郷の代官として

宇塚道慶は小池郷・奈良原郷・苻所郷・富岡といった郷の代官（政所）をつとめるとともに、応永二十七年段階には郷全体をまとめる「惣政所」の地位も得て活躍していた。そして応永三十三年（一四二六）以後になると、西鹿沼郷の代官としての活動が具体的に知られるようになる。

〔史料12〕(27)

御札之趣、委細令拝見候了、抑西鹿沼郷不作之事ハ、多年御留守御奉行様可有御存知候、当郷御料所之事候、如何様御年貢之内ニて可令運送候、先日蒙仰候之趣、自是ハ未注進申候、恐々謹言、

十月九日　　　　沙弥道慶（花押）

謹上　見衆御中

宇塚道慶から見衆中にあてられた書状である。年次は書かれていないが、封紙に「応永卅三年十月日御念仏々供米事」と追筆があるので、応永三十三年十月のものと思われる。西鹿沼郷の不作のことが問題になっていて、見衆から道慶にあてて「御札」が出されていたが、道慶はこの書状で返答し、「西鹿沼郷の不作のことは、御留守御奉行様（日光にいる座禅院昌継）もよく知っていることです。西鹿沼郷は日光山の御料所なので、なんとかして年貢のなかから調達して運送いたします」と約束している。常行堂で行なわれる御念仏のための供米を西鹿沼郷から納める決まりになっていたが、不作のため納入が困難なので、日光山座主に納める年貢のなかから補填して、見衆あてに運送すると道慶は約束したのである。

この常行堂念仏の供米については、この後も続いて問題になる。

〔史料13[28]〕

御札之趣、謹令拝見候了、抑常行堂御念仏々供之事、自西鹿沼郷致沙汰候也、彼郷年来不作之間、御百姓等令計会候、当年殊ニ依飢饉、可令計会候哉、如何様御意之趣、堅可申付候、恐々謹言、

七月廿九日　　沙弥道慶（花押）

謹上　見衆御中御報

〔史料14[29]〕

御札委細令拝見候了、抑西鹿沼郷仏供米之事、先日蒙仰候時、堅申付候ほとに、如何ニも納申候かと存候処、未進候由承候、驚入候、堅申付候、如何ニも近日可納申候、恐々謹言、

九月十六日　　沙弥道慶（花押）

謹上　見衆御中

この二点の文書（見衆あての宇塚道慶書状）は、いずれも年次を欠くが、封紙に記された追記から正長元年のもの

であることがわかる。常行堂の念仏供米について、見衆から「御札」が道慶あてに出され、道慶は七月二十九日に返書（史料13）を出しているが、そのなかで道慶は「西鹿沼郷は年来不作なので、百姓たちも計会（困窮）しています。今年はとくに飢饉なので、計会しているのではないでしょうか」といいながら、「御意の趣を、なんとか堅く申し付けるつもりです」と約束している。飢饉で百姓も困っているから、少しは配慮をしてほしいという願望をにおわせながら、それでも指示に従う姿勢もみせるという、なんとも微妙な文面ということができる。

宇塚道慶は困窮する西鹿沼郷の現状を伝えたが、見衆の側は定額の供米の上納を要求し、道慶も命令に従って、百姓にきちんと納入するよう申し付けた。ところが百姓が未進をして、見衆はこのことを道慶に伝える。驚いた道慶は見衆にあてて早速返事を書いた。この返書が〔史料14〕である。

「西鹿沼郷の仏供米のことですが、先日仰せを蒙った時に、きちんと百姓に申し付けました。そういうことなので、なんとか納めてくれただろうと思っていたところ、未進しているということを聞き、驚いています。きちんと（百姓に）申し付けますので、きっと近日中に納めてくれるでしょう」。宇塚道慶の返答はこのようなものだった。

代官の宇塚道慶は、供米をきちんと納めるように百姓に指示し、未進があると聞かされて「驚いた」といっているわけで、ここから彼の年貢納入への関わり方が具体的にわかる。道慶は西鹿沼郷の代官をつとめ、供米を納めるよう百姓に命じているが、百姓から供米を集めていたわけでも、供米上納の現場に立ち会っていたわけでもなかったのである。

この未進分がどうなったかは定かでないが、特段の文書が出されたりしてはいないので、百姓も供米を納めてくれたものと思われる。しかし同様の状況は翌年以後も続き、道慶も苦労を続けることになる。

〔史料15〕(30)

御札之趣委細令拝見了、抑西鹿沼之郷不作分米之事承候、令用意、今月中ニ必納可申候、若今月過候者、郷内之

御夫を可有御付候、即御返事可申候之処ニ、他行之間延引、恐入候、猶々以此趣被懸御意候者、畏入候、恐々謹言、

霜月廿日　　沙弥道慶（花押）

謹上　見衆御中

〔史料16〕[31]

西鹿沼郷仏供々米事、委細蒙仰候、去年之未進事ハ、雖不作分候、致奔走お令進納候、雖然少未進候けるや、驚入候、驪而相尋候て可令進納候、当年分之事、又不可有未進之由存候、恐々謹言、

八月八日　　沙弥道慶（花押）

謹上　見衆御中御報

この二点（見衆中あて宇塚道慶書状）も年欠であるが、封紙にみえる追筆から、〔史料15〕は正長二年（永享元年、一四二九）、〔史料16〕は正長三年（永享二年、一四三〇）のものであることがわかる（この当時鎌倉公方足利持氏は京都の幕府と敵対関係にあり、正長年号を続けて用いていた）。正長二年にも西鹿沼郷からの仏供米は納入が遅れ、見衆から代官の道慶に催促がなされた。十一月二十日、道慶は見衆あてに書状（史料15）を認め、「供米は用意して今月中に必ず納める。もし今月を過ぎてしまったら、郷内の百姓を夫として徴発されてもかなわない」と約束し、さらに書状の後半部分では、「すぐに御返事をすべきでしたが、他行していたので遅れてしまい、恐縮しています。こういうことでご理解いただければありがたいです」という文言が追加されている。代官の道慶はひたすら低姿勢だったのである。

十一月中にはなんとか納めさせると道慶は約束していたが、実際には未進分が残ってしまったようで、その納入は翌年にもち越された。正長三年（永享二年）になって去年の未進分は納められたものと道慶は思っていたが、またま

た未進分があると指摘され、八月八日に見衆にあてて書状（史料16）を出している。

「去年の未進分については、不作分だけれども、なんとか奔走して進納しました。それなのに、まだ少し未進があるのでしょうか。驚いています。すぐに（百姓に）事情を聞いて、きちんと納めさせるようにします。当年分についても、未進があってはならないと心得ております」。二年前と同じように、代官の道慶は「まだ未進がある」と見衆中から指摘されて「驚いた」と答え、きちんと納入するよう百姓に指示すると約束しているのである。

ところでこの時の未進に関わると思われる文書が一点存在する。九月十一日づけの道慶の書状（見衆中あて）である。

〔史料17〕(32)

西鹿沼郷仏供米之事、依荒内二間分令未進候歟、一間号山本内と九斗五升、一間号又六内と六斗、合一石五斗五升令進納候、御請取可給候、次去年十二月十三日、山本内米九斗令進納候、ます取者一音と申人ニて候、其時も捧愚状候、彼状の取次ハ次郎左衛門と申人ニて候、西鹿沼百姓起四郎と申者納申候、彼仁を進候、御不審相残候者、以罰文可申候由申候、然者、山本内去年之未進分五升、又又六内之去年未進分六斗、合六斗五升、去今之都合二石二斗令運送候、御請取下可給候、恐々謹言、

九月十一日　　　沙弥道慶（花押）

謹上　見衆御中

この書状も年欠で、封紙の追筆もないので、年次は特定できないが、内容からみて正長二年（永享元年）のもので、〔史料16〕の一月余りあとに出されたものと推測される。書状の中身は具体的で、年貢納入の実態がわかる興味深い史料である。とりあえずその内容（道慶の主張）をまとめると以下のようになろう。

・仏供米を未進している二間分のうち、「山本内」の九斗五升と、「又六内」の九斗（合計で一石五斗五升）を進納

するので、「御請取」をいただきたい。

・去年の十二月十三日に、「山本内」の米九斗を進納した。この時の「ます取」は一音という人で、自分も書状を出した。この書状の取り次ぎをしたのは次郎左衛門という人だ。米を納めたのは西鹿沼の百姓の起四郎なので、この人を（証人として）送ることにする。不審が残るようなことがあれば、起請文を提出してもいいと（起四郎が）申している。

・そういうことなので、「山本内」の去年の未進分五升と、「又六内」の去年の未進分六斗（去年分の合計六斗五升）と、今年分（一石五斗五升）をあわせた二石二斗を運送するので、「御請取」をいただきたい。

去年分（正長二年分）の仏供米に未進分が残っているし、今年（正長三年）の分にも未進があると指摘された道慶は、このことに関する自身の認識を具体的に示したのである。指摘された未進分のうち、去年の未進の六斗五升（山本内の五升と又六内の六斗）と、今年分の一石五斗五升（山本内の九斗五升と又六内の六斗）については道慶も納得し、すぐに運送すると約束しているが、山本内の米九斗については、去年の十二月十三日に確かに納めたはずだから、きちんと調べてほしいと投げ返している。

山本内の米九斗の納入に関わる道慶の証言は、当時の年貢上納の実態の一端をうかがうことのできる興味深いものである。この時米を納めたのは百姓の起四郎で、「升取」は一音という人物だった。また代官の宇塚道慶は上納を証明する書状を書き、次郎左衛門という人が書状の取り次ぎをしたと、ここには書かれている。代官の道慶が年貢を集めるわけではなく、当該の百姓が自分で納入し、その場には「升取」がいたことがわかる。そして代官の仕事は書状を書いて見衆のもとに届けることだったのである。

応永三十三年から正長三年（永享二年）に至るまでの数年の間の、宇塚道慶と西鹿沼郷の関わりについてみてきたが、永享四年（一四三二）になると常行堂の八月の念仏会に関わって西鹿沼郷と道慶のことが問題になっていたことが史料からわかる。

〔史料18〕(33)

八月御念仏四ケ日闕如之由、見衆中注進、委細披見了、誠驚入候、仍為西鹿沼郷役由承候間、御代官肥後入道方へ加下知候、此由見衆中へも仰候へく候、不例平臥之時分、不能返事候、兼又、浄妙寺僧下向之処、馬一疋御奉加之由承候、殊喜入候、定又公方様へも可申入候間、殊目出候、分限多少之事者、向後心得可申候也、恐々謹言、

十月二日　　　　　　　（花押）

座禅坊僧都御房

鎌倉にいる座主の側近と思われる人物から、日光にいる御留守の座禅院僧都（昌継）にあてて出された書状で、常行堂において行なわれた八月の念仏会が四日間「欠如」したことに関わるものである。念仏会に欠如があったという見衆からの注進を受けたこの僧は、座禅院僧都にあてて書状を書き、「西鹿沼郷の役だと聞いているから、御代官の肥後入道に下知するつもりなので、このことを見衆にも伝えてほしい」とたのんでいる。この「肥後入道」も宇塚道慶のこととみられるから、この時も道慶が西鹿沼郷の「御代官」だったことがわかるが、西鹿沼郷の役としてなされるべき八月の念仏会において、四日分が欠如するという問題がおき、代官の道慶が詰問されることになったのである。

この時の念仏会については関連史料があり、宇塚道慶のこともそのなかにみえる。

〔史料19〕(34)

御注進之趣、委細拝見仕了、抑依念珠御沙汰遅々、可被留御念仏由事、先度御注進候間、披露申候処、上意之趣無相違候、依道慶障碍令遅々候、御勤之前遅々、不可然候間、六日重而御門跡中罷出候、面々ニ申候間、如此状給候、態以飛脚可申之処、承仕到来之間、驪下候、先急速ニ可有御勤候、放生会前殿中御指合候、以此御注進之趣、重而可催促申候、堪用宇塚不可綺公私沙汰之由、堅被仰出之間、不可有障碍候、如此上意候間、彼三人以連判被

申候、此上者無異儀可被懃御念仏候、又三人之方へ御茶可心得申候、我等中へ給候、悦喜申候、返々可申候間令略候、恐々謹言、

八月九日　　　　慶聖（花押）

謹上　日光山見衆御中　　重祐（花押）

永享四年になって常行堂の重宝である水晶の念珠が紛失する事件がおき、その解決がなされない状況が続いて、八月の念仏会の挙行が危ぶまれる事態になっていた。(35)日光山の見衆はそうした事情を鎌倉に注進し、座主をはじめとする面々は、念仏会をきちんと行なうようにと見衆に伝えることとし、八月七日に侑能・専教・侑祐の三人（出世三人衆）が連署の書状を出し（妙法坊・顕釈坊あて）(36)、九日には慶聖と重祐が連署して、見衆中にあてて書状を認めた。〔史料19〕はこのうちの後者にあたる。

この書状にはこの一件に関わる経緯が書かれているが、「依道慶障碍令遅々候」とあるように、宇塚道慶の「障碍」が問題になっていたことがわかる。その中身は明記されていないが、八月の念仏会の費用（供米）が西鹿沼郷からまかなわれる決まりになっていたことを考慮すると、代官の宇塚が供米を納めてくれないので、念仏会が満足に行なえない状況になっていたものと思われる。

この書状の後段には、「以此御注進之趣、重而可催促申候、堪用宇塚不可綺公私沙汰之由、堅被仰出之間、不可有障碍候」という一文がある。この解釈は難しいが、「見衆の御注進の趣旨に任せて、あらためて（道慶に）催促することにする。「堪用」の宇塚が「公私の沙汰」を妨害することがあってはならないと、堅く仰せ出だすつもりなので、障碍はないだろう」というふうに、座主がいっていたということではないかと思われる。役に立つ人物なのだから、きちんと勤めを果たすようにと命令すれば、道慶も従ってくれるものと、座主は考えていたのでなかろうか。

いろいろ問題もあるけれども、破格の財力をもつ存在だった宇塚道慶は、日光山の座主からも頼りにされていたの

だろう。ところが座主の命令にもかかわらず、供米の納入は思ったようになされず、念仏会は四日間短縮ということになってしまう。そして宇塚道慶は責任を問われることになったのである。

この一件に直接関わるかどうかはわからないが、鎌倉における宇塚道慶の評価に関わる面白い史料があるので、最後に紹介することにしたい。

〔史料20〕(37)

状之体可有御免候、重而申事候者、以飛脚可申候、

御状委細承候条、悦喜候、其之左右共日々に聞候、例入無窮ニ申廻候、大略佐藤御戸はや〳〵無許容候間、事行さりけに候、委細慶聖へ申へく候、

一、常行堂事、此間連々申披候、皆々能々心得給候、可然之分候、此間者熊野堂三年忌にて候、猶々廿九日までハ十日比被指合候、其已後心性院と出世様、依宇塚故中たかいにて候、物忩候、不道行候、乍去可然趣之沙汰成行候、居留仕候か、吉時分にて候、身の内儀候て疲労以外候、令省略候、恐々謹言、

十月四日　　　　　重祐（花押）

西本坊同宿中

〔史料19〕の差出人の一人である重祐の書状で、後半で常行堂のことにふれているが、そのなかに「心性院と出世様が宇塚のことで仲違いしている」という一文がみえる。心性院は鎌倉にいる高位の僧侶(38)で、日光山の座主と深い関係にあった人物であり、「出世様」は前記した「出世三人衆」をさす。いずれも鎌倉にいて日光山の中心に関わっていたが、この両者が宇塚道慶のことをめぐって仲違いしていたというのである。何が問題になっていたかはよくわからないが、その財力によって日光山の経営を支えてくれる反面、命令に従わず年貢の未進などを繰り返していた道慶の評価をめぐっては、人々の意見もまちまちで、頼りになる人物ととらえる人がいる半面、その自由な行動に嫌悪感をも

つ人も多かったのではないかと思われる。歴代の座主は道慶をそれなりに評価していたようだが、伝統的な意識を強くもつ僧侶たちにとってみれば、鼻もちならない存在だったのかもしれないのである。

おわりに

上野の佐貫庄を本拠としていた宇塚道慶は、応永十八年に伊勢外宮造営費用の上野国分の納入を請け負った、日光政所代長松丸の保証人として史料にあらわれ、この段階でかなりの財産をもつ存在で、日光山との関係も築きはじめていたことがわかる。応永二十年には日光の新宮権現に鰐口を寄進しているが、翌応永二十一年冬に大破した常行堂の再建に関わる史料に、日光山領の郷の代官（政所）としての道慶の活動を示すものがみえるようになる。応永二十三年の冬、常行堂の再建費用をまかなうために奈良部郷、ついで小池郷が常行堂に寄進されるが、この時点で道慶はこの両郷の代官職をつとめていた。ちょうどこのころ関東で内乱（上杉禅秀の乱）がおこり、政治的混乱がしばらく続くが、こうした状況に便乗して、道慶は常行堂に対する修理料を未進し続けたようである。鎌倉の座主とその関係者も、こうした状況を放置していたが、応永二十六年になってようやく、問題としてとりあげるようになった。

またこの応永二十六年には苻所郷の百姓たちが河成を理由として常行堂の見衆に納めるべき供米を未進し、翌二十七年の春には百姓が逃散するという事態になるが、代官の立場にいた宇塚道慶は、百姓と直接交渉して、供米の半分免除という条件を出して百姓を郷に帰らせることに成功した。ところが秋になると、見衆の側は未納分の供米を納めるよう百姓に催促し、道慶がその理由を尋ねると、供米の半分は免除したのではなく、納入延期を認めただけだと答えた。この回答に道慶は納得せず、供米を催促しなかったため、鎌倉の座主のもとでは、道慶が職務をつとめなければ代官職を解任するという決定もなされた。こうした状況を解決するために、道慶は自身が代官をつとめている富岡郷の年貢の一部を流用して苻所郷の供米の不足分にあてるという対応策をとった。

このころ宇塚道慶は個別の郷の代官をつとめるだけでなく、日光山領全体の財務を司る「惣政所」の地位も得ていたようである。そして応永三十三年以後になると、西鹿沼郷の代官としての活動が史料にみえるようになる。常行堂で行なわれる念仏会の供米を西鹿沼郷から納める決まりになっていたが、西鹿沼郷では不作が続いていて、百姓たちがなかなか定額の年貢（供米）を納めてくれないという状況になっていた。このようななか、代官の道慶は百姓に供米をきちんと納めるよう催促し、未納分があると見衆から指摘されると、すぐに見衆にあてて書状を書き、百姓に催促して納めさせると約束している。ただここでも領主側の言い分をそのまま受け入れるのではなく、異論をさしはさむこともあった。正長三年（永享二年）に去年分と今年分に未進があると指摘されたときには、そのうちの一件については去年の冬に上納したはずだとして、関係者の名前を列記して異議を申し立てている。永享四年には常行堂の八月の念仏会において、四日分が実行できなくなる事態になるが、西鹿沼郷の代官だった道慶が供米を納めてくれないことがその背景にあったらしい。鎌倉の座主やその周辺の人々から、道慶はその力量を評価されていたようだが、命令に従わないことも多く、その処遇をめぐって人々の意見も二つに分かれていたようである。

このように宇塚道慶の活動は、史料からわかるものだけで、応永十八年（一四一一）から永享四年（一四三二）までの、あしかけ二二年に及ぶ(39)。上野佐貫庄を本拠としながら、日光山と深い関係を築き、いくつかの郷の代官を兼務しながら、やがて日光山領全体のまとめ役である惣政所にも任命された。領主（座主や見衆）の指示に従って郷の百姓に定額の年貢を納めるように催促するのが彼の役目で、それなりに任務は果たしていたが、事情によっては未進を続けることもあった。代官の仕事は年貢の催促で、百姓から年貢を徴収していたわけではなく、百姓が年貢を未進したり、逃散といった実力行使に及んだりした時には、百姓と直接交渉して（場合によっては一定の譲歩をして）、領主の意向に応えるよう努力していたようだが、百姓と共同歩調をとって年貢未進を続けることもあったようである。

領主と百姓の間に立って、事態をうまく解決するように交渉するのが彼の役目で、その力量が問われるところだった。そしてこうした活動をしながら、自らのもつ財産の保全と拡大にもつとめていたものと思われる。

道慶が見衆中にあてて出した書状の文面などをみると、領主側の人たちに対しては礼儀を尽くしているし、鎌倉の座主やその関係者ともつながりをもっていたらしい。しかし領主側の要求をそのまま受け入れて百姓に年貢納入を強要するというわけでもなく、地域や百姓の実態に応じて、場合によっては年貢未進を続けるといったこともしている。四囲の状況を冷静に観察し、微妙にバランスをとりながら、自ら獲得した地位を守り続けようとつとめていたのである。年貢未進などを問題にされて、代官職を解任されかねない状況になったこともあったが、結局はその地位を守りぬいたようである。座主をはじめとする領主側にとってみても、破格の財力を誇る道慶の存在は、所領支配を続けるために不可欠のものだったのだろう。

宇塚道慶が活躍した時代の関東では、鎌倉府という政権のもとに武家や寺院などの領主層が結集し、所領支配を実現していて、社会秩序はそれなりに安定していたとみることができよう。ただ領主たちの所領支配は自力でなされていたわけではなく、一般に「有徳人」と呼ばれる富裕な人たちの活動（たとえば所領代官としての働き）に支えられながら実現されていたというのが実情だったのである。身分的には領主層の下位にいるが、広汎な活動によって社会を動かしていた道慶のような人物の活動について、具体的に解明していくことが必要だし、こうした有徳人が現われた社会的背景について思いを致すことも大事な課題なのではないかと思う。

注

（1）「室町期における鶴岡社の所領支配と代官」（『三浦古文化』四四号、一九八八年）。
（2）「室町期関東の支配構造と在地社会」（『歴史学研究』六二六号、一九九一年）。

（3）『鎌倉府と関東─中世の政治秩序と在地社会─』（校倉書房、一九九五年）、第十章「室町期関東の支配構造と在地社会」。
（4）『栃木県史』史料編中世一（一九七三年）。
（5）『鹿沼市史』資料編古代・中世（一九九九年）。
（6）新井敦史「応永期日光山領苻所郷関係文書の再検討」（『かぬま　歴史と文化』六号、二〇〇一年）。
（7）『鹿沼市史』通史編 原始・古代・中世（二〇〇四年）、第二部第一章第四節「日光山領府所郷・西鹿沼郷における農民の抵抗」（新川武紀・新井敦史執筆）。
（8）『日光山輪王寺宝鑑』八〇頁。『日光市史』上巻（一九七九年）九五〇〜九五一頁。
（9）『日光市史』上巻、九五〇〜九五一頁。
（10）「惣官家旧記」八八号（『三重県史』資料編中世1上、六二一頁）。
（11）「輪王寺文書」（『鹿沼市史』資料編古代・中世〈以下同じ〉、一九四号）。
（12）『日光市史』上巻、九四九頁参照。
（13）「輪王寺文書」（『鹿沼市史』資料編、二二六号）。
（14）新井前掲注（6）論文、七七頁。
（15）「輪王寺文書」（『鹿沼市史』資料編、一八五号・二二七・二二八号）。この文書は本文部分二紙と、追伸部分一紙からなる。本文部分の二紙について、『鹿沼市史』資料編では一紙ずつ別の文書として採録し、一紙目を某書状（一八五号）、二紙目を専聚書状（二二七号）とした。ただ資料編にある写真をみても、この両者は同筆の文書であり、文面も接合するから、あわせて一つの文書（専聚書状）とみてよかろう。また追伸部分についても『鹿沼市史』では専聚書状（二二八号）として独立させているが、本文と筆跡が同じく、内容も共通するので、この書状の追伸部分と考えられる。以上のような検討に基づいて、ここでは三枚の文書をまとめて一点と考え掲出した。
（16）「輪王寺文書」（『鹿沼市史』資料編、二二五号）。
（17）「看聞日記」応永二十五年七月二十六日条に、関白一条経嗣の子息（将軍足利義持の猶子）が得度して鎌倉大御堂（勝長寿院）に入室する予定であると記されている（『看聞日記』〈図書寮叢刊〉一、二二三頁）。勝長寿院の門主は日光山座主を兼ねていたので、こののち座主の交代がなされたものと思われる。

(18)「輪王寺文書」（『鹿沼市史』資料編、一九七号）。

(19)「同右」応永二十六年五月九日、法橋恵乗書下（『鹿沼市史』資料編一九八号）、「同」五月十日、聖忠書状（『同』一九九号）。

(20)「同右」（『鹿沼市史』資料編、二〇三号）。

(21) この道慶書状には難読で判断に迷う箇所がいくつかある。後段の「一向愚身之扊事お申」の「扊事」の部分について、『栃木県史』史料編は「意事」、『鹿沼市史』資料編は「庚事」と読むが、文意は通じない。全体の文脈からすると「いつわりごと」といった意味の言葉と思われるが、文字の解読は困難である。ここではとりあえず「扊事」と読んでみた。また、前段の「仍供米者就河成無沙汰候者」の「就」の文字について、『栃木県史』や「鹿沼市史』は「非」とするが、「非河成無沙汰」だと意味が通じにくい気もする。『鹿沼市史』所載の写真をみると、文字は「非」に近いが、「就」の文字を急いで書いた書体とみえないこともないので、とりあえずここでは「就」と読んでみた。いずれにせよ今後の検討が必要である。

(22) 新井前掲注（6）論文、八二〜八三頁。

(23)「輪王寺文書」（『鹿沼市史』資料編、二〇四号）。

(24)「同右」（『鹿沼市史』資料編、二〇五号）。

(25)「同右」（『鹿沼市史』資料編、二〇〇号）。

(26)「同右」（『鹿沼市史』資料編、二〇一号）。

(27)「同右」（『鹿沼市史』資料編、二一八号）。

(28)「同右」（『鹿沼市史』資料編、二一九号）。

(29)「同右」（『鹿沼市史』資料編、二二一号）。

(30)「同右」（『鹿沼市史』資料編、二二二号）。

(31)「同右」（『鹿沼市史』資料編、二二三号）。

(32)「同右」(『鹿沼市史』資料編、一二四号)。

(33)「同右」(『鹿沼市史』資料編、一二四〇号)。

(34)「同右」(『鹿沼市史』資料編、一二三五号)。

(35)『日光市史』上巻、九五三頁参照。

(36)「輪王寺文書」(永享四年)八月七日、少輔法印侑祐等連署書状(『鹿沼市史』資料編、一二三四号)。

(37)「輪王寺文書」(『鹿沼市史』資料編、一二一九号)。

(38)「鎌倉年中行事」の正月十二日の項に、この日に勝長寿院の門主が鎌倉公方の御所に出御し、門主が帰ったあとに「心性院」が御所に参る決まりになっていたこと、心性院は公家の子息で、とくに日野家の出身者が京から下向することが多く、尊重されていたことが記されている。また「管領其外御一家幷外様奉公ノ老若、建長寺以下五山当住幷東堂ノ方々へノ書礼ノ事」の項には、日光御留守座禅院などの衆徒が勝長寿院門主(門跡)のところに出仕する時には心性院も同席し、御酒一献の時には、門主が呑んだ盃を心性院が受け取り、心性院の盃を衆徒が受け取る決まりになっていたことがみえる(『日本庶民生活史料集成』二十三巻〈年中行事〉、七七四・七八三頁)。詳細は不明だが、心性院は公家出身の高位の僧で、勝長寿院の門主(日光山の座主)と近い関係にあったもののようである。

(39)文明二年五月十八日の日付をもつ輪王寺開山堂の地蔵菩薩座像の胎内銘に「道慶」の名がみえ(『鹿沼市史』資料編、二五四号)、『鹿沼市史』資料編の解説ではこの「道慶」を宇塚道慶と同一人物と推定されている。そうだとすると、宇塚道慶は文明二年(一四七〇)にまだ存命ということになるが、道慶がはじめて史料に現われた応永十八年(一四一一)から数えると六〇年後にあたり、不自然さは否めない(応永十八年に道慶は法名を名乗っていて、それなりの年輩だったと推測される。仮にこの時三〇歳としても、文明二年には九〇歳になる)。確証はないが、ここにみえる「道慶」は宇塚道慶とは別人と考えるのが自然ではないだろうか。座像の胎内銘の書きぶりからみても、この「道慶」は仏師の一人とみたほうがよさそうである。道慶の没年は不明だが、永享四年からそう下らない時期に引退もしくは死去したのではないだろうか。

第六章　香取の小字と天正検地

はじめに

和紙に墨で文字を書くという形で、昔の人たちは多くの文書を作成した。そして和紙という素材の保存性の高さもあり、古い文書のかなりの部分が今に遺されている。江戸時代の後期から明治・大正の文書が、かつて庄屋をつとめた家々の蔵などに大量に保存されていることは、一般によく知られているし、こうした文書の解読によって、多くの事実が解明されてゆくであろうことも、容易に想像できる。

普通の庶民が文字を書くことがまだ一般的でなかった、江戸時代前期より以前の文書は、それ以後と比較すれば格段に少なくなるが、それでも公家・武家や寺院などを中心に、古代・中世から江戸時代初頭に至る時代の文書もそれなりに遺されており、こうした古い時代の文書の過半は、すでに何らかの形で翻刻がなされ、広く活用されうる環境になっている。

ただ、中世の文書の大半は、京都を中心とする畿内や西国のものであり、関東や東北という、一般に「東国」と呼ばれている地域の文書は、あまり多くはない。畿内や西国に比べて東国の中世社会の具体像がなかなかつかみにくいのも、研究の素材となる文書の少なさに由来するといえよう。しかしそうしたなかにも、奇跡的にきわめて多量の文書が群として遺されている事例がなくはない。鎌倉北条氏の一門金沢氏と、その菩提寺である称名寺の文書がまとまって収められている「金沢文庫文書」はその代表であるが、香取の社家の文書の集合体である「香取文書」も、これと比肩しうる存在である。

いわゆる「香取文書」は単独の文書群ではなく、香取の神官たちの家に個別に伝えられた多くの文書の総称である。大宮司《だいぐうじ》・大禰宜《おおねぎ》・録司代《ろくしだい》・田所《たどころ》・案主《あんしゅ》・分飯司《ぶんがいじ》・物忌《ものいみ》・源太祝《げんたほうり》・要害《ようがい》（検杖《けんじょう》）といった社家に伝えられた文書は、原本もしくは写本の形でその内容を今に伝えている。こうした多数の史料は、一九五七年に刊行された『千葉県史料中世篇 香取文書』および一九九七年発刊の『千葉県の歴史 資料編中世2（県内文書1）』において、ほぼすべてが翻刻され、研究環境は整備されている。

東国の史料としては格段の分量を誇る「香取文書」は、その内容においても顕著な特徴をもつ。大宮司や大禰宜の家伝の文書のなかには、香取を氏神とする藤原摂関家や、室町幕府や鎌倉府など、政治権力に関わる史料もみられるが、録司代・田所・案主・要害などの社家の文書の大半は、香取地域の田畠や屋敷の相伝や売買に関わるものである。公家や武家などの領主クラスではなく、ある程度の広さの田畠を所持し耕作を展開した、ごく普通の人々の生産と生活のありようを、こうした文書からうかがうことができるが、田畠などの所有に関わる史料には、その田畠がどこにあるか、きちんと明記している場合が多く、この地域における地名の広がりもあわせて知ることができる。「地名」というと「佐原」とか「吉原」といった、江戸時代の村（現在の「大字」とほぼ同じ）のことが思い浮かぶが、香取文書の証文類には、これより一ランク下の、現在の「小字」に相当する地名が数多く登場するのである。

香取神社の周辺の一定地域において、こうした「小字」がどのように展開したのか、文書をもとに全体的に解明することも可能であろう。ただ平安時代からはじまる香取文書の分量は膨大で、そこにみえる小字名も相当数に及び、また数百年の時代を通して小字の展開を考察するのは容易ではない。平安時代以来の展開を見通すことは将来の課題として、とりあえずはこの地域の「小字」の広がりが詳しくわかる時点を定めて、その時代における実態を厳密に検証することからはじめることとしたい。

このように考えて香取文書の全体を見回すと、秀吉による小田原征伐ののち、徳川家康の部下たちによって実施された検地に関わる史料のなかに、香取神社のごく周辺に限られてはいるが、一定地域の「小字」が全体的に記載されていることに気づく。ことに天正十九年（一五九一）二月に行なわれた香取宮中分検地の結果を示す一二冊の検地帳は、質量ともにきわめて豊かな内容をもつものである。まずはこの検地帳の分析によって、天正当時の小字の広がりに迫ってみることとしたい。

また、この検地帳を子細に検討することによって、時代を画するこの検地がどのように実施されたか、その具体像を解明することも可能である。秀吉の命による、いわゆる「太閤検地」や、徳川家康が行なった検地については、その歴史的意義をめぐって議論が積み重ねられてきたが、そこでの焦点はこの検地によって何が把握されたか、検地帳にみえる農民の経営規模はどのようなものか、といった問題に集約され、検地の作業がどのように実行されたかという、具体的なプロセスについてはあまり意識されてこなかったといえよう。ただ検地の意義を考えるうえでも、この事業がどのような日程で、いかなる方法によってなされたかということを、具体的に考えることが必要であろう。地名の広がりの解明とともに、検地という作業の実態分析も、本章の課題の一つに置きたい。

なお、豊富な内容をもつ香取宮中分検地帳については、古く『耕地と集落の歴史』（木村礎・高島緑雄編、文雅堂銀行研究社、一九六九年）において詳細な分析が加えられている（第三章「近世前期香取社領の構造」、神崎彰利氏執筆）。これは一二冊の検地帳にみえる膨大なデータを分析しながら、香取の神官や百姓たちの経営のありようについて、個々の人々のもつ耕地の分布も考慮にいれながら考察を加えた労作であり、香取宮中分の「小字」の広がりも考察の素材として加えている。ただこの論考の分析課題は、検地帳に登場する多数の人々が、田や畠をどのように所持し耕作していたか、ということであり、この地域の「小字」の広がりそのものは検討の対象になっておらず、また検地の具体的実施過程もあまり論じられていない。香取宮中分検地帳を対象としたこの論文から学ぶところは多く、あるいは重複する部分もあるかもしれないが、前記したように本章の視角と検討課題は神崎氏の論考とは異なることを、とりあえずお断りしておきたい。

一　検地帳の構成

天正十九年二月の検地帳は、「香取区有文書」として『千葉県史料　中世篇　香取文書』に収録されている。すべてが写であるが、香取郷宮中分（江戸時代の香取村）の検地帳一二冊が完全な形で遺されている。その内容をみるために、まず最初の一冊目の表紙と、本文の冒頭部分を少し引用してみたい。

「（表紙）
天正十九年二月廿一日　加一郎次判
卅六帳之内　大又作判
下総国香取之郷宮中之分御縄打水帳
筆者小新六郎　分飯司
安内者　玄蕃
紙数全弐十八まい、但上かみ共ニ、　縫殿右衛門」

うみのくほ
壱反五せ廿五歩、此外壱間三尺道ニ引、
十三間 廿三間 中畑大九十九歩　与右衛門分 主作

壱石一斗八合
道ノ下
壱せ十八歩、此外三尺道ニ引、
国行司分主作
六升四合
三間
十一間下畑三拾歩

表紙の中央に「下総国香取之郷宮中之分御縄打水帳」と書かれ、その右下に担当奉行の名、左下に案内者が記入されている。そして表題の右肩部分に「天正十九年二月廿一日」と日付がつけられているが、これは一二冊のすべてにみえ、後述するようにその日付は二月二十一日から二十七日までに及んでいる。一二冊の検地帳が一斉に作られたものではなく、検地作業の進行に従って順次作成されていったものであることが、この日付から判明する。担当奉行の名前などからみて、下総矢作に入部した鳥居元忠（家康の重臣）の検地で、徳川氏の代官頭立ち会いのもとで鳥居氏が実施したのであろうと、神崎氏は推定されている。

　検地帳の本文部分には、田畠一筆ごとに、田畑の等級（上中下など）と耕地の広さ、名請人が記載されている。そしてそれぞれの耕地について、右肩部分に「うみのくほ」・「道ノ下」といった地名が記されており、この田畠がどういう場所にあったかがわかるが、逆にこの地名を全体的に検討することによって、香取宮中分の田畠部分に関わる小字の広がりを総合的に知ることができる。耕地の広さは一反三百歩制をとり、大・半・小という古くからの単位を用いている（それぞれ三分の二反、半反、三分の一反にあたる）。その左右に記された面積（畝の単位を用いている）と石高は天正十九年当時のものではなく、慶長四年（一五九九）の検地の結果を付記したものである（以上『耕地と集落の歴史』二〇一～二〇二頁参照）。

　なお一筆ごとに下方に記された名請人のところに、実際に耕地を耕作している作人の名前が書かれている場合もある。前に引用した与右衛門と国行司の場合は、名請人本人が作人でもあるので「主作」と書かれているが、たとえば「宮下」の「神主分」の耕地が「かまのへた」の「右馬八作」であるというふうに、名請人と作人をともに記載している場合が多い。さらに注目すべきことに、名請人や作人の多くには「宮下」・「かまのへた」といった地名が付記されている。当時の香取宮中分に住居したり、あるいはここの耕地を耕作していた多くの人々の名前と、その居住地の小字が、この検地帳から全面的に判明するのである。一二冊の検地帳のなかには、屋敷分検地帳が一冊あり、これから天正十九年当時の屋敷地部分の小字を知ることができるが、屋敷をもつような身分ではないが、宮中分のなかに居住して耕作を担っているような階層もかなりあり、そうした人々の居住地も、検地帳の作人記載の分析によって知ることができるのである。

このように田畠だけではなく住人の居宅部分も含めて、香取宮中分のかなりの部分の小字が、この検地帳のなかにみえるわけで、ある地域の小字の広がりを考える素材としては格好のものといえよう。また一二冊の検地帳は田・畠・屋敷という対象によって分けられており、そこにみえる日付も、二月二十一日から二十七日に及ぶ。この七日間にわたって、田・畠と屋敷の検地がどのように進行したかということも、検地帳の分析によってある程度解明できるのである。

それではまず手はじめに、一二冊の検地帳をほぼ日付の順に並べてみよう。

第一冊　畠検地帳　二月二十一日
第二冊　畠検地帳　二月二十一日
第三冊　田検地帳　二月二十一日
第四冊　畠検地帳　二月二十二日
第五冊　畠検地帳　二月二十三日

第六冊　田検地帳　二月二十四日
第七冊　田検地帳　二月二十五日
第八冊　田検地帳　二月二十五日
第九冊　田検地帳　二月二十六日
第十冊　田検地帳　二月二十六日
第十一冊　田検地帳　二月二十七日
第十二冊　屋敷検地帳　二月二十七日

検地対象と検地帳の日付を並べると、香取宮内分の検地がどのように進められたか、その大筋がわかる。まず手はじめに畠と田の検地が一部地域においてなされ（二月二十一日）、それから畠地の検地を先行させて終了させ（二十二日〜二十三日）、そののち四日にわたって田の検地を行ない（二十四日〜二十七日）、最後に屋敷地の検地帳を作成して検地作業を完了している（二十七日）。

ごくおおづかみにいうとこのようになるが、検地帳にみえる小字の配列を子細に観察し、現在の小字と比較検討することによって、検地作業の進行過程をより詳しく知ることができる。問題は現在の小字と、検地帳にみえるそれとの対応関係であるが、このことについて検討するために、とりあえず昭和五十二年（一九七七）に作成された「佐原市土地宝典 香取地区」をもとに、香取宮中村（佐原市香取）における田畑と宅地の広がりを図示し、またこの時点における小字の場所を示した（図13参照。なお「佐原市土地宝典」には小字境が明記されているが、煩雑になるので省略した）。この地図からわかるように、昭和五十二年段階において、香取神社の門前を中心に宅地が広がり、水田は神宮の北東部に広がる谷と、神宮の西南、又見神社の麓の谷の二つのブロックからなる。また畑地は山や台地と水田部分との間に、これもかなりの広がりをみせていることがわかる。こうした耕地のありようは、天正十九年当時とそれ

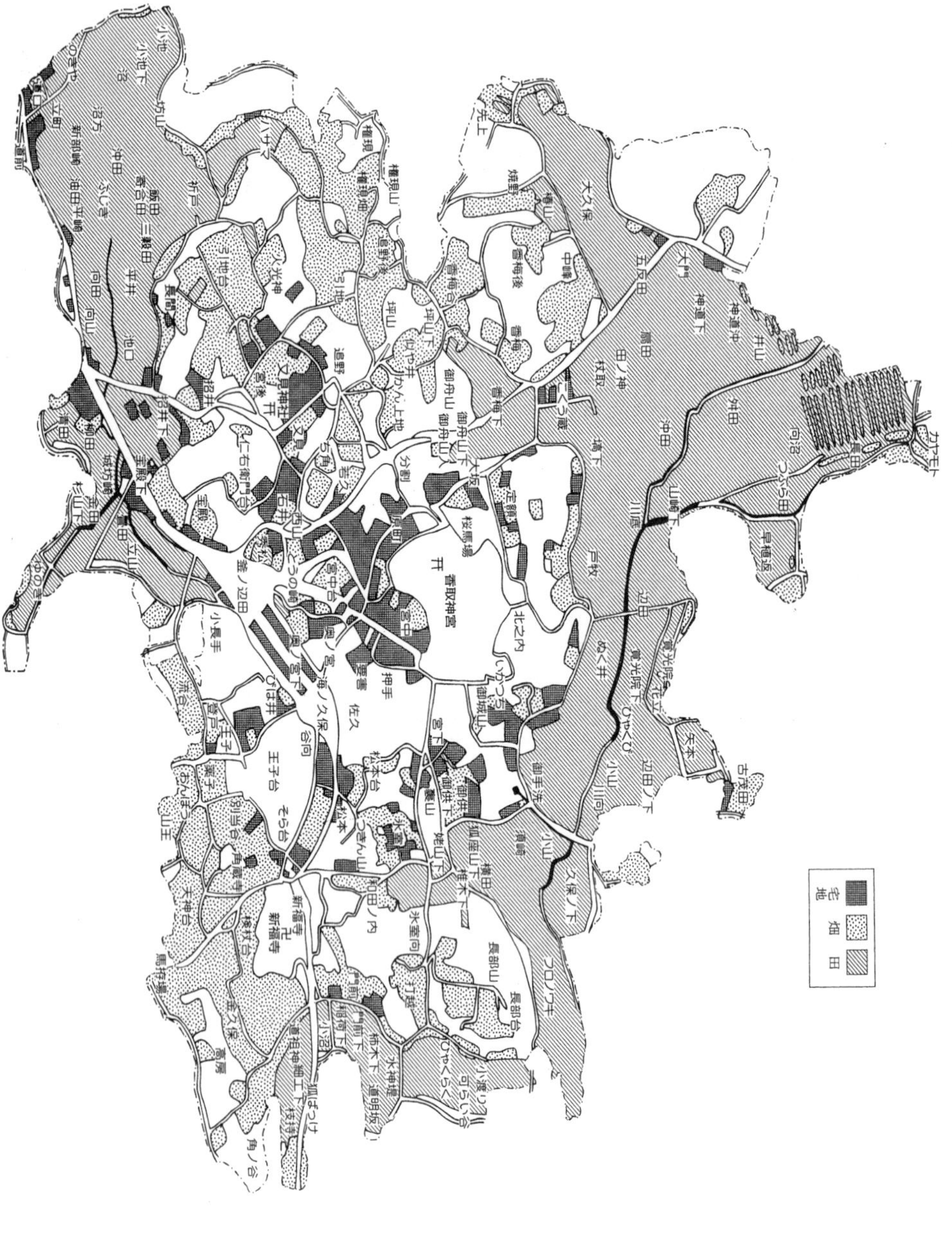

図12　香取の小字と田畑・宅地（昭和52年作成の「佐原市土地字典　香取地区」による）

ほど違わないのではないかと予測できるが、昭和五十二年当時の耕地と小字の分布を確認したうえで、天正検地帳にみえる小字と耕地について順次みていきたい。

二　検地の開始

前記したように、天正十九年二月二十一日の日付をもつ検地帳は三冊あり、うち二冊が畠検地帳、一冊は田の検地帳である。まずは第一冊、第二冊と番号をつけた、畠の検地帳を分析してみよう。

検地帳は耕地一筆ごとに整然と記載されており、そのすべてに小字が記されているが、この記載の順番はそれなりに意味があると考えられる。おおむね小字ごとに並んではいるが、前にでてきた小字がふたたび登場することもあり、小字単位で集計したものではない。ただ同じ小字の耕地はおおむねまとめて並べられており、検地奉行と案内者が現地を歩きながらチェックした順に、耕地の記載がなされているのではないかと推測される。したがって検地帳にみえる耕地記載と小字の順番を、現代のそれと比較しながら追ってゆくことで、検地担当者がどのように歩いて作業を進めたかがわかるかもしれないのである。

第一冊の最初は、「うみのくほ」の畠地であるが、これに続く耕地の小字を、おおむね順番に並べると次のようになる。

①うみのくほ　②道ノ下　③かくさうち　④道六神　⑤づきん　⑥別当作　⑦かなくほ　⑧検杖台（けんちやうたい）　⑨むとう　⑩松本（松もと）　⑪うは山　⑫おとも（ヲトモ）　⑬みたらし　⑭ぬくい　⑮戸牧（とまき、戸まき）　⑯定額さく

この一六の小字を、現代の地図にみえる小字と比較してみよう。①「うみのくほ」は、香取神宮の南の低地にある

「海ノ久保」にあたる。②「道ノ下」はみえないが、③「かくさうち」は海ノ久保の南にある「角蔵寺」、④「道六神」は「道祖神」にあたると思われ、⑤「づきん」と⑥「別当作」は、現代の「づきん山」「別当谷」と関連するものであろう。⑦「かなくほ」・⑧「検杖台」・⑩「松本」も「金久保」・「検杖台」・「松本」として今に残る小字で、⑪「うは山」は「姥山下」のことであろう。⑫「おとも」は現在の「御供」で、「姥山下」の北にあるが、これに続く⑬「みたらし」・⑭「ぬくい」・⑮「戸牧」は、「御供」から香取神宮の東側を北にむかって進む形で、「御手洗」・「ぬく井」・「戸牧」と今も小字が残る。最後の⑯「定額さく」は戸牧の西、神宮の北にある「定額」の地であろう。

このように一六の小字のうち、②「道ノ下」と⑨「むとう」を除く一四は、現在もその名を残していることがわかる。またその小字の場所を確認してゆくと、天正検地に記載された小字の順が、おおむね耕地の並び順になっていることもうかがえるのである。第一冊（畠検地）の場合は、神宮の南の「海ノ久保」から出発して南に進み、新福寺の周辺に広がる畠地（角蔵寺・別当谷・検杖台・金久保・道祖神・づきん・松本）を検地したのち、北にむかって進むかたちで、姥山・御供・御手洗・ぬく井・戸牧・定額作と連なる、香取神宮の東に点在する畠地の検地を行なったという道筋がわかるのである。

続いて同日に作成されたもう一つの畠検地帳（第二冊）を分析したい。同様の方法で小字とその順番を示すと次のようになる。

①うみのくほ　②ひやく　③王子　④別当さく　⑤大ほう　⑥王子ノたい　⑦のほと　⑧かまのへた　⑨同所山　⑩又見　⑪同所山はた　⑫あらこ　⑬西後　⑭にかい　⑮くはんぢやうじ　⑯いやい

こちらにも同じく一六の小字がみえる。最初の①「うみのくほ」は、第一冊の冒頭にもみえる「海ノ久保」で、③「王子」・⑥「王子ノたい」は、その南にある「王子」・「王子台」にあたる。また⑤「大ほう」は現在の「おんぼう」と思われ、④の「別当さく」は「別当谷」と同じとみてよかろう。⑦「のほと」は今の「登戸」であり、このあたりまでは新福寺の西の一角に集中的に存在する。そのあとは北にむかって進み、⑧「かまのへた」と⑩「又見」は今の「釜ノ辺田」・「又見」にあたる。⑫「あらこ」・⑬「西後」・⑭「にかい」は不明だが、⑮「くわんぢやうじ」と⑯「いやい」は、「かん上地」・「似や井」として又見の北方に小字がみえる。第一冊と同じく、この検地帳の記載順も作業の進行過程に対応しているわけで、「海ノ久保」からはじめて南に進み、新福寺西方に広がる畠地をまとめて検地したのち、北に転じて「釜ノ辺田」・「又見」・「かん上地」・「似や井」というふうに、散在する畠を順次チェックしていったことがわかるのである。

このように二月二十一日づけの二冊の畠検地帳は、それぞれが別々の地域を分担する形で作成されたものであることがわかったが、問題はその時間的関係である。第一冊に関わる検地と、第二冊のそれが、同時並行的になされたのか、それとも一方が終了したのち他方が着手されたのか、ということである。真相を解明することはもちろん困難であろうが、二つの検地がいずれも「海ノ久保」を基点にしており、第一冊に結実する検地は東の地域、第二冊の検地は西の地域を、それぞれ南から北に進む形でなされていることをみれば、やはりこの二つの作業は同時並行的になされたと考えるのが適当であろう。検地帳の表紙にみえる検地奉行が、第一冊では「加一郎次」と「大又作」、第二冊では「高又右」・「松勘六」の両名と、それぞれで異なっていることも、二つの作業が別途なされたことを裏付ける。あくまで推測にすぎないが、二月十一日の早朝、海ノ久保に集結した検地役人と案内者は、ここで二つにグループ分けして、一方は東の畠、もう一方は西の畠を検地することにしたということではあるまいか。そして両者は畠地の検分を進めながら、遅くともその日の夕刻には、香取神宮の周辺まで足をのばすことができたのである。

ところでこの同じ二月二十一日には、あわせて田地の検地帳も作成されている（第三冊）。今までと同じ要領で、この検地帳にみえる小字を追ってみよう。

①こぢ山下（こぢ山ノ下）　②御手洗下　③みたらし　④小山　⑤小山下　⑥ぬくい　⑦戸牧下　⑧塙下　⑨こ

くうそう前　⑩こくざう　⑪かはいさく　⑫御船山　⑬大坂　⑭五反田　⑮大くほ　⑯かはい

全くの偶然であるが、ここでも一六の小字がみえる。最初の①「こぢ山下」は現在の「狐座山下」で、神宮の東南、「御供」の地の麓にあたる。つぎの②「御手洗下」と③「みたらし」（御手洗）は、「狐座山下」の北に続く「御手洗」の地である。そして④「小山」・⑤「小山下」・⑥「ぬくい」・⑦「戸牧下」・⑧「塙下」は、「小山」・「ぬく井」・「戸牧」・「塙下」という形で、神宮東方の台地縁辺部に広がる水田の小字として、今に残っている（この谷田の全体ではなく、台地に近接する部分の小字であることに注意）。そして⑨「こくうそう前」・⑩「こくざう」は、「塙下」に続く「こくう蔵」で、⑪「かはいさく」・⑯「かはい」は現在の「香梅」・「香梅下」、⑫「御船山」は「御舟山」・「御舟山下」・「御舟山入」にあたり、⑬「大坂」は今も小字として残る。ここまでは香取神宮の北方を東から西に進む形になっているが、⑭「五反田」と⑮「大くほ」は北方にやや離れて存在する（今の「五反田」と「大久保」）。地図からわかるように、香取神宮の北辺の「こくう蔵」から北にむかって道が伸びており、その先に「五反田」と「大久保」がある。おそらくこの道は天正当時からあり、検地役人は神宮北辺の田の検地を終えたのち、この道を進んで五反田・大久保を検地したのであろう。

畠地検地と同様、田地の検地もその過程が明確に浮かび上がる。とりあえず着手したこの水田検地は、神宮の東北に広がる水田の全体に及ぶものではなく、丘陵地と水田の間の道を進みながら、そこから容易にみてとることのできる、きわめて限られた場所を対象としたものであった。「狐座山下」・「御手洗」・「小山」・「ぬく井」・「戸牧」・「塙下」・「こくう蔵」・「香梅下」・「御舟山」と続く小字は、神宮の東北の道に沿って存在する。田地検地を担当した役人と案内者は、この道を北に進みながら、とりあえず検分できる範囲をチェックしたのである。

ところでこの田地検地も二月二十一日の日付であるから、先にみた畠地検地との関係が当然のこととして問題になろう。この第三冊の表紙にみえる奉行の名は「高又右」と「松勘六」で、畠検地帳の第二冊と同じ。したがって西側の畠地を担当した一隊が、これを終えたのち「似や井」から神宮前の町場を通って「孤座山下」に進み、田地検地を行なったという推測も成り立つが、畠検地の二つのグループとは別に田地検地の部隊が組織された可能性も否定できず、今のところはなんともいえない。

三　畠地・田地検地の進展

香取宮中分の検地遂行にあたって、検地奉行や役人たちは案内者と協力して、まずは神宮から新福寺に至る地域、さらに又見神社の周辺など、主要部分の畠地と、神宮北辺の谷田のうち把握可能な部分の検地をとり行ない、三冊の検地帳をまとめあげた。三冊の日付はいづれも二月二十一日で、一斉に作成されたものと思われる。もちろん検地自体はそれ以前になされていた可能性も残るが、後にも二冊の検地帳が同一の日付で作成されているケースもみられるから、それなりの人員がいれば、一日のうちに三冊分の検地を行なうことも、あながち不可能ではないと、今のところは考えておきたい。

さて、とりあえずの検地を行なってみた関係者は、その成果をもとにその後の作業の進め方について協議したことであろう。そしてまずは畠地検地を先行させることとなり、二十二日と二十三日の二日でこれを成し遂げ、一日に一冊づつ検地帳を作成した。この検地帳（第四冊と第五冊）をもとに、検地作業のなされかたと小字の広がりについてみていきたい。

二月二十二日の日付をもつ第四冊にみえる小字は次のようになっている。

①まねい　②又見　③うつこし（打越）　④ひらい　⑤へたの内　⑥なかうち　⑦ゐて　⑧追野たい　⑨ちやうほう　⑩同はさまノ入　⑪同所ほか田　⑫和田（和田之内）　⑬なかへ

このうち①「まねい」・②「又見」・⑧「追野たい」は、又見神社の周辺に「招井」・「又見」・「追野」として存在するが、③「打越」と⑫「和田」（和田之内）・⑬「なかへ」は、離れて新福寺の北部にある（「打越」・「和田ノ内」・「長部台」）。あと⑤「へたの内」は神宮の東北の「辺田」であろうし、⑨「ちやうほう」は神宮の東南、「招井」の南にある「城坊崎」と関連する可能性が高い。このようにこの検地帳にみえる小字は分散しており、検地の過程を明らかにすることは難しいが、初日の畠検地で把握できなかったところを広く回って、とりあえずの検分を済ませたということであろう。

そして翌日の二十三日にも畠検地が続けてなされ、次に示すような順で検地帳登録がなされた（第五冊）。

①別当せうじ　②大坂（大さか）　③御舟山　④西ノ入　⑤追野後　⑥引地後（引寺後）　⑦かはい　⑧かはいさく　⑨こくうざう　⑩杖取（つえとり）　⑪大窪　⑫かはいうしろ　⑬こんけんさく　⑭新道　⑮かなくほ

ここにみえる多くの小字は、そのほとんどが神宮の西の畠地に現存する。「大坂」の小字は神宮の西北隣にあり、「御舟山」は今の「御舟山」・「御舟山下」・「御舟山入」にあたる。「追野後」の小字も現存し、「引地後」は今の「引地」の内であろう。「かはい」・「かはいさく」・「かはいうしろ」は現在の「香梅」・「香梅谷」・「香梅後」にあたる。「杖取」の小字は今と同じく、「こくうざう」・「大窪」は今の「こくう蔵」・「大久保」で、「こんけんさく」は「権現畑」のことであろう。「新道」は確証はないが宮内の北端にある「神道沖」・「神道下」のあたりと考えられる。こうした小字は神宮の西に広がる畠地にみえ、二十三日の検地によってこの一帯が着実に把握されたことがわかる。最後にみえる「かなくほ」は、遠く離れて宮内分の東南端にある（「金久保」）が、この地域の畠検地の際にここだけまにあわなかったので、最終日に検地を行なったとみてよかろう。

香取宮内分の畠検地はこのように三日で終了し、続いて田地の検地が重点的になされることとなった。田地検地は二十四日から二十七日まで四日にわたり、二十四日に一冊、二十五日と二十六日に二冊づつ、二十七日に一冊、計六冊の検地帳が作成されている。やや煩雑になるが、順を追って分析してみたい。

二十四日の検地帳（第六冊）にみえる小字は、

①かまのへた　②宝幢院下（はうたう下）　③えのき下　④同所ふけ　⑤柳田　⑥まね井　⑦神宮寺

と続く。「かまのへた」は前出の「釜ノ辺田」で、「宝幢院下」はおそらく現在の「宝殿下」であろう。また「柳田」と「まね井」は今も小字として残っている（「柳田」と「招井」）。こうしてみると、二十四日の田地検地の対象とされたのは、神宮からみて西南の谷田のうち、神宮門前の前の釜ノ辺田から柳田に至る、比較的狭い範囲だったことになる。

二十五日には二冊の検地帳が作成されている。いまとりあえず第七冊・第八冊として、そこにみえる小字をみてみよう。

〈第七冊〉

①神宮寺（ちんくち）　②はさま　③ぼう山　④新部崎　⑤新部崎下　⑥のきわ　⑦蛇いけ　⑧こいけ

〈第八冊〉

①田之神　②大門　③同所ふけ　④おきた　⑤川底　⑥山崎下　⑦同所道ノ上　⑧屋本（やもと）　⑨花たて　⑩へたしたの下

第七冊の最初にみえる「神宮寺」は、第六冊の最後にあるから、この検地が前日のそれを引き継いだものであることがうかがえるが、小字の分布からもこれは裏付けられる。「はさま」・「ぼう山」・「新部崎」・「新部崎下」・「のきわ」・と「こいけ」は、「ハサマ」・「坊山」・「新部崎」・「のきや」・「小池」という形で今も小字名を残し、これらはみな西南の谷田に広がっている。この谷田の検地は二日にわたってなされ、二十四日に東半分、二十五日に西半分の田地が掌握されたのである。

これに対して二十五日の二冊目、第七冊にみえる小字は、みな東北の谷田のものである。「田之神」・「大門」・「おきた」・「川底」・「山崎下」・「屋本」・「花たて」・「へたしたの下」は「田ノ神」・「大門」・「沖田」・「川底」・「山崎下」・「矢本」・「花立」・「辺田ノ下」というように、すべてこの名を今に伝え、しかもその配列は、北から南に整然と並んでいる。初日の二十一日の検地は、この谷田のうち台地と接する道沿いの部分を、南から北へとチェックしていくかたちで進められ、「五反田」・「大久保」に至っていたが、中二日置いてなされた検地では、まさにこの場所の隣りにあたる「田ノ神」から開始して、おおむね北から南に進む形で谷田の中央部分の検地を行なったのである。

続く二十六日にも田地検地は進められ、二冊の検地帳が作成されている。

〈第九冊〉

①山崎下　②おきた　③堤そへ　④むかいぬま　⑤あかうまさき　⑥あかむま　⑦長田

〈第十冊〉

①こいけ　②氷室下（ひむろ下）　③氷室　④小山　⑤こち山下　⑥ふろノわき

第九冊にみえる「山崎下」・「おきた」・「むかいぬま」・「長田」は谷田の北端部分にみえ（今の「山崎下」・「沖田」・「向沼」・「長田」）、この検地が前日に把握しきれなかったこの地域を対象にしたものであることがわかる。一方の第十冊の「氷室下」・「氷室」・「小山」・「こち山下」・「ふろノわき」は、「氷室」・「小山」・「孤座山下」・「フロノワキ」という小字で残り、前日の検地の及んだ地域の南の部分に相当する。この日の検地は、前の日に実行できなかった北と南の部分をそれぞれ対象にしているということができよう。

そして最後の二十七日、いま一度田地の検地がなされることとなる（第十一冊）。ここにみえる小字はつぎのようなものであった。

①門前　②打こし　③水神堤　④小渡り　⑤はなたて　⑥へたノ下　⑦小山

このうち「門前」・「打こし」（打越）・「水神堤」・「小渡り」はいずれも村の東南端、谷田の最奥部にあり、一方「はなたて」（花立）・「へたノ下」（辺田ノ下）・「小山」は谷田中央部分に存在する。田地検地のダメ押しともいえるこの日の作業は、最後に残った谷田の奥の部分を検地し、さらにいくつか把握し残した場所を調べ上げるという形で行なわれたのである。

四　屋敷検地と小字

香取宮内分における畠地と田地の検地はこのように遂行されたが、田地検地を終了した二月二十七日に、宮中分の屋敷の検地も行なわれ、検地帳一冊が作成されている（第十二冊）。この屋敷検地にも屋敷一つずつに小字が記されており、これを順に並べると次のようになる。

①原丁　②若久　③又見（またひ）　④引地　⑤かまのへた　⑥はうとういん　⑦しんとう　⑧同所おたきり
⑨北まち　⑩南まち　⑪おして（をして）　⑫宮下　⑬松もと　⑭氷室（ひむろ）　⑮宮下ノ引地　⑯みたらし
⑰北之内　⑱とまき　⑲ぬく井　⑳かうしやく　㉑長部　㉒さく

昭和五十二年の地図からわかるように、香取神社の門前を中心に宅地部分は広がりをみせているが、この状況を念頭において天正検地にみえる小字をみてみると、当時の屋敷もほぼ同じ部分に存在していたことがわかる。まず①「原丁」は「原町」で、神宮のすぐ前にあたる。②「若久」・③「又見」はこれに近接し、④「引地」もそのとなりにある。⑤「かまのへた」（釜ノ辺田）は「原町」の南にあり、⑥「はうとういん」は現在の「宝殿」にあたると思われる。⑨「北まち」と⑩「南まち」は「まち」という形でもみえ、神宮門前の町場、現在の「宮中」にあたるとみてよかろう。⑪「おして」は今の「押手」で、「宮中」のすぐ東、⑫「宮下」と⑬「松本」・⑭「氷室」はその東方にあり、⑯「みたらし」（御手洗）はその北、⑰「北之内」・⑱「とまき」（戸牧）・⑲「ぬく井」はさらにその北に連なる。末尾にみえる㉑「長部」はやや離れて村の東南の台地にみえ（「長部台」）、㉒「さく」は「宮中」の南にある「佐久」にあたると考えられる。このような小字の分析から、香取の屋敷地が神宮門前の町（北町・南町）と原町を中心として、若久・又見・引地・釜ノ辺田・宝殿（宝幢院）と続く西の台地上と、押手・宮下・松本・氷室・御手洗という東方に広がり、さらに神宮の東北の北之内や戸牧・ぬく井にも散在していたことがわかる。

ところで、検地帳の構成のところで述べたように、この検地帳には耕地の名請人だけでなく、実際に耕作している作人の名も多くみえ、この作人には居住地の地名が付記されている。この作人に付けられた地名を集計すると四九にのぼる。そのほとんどは耕地の小字としてみえ、これまでの考察で言及しているが、作人居住地のみにみえる地名もみられる。このうち大根・左原・篠原・津宮・新市場・新部・矢作・丁子・吉原は、香取宮中分の周辺にある村の名であり、香取宮中分の外から耕作に来ていた百姓が記載されているということができる。こうした地名を除くと、「うしろさく」・「しものい」・「中里」・「新寺」（につてら）・「松山」・「やつこ」・「山田」・「ようかい」・「よくら」といった地名が残る。このうち「ようかい」は神宮門前にある「要害」にあたり、この小字が天正当時からあったことがわかる。これ以外は現在の香取の小字にはみえないので、他村の小字かとも思われるが、個別の検討が必要であろう。

おわりに

一二冊の検地帳にみえる小字を追いながら、検地作業のなされかたを再現してみたが、検地帳の記載形式（耕地の記載順）と、現在の大字の分布を重ねあわせることによって、検地作業が実際にどのように進められたか、具体的に知ることができた。検地役人と案内者が歩いて実検した順番に、おそらく耕地は記載されたのであろう。そしてその実検のペースは、これまで検討したようなものであった。実際にこの程度の時間で面積測定などの作業がなされうるものかは議論の余地があろうが、耕地一筆ごとの面積を把握する能力をもつ人物が、それなりの人員を使いながら進めていけば、あながち不可能なことではなかろう。当時の検地がどの程度実態を掌握したものであるかどうかは、なかなかつかみにくいが、検地作業の実際を微細な部分も含めて究明することによって、一定の解答を与えることもできるかもしれない。

また、検地帳の詳細な検討によって、今から四〇〇年も前の検地帳に記載された小字のほとんどが、現在もその名を伝えていることを確認することができた。その結果は繰り返さないが、検地帳にみえて今の小字にはみえない地名は、それほど多くはない。こころみに畠地・田地・屋敷の順でこれを示すと次のようになる。

畠〈第一冊〉②道ノ下　⑨むとう
〈第二冊〉②ひやく　⑫あらこ　⑬西後　⑭にかい
〈第四冊〉④ひらい　⑥なかうち　⑦ゐて
〈第五冊〉④西ノ入
田〈第六冊〉③えのき下　⑥同所ふけ　⑦神宮寺
〈第八冊〉①神宮寺　⑦蛇いけ
〈第九冊〉③堤そへ　⑤あかうまさき
〈第十冊〉①こいけ
屋敷〈第十二冊〉⑳かうしやく

ここにみえる小字は現在正式には残らないが、その場所はある程度の推測が可能である。つらつらみてきたように、検地帳にみえる小字の順番は、検地の進行順にほぼ対応するから、現在その名が残っていなくても、小字の場所のおおよその推定は可能になる。最初の第一冊の畠検地は、「海ノ久保」を起点として東方に進んでいるから、「道ノ下」と「むとう」がこの地域にあったことは確実であろう。第二冊で「海ノ久保」の次にみえる「ひやく」は、おそらく「海ノ久保」と「王子」の間にあっただろうし、「又見」のあとの「あらこ」・「西後」・「にかい」は又見神社近辺の小字であろう。第四冊の小字は分散しているのでなんともいえないが、第五冊は神宮西側の畠地を対象にしており、「西ノ入」はこの地にあると考えられる。

水田の場合は畠以上に推測可能である。香取の地には東と西に二つの谷田が広がり、検地もこの谷田単位でなされていて、小字の配列も整然としている。東の谷の道沿いの田を対象とした検地帳は第三冊・第八冊・第九冊・第十冊・第十一冊の五冊であるが、このうち第三冊・第八冊・第十冊・第十一冊にみえる小字はすべて現在も残り、場所がわからないのは第九冊にみえる「堤そへ」と「あかうまさき」・「あかむま」のみである。そしてこの時の検地が谷田のうち村内の北端、山崎下・沖田・向沼・長田あたりを対象としていたことをみれば、「堤そへ」・「あかうま」といった地名がこの地域にあったことは容易に推測できよう。一方の西の谷田の検地帳は第六冊と第七冊で、「えのき下」・「神宮寺」・「蛇いけ」の小字が現在は残らないが、小字の順番からみて、「えのき下」は今の「宝殿下」や「柳田」の近くで、「神宮寺」もその近辺と考えられる。また「蛇いけ」は村の西端、今の「小池」や「のきや」の近くであろう。

天正十九年の検地帳に記載された多くの「小字」のうち、正式には現在残らないものはこの程度で、大半の小字はその名を今に伝えているのである。比較していえば畠地より田地のほうがそうした傾向が強いように思える。ほかの事例を多くみているわけではないが、古い時代の小字は、いくつかでまとめてくくられてその数を減らしてゆくケースが多く、その場合には多くの小字の名前が消滅することになるが、香取村の場合は中世の小字の安定度がきわめて高いということができよう。

それでは天正当時の小字と現在のそれとはほとんど重なるかというと、実はそうでもない。地図をみていただければわかるように、現在の香取には一七五にのぼる小字があり、そのかなりの部分が天正検地にはみえないものである。畠地の小字は天正検地に出てくるものが過半を占めるが、水田部分、とくに西の谷田には天正検地帳にみえない小字が多くみうけられる。この水田部分の西側に着目すると、「ハサマ」・「坊山」・「小池」・「新部崎」・「のきや」といった検地帳にみえる小字とともに、「祈戸」・「飯田」・「寄合田」・「三穀田」・「ふじき」・「油田」・「平崎」といった小字が並んでいる。こうした小字が古くからあるものなのか、これとも江戸時代以降に加わったものか、具体的に考えてゆくことが今後の課題である。

そして「はじめに」で述べたように、天正検地帳にみえる小字が、中世の文書にどのように現われるかを個別に検討しながら、こうした「小字」の歴史的展開を、平安のころから天正までまとめて見通すという、大きなテーマが残されている。ただここで問題になるのは、今回検討した天正検地帳で把握された範囲が、近世の香取社領である香取村のみであり、より広範に広がっていた中世の香取社領と重なるものではないということである。中世における香取社領については、前記した『耕地と集落の歴史』の第二章「中世香取社領の展開と構造」（高島緑雄氏執筆分）で詳細な分析がなされているが、「金丸・犬丸名」に属する香取・大畠・二俣・新家・田太・吉原・津部の諸村と、その周辺に広がる小野・織幡・相根・加符・丁古・佐原・新部・返田・苅馬・鍬山・津宮・追野・宮本といった村々であった。こうした広範な社領の多くは他の勢力の圧迫をうけ、所領支配が困難な状況になっていったが、天正十八年に家康が関東に入部し、香取地方が鳥居氏の版図に組み入れられた時、香取社は香取村の支配を安堵されるかわりに、それ以外の村々に関わる権益をすべて失うこととなった。この大きな変化に直面した香取社の神官や社領内の百姓たちは、みずからの手で香取村の内部の耕地の配分を短時日のうちに行ない、その過程のなかで天正十九年の検地が施行されたのである。このような展開を前提にすると、中世の香取文書にみえる多くの「小字」は、必ずしも香取村内の小字であるとはいえず、天正検地帳にみえる小字との単純な比較はできなくなる。

とはいえ実際に中世の文書にみえる小字のなかには、香取村の天正検地帳に登場する小字と重なるものも多く、個別の小字の綿密な検討によって、香取一村に限定した小字の展開をとらえることは可能であろう。また香取村に限らず、佐原・津宮などの周辺の村々についても、中世から近世・近代を通した検討ができるかもしれない。困難な問題もあろうが、少なくとも東国においては、中世の小字がこれほど明らかになる地域は存在しないのであり、近世の村の単位の下部にある、人々の生活に密着した地名の歴史を考えるうえで、香取地域は絶好のフィールドを提供しているのである。

第Ⅲ部　史料に迫る

第一章　常陸真壁氏の系図に関する一考察

はじめに

常陸真壁郡の諸郷を四〇〇年にわたって支配した真壁氏は、東国の在地領主のなかでも比較的豊富な関係史料を残している。真壁本宗家および庶子家の長岡古宇田家に伝えられた文書は『真壁町史料』の中世編Ⅰ・Ⅱに収録され、真壁氏研究の素地はかなり整ってきているといえよう。ただ今のところ、真壁氏の政治的動向はほとんど明らかにされておらず、基礎的な事実確認が必要な段階である。私も九年ほど前に真壁の長岡郷の調査に参加して以来、真壁氏についての関心をもち続けてきたが、そのなかで、真壁氏の系図の南北朝期の部分の記載に若干の疑問をもつに至った。本章はこのささやかな発見をまとめたものである。

本章で考察するのは、真壁家に伝えられた「当家大系図」という標題の系図である[3]。これは桓武天皇から真壁充幹に至る系図で、最後の部分に「元禄十年丁丑六月吉日、真壁平充幹撰之」とあり、元禄期の作であることがわかる。まず検討したい南北朝期の部分を紹介しよう（下欄「　」内は付箋。※は付箋の位置を示す）。

長幹

- 友幹
  - 時幹
    - 盛時
      - 行幹
    - 女
    - 女
  - 盛幹
  - 忠幹
  - 道幹
  - 康幹
- 女
- 定幹
- 女
- 行幹
- 宣幹

（以上註略、なお付箋によれば長幹・友幹・時幹・盛時・行幹以外は「本系」にみえず、「要庵系」に出ているという。）

智幹[※1]　三郎

○弘安二年己卯七月三日生、

○元弘三年五月七日、従越後守仲時（北条）而、於江州番馬自害、年五十五、

○弘安八年、盛時自鎌倉於備中国賜後月五箇庄故ニ住居ス、是ヲ備中真壁ト云、此子孫アリ、応仁記ニ山名・細川合戦ノ時、細川勝元方ニ新見・成合・三村・中村・河村・庄・真壁ノ兵トアルハ是也、此者共ハ皆備中ノ国士也、

- 満幹　三郎太郎、父共ニ死、年三十二、
- 女　延年姫ト云、高幹室、
- 幸幹　四郎次郎、従父兄而死、年二十九、

幹重　彦次郎　右衛門佐　安芸守

○弘安四年辛巳十月十七日生、行幹三十歳之子也、

1　「智幹以下伝等本系ニナシ、要庵系ニ出ツ」

○此時六郎定幹ト云者アリテ幹重ト家督ヲ相論ス、由之盛時浄念ノ譲状ヲ捧テ鎌倉執権相模守師時(北条)・武蔵守時村(北条)ニ訴之、家督安堵ノ証文ヲ受ル、任浄敬正安元年十一月廿三日譲状、幹重知行不可有相違ノ旨、乾元二年二月五日相模守・武蔵守両判、

○元徳元年己巳十月十四日卒、年四十九、法名西念道安、

親幹※2　六郎

○元弘三年五月、六波羅没落ノ時、向尊氏(足利)陳戦死ス、于時五十二歳、

- 義幹　小六、父共ニ打死、廿七歳、
- 楯幹　四郎三郎、同死、十九歳、
- 忠宗　五郎、同死、十七歳、

女

備中住成合豊前守兼信妻、

高幹

小太郎　掃部助　河内守

○正安元年己亥九月二日生、幹重十九歳之子、

○高幹初属官軍、後従尊氏而戦功アリ、故ニ尊氏公賞之賜本領安堵之御教書云、

御判

下　真壁掃部助高幹

可令早領知常陸国真壁郡内山宇・田村・窪・亀隈・大曾禰・小幡・飯田・伊佐々・竹来等地頭職事、

2　「親幹以下本系ニナシ、要庵系ニ出ツ、幷ニ其弟ニ景幹アリ」

右人参御方依軍忠抜群所宛行也者、如元可致沙汰之状如件、

康永三年七月二日

度幹[※3]
○文和三年甲午四月八日卒、年五十六、法名時堪、
十郎、建武二年十二月十二日、属官軍義助(脇屋)竹下合戦ニ討死、

女
備中住頓宮藤蔵妻、

則幹
五郎左衛門尉、建武二年十二月五日、属官軍義貞(新田)於手越河原戦死、

国幹

女
備中住田中源五左衛門妻、

貞幹[※4]
三郎
○正和三年甲寅正月三日生、
○康安元年辛丑十一月四日、属細川右馬頭頼之而、於倉懸城討死、年四十八、女子三人アリ、

政幹
小太郎[※5][※6]
○文保元年丁巳九月三日生、高幹十九歳之子、
○奥州会津郡内蜷河庄領勝方村、代官トシテ薄彦《スヽキ》五郎国本ヲ置、此者貞和・観応ノ比、或守護人或其時ノ将ニ附属シテ、所々ノ合戦ニ成功、其趣粗旧記ニ見ヱタリ、
文和二年癸巳六月七日卒、年三十七、法名一波乗庵、

幹常[※7]
大和守、剃髪而曰玄要入道、
有大力、以鉄棒度々敵ヲ討殺ス、

良勝　左衛門尉、真壁郡内住田村郷、

3　「度幹以下ノ兄弟本系ニナシ、要庵系ニ出ツ、而末子ニ位幹ト云ヲ戴テ子アリ」

4　「要庵系ニ興幹トアリ」

5　「小太郎ハ要庵系ニ同、但正幹トアリ」

6　「本系ニ小次郎・掃部助・河内守トアリ」

7　「幹常本系ニナシ、要庵系ニ出ツ」

広幹※8 孫太郎 兵庫助
○正慶元年壬申九月六日生、政幹十六歳之子、
○広幹法高ノ家領ヲ其子顕幹聖賢ニ相続ノ譲状アリ、永和三年三月五日沙弥法高判、
○永和三年丁巳六月七日卒、年四十六、法名用忍法高、

範幹※9 孫九郎
○明徳二年辛未十二月晦日、山名氏清有恨将軍義満(足利)公而、於内野合戦、此時在京シテ将軍方ニテ為氏清被討、

昭幹 十次郎
兄範幹共ニ戦死、

顕幹 孫次郎 刑部太夫
○延文元年丙申正月十三日生、広幹廿五歳之子、(以下註略)

勝幹

8 「要庵系ニ康幹トアリ」

9 「範幹以下本系ニナシ、要庵系ニ出ツ」

この系図には付箋が多く貼られてあり、その記載から、この系図以前に「本系」および「要庵系」という系図があったことがわかる。付箋の内容からわかるように、「本系」は、

行幹――幹重――高幹――政幹――広幹――顕幹

という嫡系のみを記載した簡略なものだったらしく、「要庵系」（戦国末に活動した酒寄要庵の作）(4)がそれに当主の兄弟などを加え、この「当家大系図」はこの二つの系図をもとに編集したものと考えられる。

要庵が新たに加えた当主の兄弟らの記載は、これといった根拠もみつからず、今のところあまり信頼をおけないが、「本系」にある真壁当主に関する記述は、「真壁文書」によって書いているところも多く、ある程度信頼してもいいようである。ただそれでも系図作成時の史料的限界などによって、事実との間にかなりの誤差も生じている。これから「本系」以来の諸系図に共通してみられる幹重―高幹―政幹―広幹という父子相承関係について、いささかたちいった検討をしてみたい。

一　政幹と広幹の関係

それではまず真壁政幹と広幹の関係から考察したい。系図では政幹と広幹を父子としているが、この記事に疑問を抱かせる一つの史料がある。

〔史料A〕文和五年三月　真壁広幹代良勝申状(5)

（端裏書）
「真壁兵庫助訴状　文和五　四　□八」

真壁兵庫助広幹元孫太郎代良勝謹言上

欲早被停止税所十郎不知実名違乱、任祖父真壁小太郎政幹譲状、仰御使、被打渡常陸国真壁郡内山田郷事、

副進

一巻　譲状　御感御教書　大掾入道浄永（高幹）証判等案

右所者、為譜代相伝所領、広幹去観応三年十二月十三日譲得之、知行無相違之処、税所十郎仮家督大掾入道浄永権威、去年（文和四）三月晦日打入当所、致押妨狼藉、上（マヽ）之剰擬令押領下地之条、無請次第也、広幹為父子各別常州居住之間、就浄永幷物領真壁河内守高幹催促、観応三年九月、於下野国西明寺城、自最初至于御敵等没落之期、致忠節之間、浄永証判分明也、就中文和二年七月、将軍（足利尊氏）家御上洛之時令供奉上、去年亦就京都御合戦馳参之間、預御感御教書訖、而父祖縦雖致不忠、争可被混彼咎哉、将亦父子各別之時者、相互不被懸其咎之条為旧例、上（マヽ）之近来其例不可勝計、仍被止彼違乱、仰御使被打渡下地為全知行、恐々言上如件、

文和五年三月　日

この文書の事書部分に「祖父真壁小太郎政幹」とあり、これを信ずれば広幹は政幹の孫となり、広幹は政幹の子とする系図の記載と矛盾する。この「祖父」は「父」の誤記とみることも不可能ではなかろうが、やはり文書と系図の史料価値からいって文書の記載を採用すべきであろう。この点を確定するために、この史料にみえる広幹の動きを整理してみたい。

①広幹は「父子各別」の状態にあり、常陸に居住していた。
②観応三年（一三五二）九月、広幹は「家督」の大掾浄永（高幹）と「惣領」の真壁高幹に従って、下野西明寺城の敵（南朝方）を攻め、敵の没落するまで従軍し、浄永から証判をもらった。
③同年十二月十三日、広幹は祖父の小太郎政幹から、真壁郡山田郷を「譜代相伝所領」として譲られ、知行した。
④文和二年（一三五三）七月、将軍尊氏が鎌倉を発して上洛した時、広幹はその供をした。
⑤文和四年（一三五五）三月晦日、税所十郎が大掾浄永の権威をかりて山田郷に入り、下地を押領した。
⑥同年、広幹は尊氏に従って京都の戦いに加わり、尊氏から感状を与えられた。

⑦文和五年（一三五六）三月、広幹は山田郷を回復すべく幕府に訴訟した。

この広幹の申状によれば、広幹は「父子各別」の状態にあったというから、広幹の父真壁某は、広幹と異なる陣営、おそらく南朝方に属していたと思われる。南朝方にいたのは広幹の父ではなく子ということもありうるかもしれないが、「父祖縦雖致不忠、争可被混彼咎哉」という広幹の主張から考えて、南朝方について「不忠」を致したのは、広幹の父であったとみるのが自然であろう。後述するように真壁政幹は貞和三年（一三四七）から観応三年（一三五二）まで足利方として動いており、また山田郷を広幹に譲っていることからみても、広幹と同じ陣営にいたことは疑いない。したがってこの文書の事書にみえる「祖父真壁小太郎政幹」を「父真壁小太郎政幹」の誤記とみることは不可能であり、やはり文書の記載を信じて広幹は政幹の孫とみるべきだろう。

ところで系図によれば広幹は永和三年（一三七七）に四六歳で没しているから、観応三年（一三五二）当時二一歳となる。この年に祖父から所領を譲られていることからみて、この年齢はおおよそ事実と大差なかろう。しかし系図によれば政幹は文保元年（一三一七）生まれで文和二年（一三五三）三七歳で没、高幹は正安元年（一二九九）生まれで文和三年五六歳で没とあり、この記載は検討を要する。前述したように政幹を広幹の祖父とすると、観応三年当時六〇歳前後だったと思われ、系図の年齢記載とは大きくくいちがう。そして高幹を政幹の父とすると、高幹は観応三年当時少なくとも八〇に近い歳になっていたことになってしまうのである。鎌倉期の部分における系図の年齢記載は、根拠ははっきりしないがおおよそ実態に即したものとみられ[6]、高幹の系図上の年齢もある程度信用できると思われる[7]。むしろ系図における高幹—政幹という記載を再検討する必要があろう。

前述した広幹代良勝申状において、広幹は高幹を「惣領」と呼んでいる。もし広幹が高幹の直系の曾孫だったら、このような表現をするであろうか。むしろ広幹は真壁の庶流の一人だったのではないかという疑いもおこってくる。次節では高幹と政幹の関係を諸史料から再検討したい。

二　高幹と政幹の関係

真壁政幹の活動を諸史料から追うと、彼が以下の三つの所領に関わっていたことがわかる。一つは常陸真壁郡山田郷である。前記した広幹代良勝申状によれば、政幹は観応三年十二月に山田郷を孫の広幹に譲っているが、広幹はここを「譜代相伝所領」といっている。これから政幹が父祖から山田郷を受け継ぎ、広幹に譲ったようにうけとれる。

二つめは美濃国小木曾荘である。「尊経閣文書」のなかにある次の史料をみよう。

〔史料B〕貞和二年三月　足利直義下知状(8)

　高山寺方便智院領美濃国小木曾庄雑掌元信申勘料幷年貢事、
右当庄者、為根本寺領之条、証文分明之処、地頭真壁小太郎政幹以下輩、抑留検注勘料幷年貢之由、就雑掌訴、為糺明可催上論人等之旨、去年康永四十月十一日、触遣守護人土岐刑部少輔頼康之処、如頼康執進代官貞行同年十二月三日請文者、小木曾庄雑掌元信申、当庄地頭真壁小太郎政幹検注勘料年貢未進事、相触之処、請文如此、謹進覧之云々起請詞載之、如政幹同年十一月九日請文者、以代官可令言上子細云々者、捧自由請文、于今不参之条、難遁違背之咎、然則於建武四年以来勘料年貢等者、遂結解可令究済之状、下知如件、

　　貞和二年三月七日

左兵衛督源朝臣（足利直義）（花押）

ここで「真壁小太郎政幹」が美濃国小木曾荘の「地頭」としてあらわれる。彼が建武四年以来小木曾荘の検注勘料と年貢を抑留した事件に関わる史料であるが、この事件の経緯は次のようである。

①美濃国小木曾荘は高山寺方便智院の所領であった。

②ところが小木曾荘の地頭である真壁小太郎政幹らが建武四年（一三三七）から検注勘料と年貢を抑留した。
③そこで小木曾荘の雑掌の元信は、政幹らの非法を幕府に訴えた。
④これをうけた幕府は、康永四年（一三四五）十月十一日、美濃守護の土岐頼康に調査を命じ、頼康の代官貞行は真壁政幹に弁明を迫った。
⑤同年十一月九日、政幹は代官を派遣して弁明すると貞行に答えた。
⑥同年十二月三日、貞行はこの旨を頼康に報告した。
⑦頼康は貞行の請文を幕府に提出した。
⑧ところがなかなか政幹は京都に代官を送らなかった。
⑨そこで幕府（足利直義）は、政幹に建武四年以来の検注勘料と年貢を払わせることに決し、貞和二年（一三四六）三月七日に下知状を発した。

建武四年（一三三七）以来小木曾荘の検注勘料と年貢を抑留した「真壁小太郎政幹」が、前節で登場した、観応三年（一三五二）に真壁郡山田郷を孫の広幹に譲った「真壁小太郎政幹」と同一人物であることは、年齢を考えても明らかであろう。山田郷の地頭だった真壁政幹は、少なくとも建武四年には美濃国小木曾荘の地頭だったことがわかる。またこの史料から、当時彼が小木曾荘の現地に在住していたことも知られる。

また政幹は陸奥国会津郡蜷河荘勝方村の地頭でもあった。「真壁文書」中の四点の史料からこのことがわかる。

〔史料C〕貞和三年八月　薄国幹着到状[9]

着到

奥州会津蜷河庄勝方村地頭摩訶部（真壁）小太郎政本（幹）代薄彦五郎国本（幹）謹言上

右藤田城馳参、至忠節之処、河俣城可馳参之由、被仰下之間、罷向之、大将畠山彦三郎（国氏）殿付御手致忠節候畢、仍

着到如件、

貞和三年八月　日

一見了（花押）《石塔義房》

〔史料D〕観応二年五月　薄国幹着到状[10]

着到

会津郡内蜷河庄勝方村地頭摩賀辺《真壁》小太郎政幹代薄彦五郎国幹

右去自正月三日、守護人等令同心、所々合戦致忠節候畢、将又府中参致于今警固候畢、仍着到如件、

観応二年五月　日

承了（花押）

〔史料E〕観応二年十一月　森国幹着到状[11]

着到

摩和辺《真壁》小太郎政本《幹》代森五郎国本《幹》

右去月廿七日、馳参羽州国府寺御陣、至于阿谷御陣、令致宿直警固候畢、仍着到如件、

観応二年十一月　日

承了（花押）

〔史料F〕観応三年五月　薄景教軍忠状[12]

摩訶部《真壁》小太郎政基《幹》代薄三郎次郎景教申

右軍忠者、去自正月五日、属三浦若狭守《芦名直盛》御手、会津郡所々城墎合戦仕了、河沼郡合河浜崎城、次蜷河庄政所楯、
至同牛沢城堤次郎左衛門尉討治之時、致度々合戦軍忠仕了、仍賜御証判、為備向後亀鏡、恐々目安如件、

承了（花押）

観応三年五月廿一日

この四点の史料は真壁小太郎政幹（政本・政基）の代官の薄（森）国幹（国本）・薄景教の出したものであるが、史料C・Dには政幹は陸奥国会津郡蜷河荘勝方村の地頭であるとあり、史料E・Fからも国幹・景教が勝方村地頭の政幹の代官として動いていることがわかる。したがって少なくとも貞和三年（一三四七）八月から観応三年五月にかけて真壁政幹が陸奥会津郡蜷河荘勝方村の地頭であったことは明らかである。この真壁小太郎政幹は年齢からみてもいままで考察してきた真壁小太郎政幹とまちがいなく同一人物である。

この四点の史料から当時の薄氏の動向を追ってみよう。奥羽の各地には北畠顕信を中心とする南朝勢力が割拠していたが、足利政権は吉良貞家・畠山国氏の両名を奥州管領として送りこみ、貞和二年（一三四六）に陸奥国府に入った両名は、ただちに南朝方の攻撃にかかった。勝方村地頭真壁政幹の代官薄国幹も畠山国氏に従って藤田（福島県伊達郡国見町）・河俣（同郡川俣町）で戦功をあげている（史料C）。ところが京都の幕府の政治的分裂（観応の擾乱）の余波をうけて、奥州でも吉良と畠山が対立し、観応二年（一三五一）二月、吉良貞家はついに畠山国氏を滅ぼしてしまう。この内乱に薄国幹は吉良氏に加わったらしく、五月には南朝軍の攻撃にさらされていた国府を守り（史料D）、十月には出羽国府寺・阿谷（山形市か）に転戦している（史料E）。さらに翌三年にも国幹の一族とみられる薄景教は、芦名直盛に従って会津およびその周辺の各地で南朝方と戦っている（史料F）。このように薄国幹・景教は足利方として活動しており、(13) その主人である真壁政幹も当時足利方に属していたことは確実であろう。

このように真壁政幹は常陸真壁郡山田郷・美濃小木曾荘・陸奥会津郡蜷河荘勝方村という散在所領を所持していた。さらにこのうち山田郷は政幹が父祖から受け継いだ所領らしく、小木曾荘も南北朝の初頭から関与しているからその可能性が高い。

ところで政幹が活動していた南北朝前期、常陸の真壁惣領家はいかなる状態にあったか。その動きを追ってみよう。鎌倉最末期の真壁氏の惣領は幹重であった。彼は正安元年（一二九九）十一月に祖父浄敬（盛時）から、真壁惣領家相伝の所領である常陸真壁郡大曽禰・伊々田（飯田）・南小幡・竹来・山宇・田村・亀隈・窪の各郷を譲られ[14]（この譲状には「彦次郎平幹重」とある）、以来真壁氏の惣領の立場にあった。下って元徳元年（一三二九）九月、真壁の庶子の長岡政光が病床で置文を書いたが、その時「そうりやうまかへのひこ二郎入道とのほうてう」が加判しこれを預かったという[15]。先にみたように幹重は彦次郎と名乗っていたから、この「まかへのひこ二郎入道との」が幹重であることは明らかである。また他の史料に「惣領真壁入道殿法超」とあるから[16]、当時幹重が入道して法超と称していたことが知られる。

さて、元弘三年（一三三三）に鎌倉幕府が滅亡し、さらに建武の新政も瓦解すると、全国各地の諸勢力が、足利方（北朝方）と南朝方に分かれて戦いあう南北朝内乱が展開する。ことに常陸の場合、暦応元年（一三三八）以来数年間、南朝の重鎮北畠親房が小田城、ついで関城に籠って活動し、高師冬の率いる足利方の軍と戦い続けたため、常陸各地の武士たちも、いずれかの陣営に属して争いあった。親房が常陸で活動していた時期、真壁の惣領幹重は、親房に従って南朝方として動いていた。興国元年（一三四〇）七月、真壁庶子の長岡妙幹（政光の子）は、申状のなかで自らの経歴を述べているが、それによると、妙幹の兄宣政は延元二年（一三三七）から足利方になったが、妙幹は南朝方に留まり、「自最前参御方、至于今惣領相共致軍忠」したという[17]。同じ文書に「惣領真壁入道殿法超」とあるから、この「惣領」は真壁法超（幹重）その人であることがわかる。興国元年当時、おそらくは動乱の当初から、真壁幹重が南朝方として動いていたことがこれから知られる。さらに興国三年（一三四二）四月、「沙弥法超」なる人物が、南奥白河の結城親朝に援軍を求める書状を書いている[18]。彼は親房の陣営にあって、その居城が足利方に攻められて危機的状態なので、足利勢の背後に出兵してほしいと親朝に要請しているのだが、「当城」が落ちたら「是より小栗（真壁郡協和町、真壁城より西北に一〇キロ余）まで御敵地」となるだろう、などといっていることからみて、この「当城」は真壁城で、「沙弥法超」は真壁法超（幹重）であるとみてまちがいなかろう。このころまで彼は真壁城にあって南朝方として足利軍の攻撃にさらされながら耐えていたのである。[19]

しかしまもなく真壁城は落ちたらしく、翌康永二年（一三四三）十一月、関城は落ち親房は逃走した。そして翌康永三年七月、「真壁掃部助高幹」が将軍尊氏から常陸真壁郡内山宇・田村・窪・亀隈・大曾禰・小幡・飯田・伊佐々・竹来の地頭職を宛行われている。[20]ここで「右人参御方依軍忠抜群所宛行也」とあるから、高幹はこれ以前のある時点で足利方に加わり、軍忠をあげたため、尊氏から真壁氏の旧領を宛行われた（実質的には安堵された）ことになる。幹重から高幹への代替わりの事情は明らかでないが、幹重が長年南朝方にあったにもかかわらず、高幹が本領をそのまま安堵されているところをみると、あるいは高幹は幹重とは別に足利方に属していたのでは、との想定もできる。先にみた結城親朝あての幹重の書状には、もし親朝が味方すれば「此辺にもあまた御方出来候ぬと覚候、是身か一族ニおき候てハ、多分不可有子細候」とあるが、親朝が味方すれば、真壁の一族もきっと味方になるだろう、ということは、この時点で幹重は真壁一族を組織しきっておらず、足利方に通じる者もいたことを示している。高幹あての幹重の譲状がないのは以上のような事情によるのかもしれない。ただ系図にみられる高幹は幹重の子であるという記載は、今のところ信じてよいと思われる。先にみた真壁広幹も父と別の陣営に属しており、父と子が足利方・南朝方に分かれて争うことは当時頻発していたと考えられるからである。

この後真壁高幹は真壁の惣領として足利氏に従って活動する。観応三年（一三五二）九月には下野西明寺城（栃木県芳賀郡益子町）の南軍を攻めに出、ついにこれを落とし[21]（この史料には「惣領真壁河内守高幹」とある）、文和二年（一三五三）七月には、足利尊氏に従い上洛している[22]（「正員河内守高幹父子」とある）。

以上みたように、真壁政幹が活動していた時期、真壁の地は本宗家の幹重・高幹によって支配されていた。政幹は本宗家の所領である真壁郡内山宇・田村・窪・亀隈・大曾禰・小幡・飯田・伊佐々・竹来の諸郷には一切関与せず、山田郷・小木曾荘・勝方村という散在所領をもっていたのである。このようなことからみて、政幹が高幹の子であることはほとんど考えられず、やはり真壁本宗とは別流の庶子家の人物とみるべきであろう。前節で指摘した高幹の年齢の問題や、広幹が高幹を「惣領」と呼んでいることも、政幹・広幹を庶子家の人物とみれば解決するのである。

三　小木曾真壁氏

真壁政幹は前記したように小木曾荘に居住していたが、所領の規模からいっても小木曾荘が最も大きく、この一流の本拠は美濃小木曾荘であったと思われる。ここではこの一流を小木曾真壁氏と呼んでおきたい。

政幹は観応三年（一三五二）十二月十三日に孫の広幹に山田郷を譲っているが、その直後の二十三日、「光幹」なる人物が一通の置文を残している。

〔史料G〕観応三年十二月　真壁光幹置文(23)

常陸国真壁郡山田郷内ねもとの弥次郎入道か在家壱宇田壱町、同加美平六入道か在家壱宇田壱町、彼在家弐名者、雖為光幹永代知行之所、為遠所之間、美濃国小木曾庄下保奮田之忍阿弥陀仏給分在家壱宇田五反仁所相博申也、至于子々孫々、於彼田在家者、一塵不可有違乱煩之状如件、

観応三年癸辰十二月廿三日

光幹（花押）

山田郷内ねもとの弥次郎入道在家一宇、同加美平六入道在家一宇を、「遠所」であるから小木曾荘下保奮田の忍阿弥陀仏給分在家一宇と相博するという内容である。宛所はないが、相博の相手は山田郷の支配者とみられ、同郷の地頭となって間もない真壁広幹であるとみてよかろう。光幹は山田郷に在家二宇をもっており、広幹は小木曾荘に在家一

宇をもっていたが、互いに遠所のため知行が難しいので、この二つの所領を交換したわけであるが、このことからみて、この光幹は小木曾荘におそらく居住していたと推測され、また山田郷に在家をもっていることからみて、広幹と同じく小木曾真壁氏の人物であるとみてよかろう。あるいは真壁政幹の子か孫かもしれない。小木曾真壁氏の所領のうち、本拠の小木曾荘はこの光幹がおそらく知行し、山田郷は広幹が獲得することになったのである。

小木曾真壁氏がいつごろ分出した家であるかは確証はない。しかし一点関係しそうな史料がある。寛喜元年（一二二九）七月十四日、真壁友幹は真壁郡内本木・安部田・大曾禰・伊々田（飯田）・北小幡・南小幡・大国玉・竹来・山宇・田村・伊佐々・窪・源法寺・亀隈の地頭職を子の時幹に譲ったが[24]、同日、友幹は妻藤原氏に真壁郡山田郷の地頭職を譲り、そこで藤原氏の死後は薬王丸に丹後国五箇保を添えて譲れと指示している[25]。この後山田郷が真壁本宗によって知行された形跡はないから、山田郷は約束どおり薬王丸（友幹と藤原氏の間に生まれた子か）に譲られ、その後は薬王丸の子孫が相承したとみるのが自然であろう。確証はないが、小木曾真壁氏はこの薬王丸にはじまると今のところは想定しておきたい。小木曾荘がいつから真壁氏の所領になったかは不明であるが、あるいは丹後国五箇保と交換して得た所領かもしれない。

四　真壁広幹

真壁広幹が政幹の子ではなく孫であり、かつ政幹は高幹の子ではなく、小木曾真壁氏とも称すべき真壁の庶子家の人物である、ということをこれまでの考察によって推定した。真壁氏の系図によれば、広幹は真壁の本宗家の所領を継承している[26]。永和三年（一三七七）二月五日、真壁氏当主の「沙弥法高」は相伝の九郷を「刑部大輔入道聖賢」に譲っているが、系図にはこの法高は広幹その人であるとあり、年代的にもそう考えても不自然はない。これが正しいとすると、真壁本宗家の家系は高幹の代で絶え、高幹のあと（おそらくその死後）、山田郷を領して常陸にいた小木曾流の広幹が真壁本宗の家督を継承したことになる。

法高すなわち広幹であるという確証はないが、若干の状況証拠はある。前記した広幹代良勝の申状と、真壁光幹の相博状はともに「真壁文書」のなかに残されているが、「真壁文書」は基本的に真壁本宗家の文書で占められており、他家の文書が挿入された形跡はない。とすると、この二点の文書は、広幹が真壁本宗を継いだからこそ「真壁文書」のなかに残されたと考えるべきであろう。確証はないが、真壁広幹が高幹のあとをついで真壁惣領家の家督を継承したことはほぼ明らかであろう。

おわりに

以上の考察で推定された真壁氏の系譜をまとめるとつぎのようになる。

長幹——友幹——時幹——盛時——行幹——幹重——高幹
　　　　　└薬王丸……………政幹——○——広幹——顕幹
　　　　　　　　　　　　　　　　└……光幹

真壁系図の編者が、なぜ高幹——政幹——広幹という記述をしたのか、これは誤解によるものか作為によるのか。決め手はないが、この系図は「真壁文書」を利用して編集したもののようであり、高幹から広幹への譲状がないため両者の関係を確定できず、文書にみえる政幹を両者の間にはさんだ結果、このような系図が作成されたのではないかと思われる。高幹・広幹の年齢は妥当であると思われるのに、政幹の年齢のみ不自然なのも、真壁氏の当主であった高幹・広幹については没年と享年に関する記事があったのに、当主にならなかった政幹についてはそれがなく、編者は政幹を高幹の子、広幹の父と想定して適当な年齢を設定したからではないかとも想像される。現在のところ、高幹から広幹への相承の事情については真壁家においても早くから忘れ去られており、系図の編者もやむをえず誤った系図を作ってしまったのだろうと考えておきたい。

推測に推測を重ねながら、真壁氏の家伝の系図と、文書などによって知られる実際の真壁氏の動きとの間の誤差を解く作業をしてみた。南北朝期以外の部分についても検討が必要であろうが、それは今後の課題としたい。東国の在地領主の政治動向や在地支配を研究する場合、どうしても系図のような後世の編纂物を利用せざるをえないが、どこをどのように利用すればいいのか、把握できない場合が多く、系図史料や軍記物などに関する史料批判をした研究も数少ない。系図を作成した人が、いかなる意図で、なにを素材にして系図をつくったのか、それぞれの事例に応じて検討する作業を進めていかねばなるまい。

注

(1) 真壁町史編さん委員会編、一九八三年。
(2) 同右、一九八六年。
(3) 真壁博氏所蔵。ここでは小森正明氏より真壁町史編纂室所蔵の写真帳をみせていただき、これをもとにして考察した。紙上を借りて真壁・小森両氏に御礼を申しあげたい。
(4) 小森正明氏の御教示による。
(5) 「真壁文書」(『真壁町史料』中世編Ⅰ、一七号史料)。
(6) ちなみに鎌倉期の真壁当主の家督相続の年(譲状を得た年)と、系図によるその時の年齢を列挙すると次のとおり。
時幹　寛喜元年(一二二九)一七歳

盛時　文永六年（一二六九）三六歳
幹重　正安元年（一二九九）一九歳

（7）証拠はないが、真壁高幹の「高」は、北条高時の一字をもらったものと推測され、高時は嘉元元年（一三〇三）の生まれであるから、高幹の生年は早く見積もってもこれより数年前ということになろう。系図には高幹の生年は正安元年（一二九九）とある。これはおおよそ現実と大差ないものとみられる。
（8）『信濃史料』第五巻、五三六頁および図版二七頁。
（9）『真壁町史料』中世編Ⅰ、一二号史料。
（10）『同右』一三号史料。
（11）『同右』一四号史料。
（12）『同右』一五号史料。
（13）吉良貞家は観応擾乱に際して足利直義にくみして将軍尊氏に反抗したが、畠山国氏を滅ぼすとやがて尊氏に降っている。
（14）「真壁文書」正安元年十一月二十三日、沙弥浄敬（真壁盛時）譲状（『真壁町史料』中世編Ⅰ、五号史料）。
（15）「真壁長岡古宇田文書」年未詳、妙心譲状案（『真壁町史料』中世編Ⅱ、一二号史料）。
（16）「同右」興国元年七月日、長岡妙幹申状案（『真壁町史料』中世編Ⅱ、二一号史料）。
（17）同右。
（18）「結城文書」（興国三年）四月五日、沙弥法超（真壁幹重）書状（『神奈川県史』資料編3・古代中世3上、三五六九号史料）。
（19）系図によれば真壁幹重は元徳元年（一三二九）に没しているが、興国三年まで幹重が生きていたことは明らかであり、系図の誤りといえよう。
（20）「真壁文書」康永三年七月二日、足利尊氏下文（『真壁町史料』中世編Ⅰ、九号史料）。
（21）〔史料A〕参照。
（22）「真壁長岡古宇田文書」文和二年八月二十三日、沙弥法昌申状案（『真壁町史料』中世編Ⅱ、二五号史料）。

（23）「真壁文書」（『真壁町史料』中世編Ⅰ、一六号史料）。
（24）「同右」寛喜元年七月十九日、藤原頼経下文（『真壁町史料』中世編Ⅰ、二号史料）。
（25）「同右」同日、藤原頼経下文（『真壁町史料』中世編Ⅰ、一号史料）。
（26）「同右」永和三年二月五日、沙弥法高譲状（『真壁町史料』中世編Ⅰ、一九号史料）。

第二章　香取文書にみる中世の年号意識

はじめに

一九九六年十一月に刊行された勝俣鎮夫氏の『戦国時代論』(1)に収められている新稿「戦国時代東国の地域年号について」は、甲斐の「常在寺衆年代記」(「妙法寺記」)・「勝山記」)の分析を中心として、戦国時代東国の地域社会に広がる年号意識の実態を解明し、あわせて地域年号を設定した三島暦などの暦のありように言及した、注目すべき研究であるが、ことに興味を惹かれるのは、「常在寺衆年代記」の年号表記に注意するなかで発見された「元二年」という記載である。勝俣氏はこの記録の年次記載に「延徳元二開元庚戌」「享禄二元年己丑」といった奇妙な記事がみえることに注目し、これは誤記ではなく、この記録の編者が改元によってその年（干支）も変わると考えていたことを示すとされた。さらに氏はこの編者が改元による年号の年次は二年（実質的には元年と二年）よりはじまるという年号観をもっていたと指摘され、他の事例も援用して「東国地方では、前年号の年と改元による新年号が交じりあう元年を新年号の最初の年とするのではなく、二年を「始ノ年」とする考え方がかなり一般的に存在したことが予想される」と述べられている。

これは戦国期東国の地域社会に生きた人々の現実の年号意識に関わる重要な指摘であるが、このたび千葉県史の編纂に加わり、香取神宮関係の文書の整理を行なう過程で、多数の香取関係文書のなかに、中世の地域住人の年号や改元についての意識や感覚を示すものがかなりあることに気づいた。『千葉県の歴史』資料編・中世2の刊行にあたり、現段階で発見できた事例を以下紹介することにしたい。

一　「元年」と「二年」

香取神官の一人として実務を担った田所家の文書は、嘉永四年（一八五一）に五巻の巻子に仕立てられ、現在東洋文庫に所蔵されているが、このうちの四巻目に、「香取大神宮年中諸ケ祭立帳事」と題された帳簿がある。[2] これは八丁からなる竪帳で、綴目を解き広げてつなげられているが、ここで注目したいのは、この帳簿の最後に記された年月日の記載である。原本の写真（図14）はかなり読みにくいが、「嘉吉元年壬戌正月廿九日」と書いたあと、「嘉吉元年」の「元」の上に墨線を引き、その右隣に「弐」の字を書いていることがみえる。

原本写真からは明瞭にとらえにくいが、幸い田所文書については色川三中が影写した写本が残されており、これから年号記載のさまを明確に知ることができる。常陸土浦の色川三中は、香取神宮の社家文書の多くを影写し、「香取文書纂」と呼ばれる一大写本集を作成した。現在これは静嘉堂文庫に所蔵されているが、「田所家文書　四」と題された冊子のなかに、今問題にしている帳簿も写されており、その末尾の年号記載の書き直しの跡も明瞭に筆写されているのである（図15）。これをみれば明らかなように、「元」の字の上には三本の斜線があり、その右横に「弐」と書かれているのである。

嘉吉元年（一四四一）の干支は辛酉、二年の干支は壬戌であるから、この文書は嘉吉二年のものとみるべきである。したがって「嘉吉元年」と書いたのは単なるまちがいかもしれない。しかし前述した勝俣氏の指摘などをあわせて考えれば、ここでまず「嘉吉元年」と書いたことにも、なにがしかの意味がありそうである。結果的には「二年」と訂正したが、この文書の筆者は、年号記載にあたって、最初は「嘉吉元年」と書いてしまったのであり、勝俣氏が述べられたような、改元の翌年を新年号のはじめの年とする意識の存在を示すものかもしれないのである。

そうこう考えながら巻子を読み進めてゆくと、しばらくして図16のような文書にゆきあたる。これは田所（藤井）宗好が男子の節房（せちはう）に譲与する田畠屋敷を列記したものだが、[3] 写真を見れば明らかなように、この年月日記載は「文亀元弐年壬戌九月廿七日」となっている。ここでは「文亀元弐年」と堂々と一行に書かれ、「元」を「弐」に直してもいない。壬戌の年は文亀二年（一五〇二）にあたるから、今の感覚だと文亀二年が正しく、元年は誤りということになるが、田所宗好あるいはこの文書を筆記した人物にとって、この時の年次は「文亀元二年」とも認識されていたので

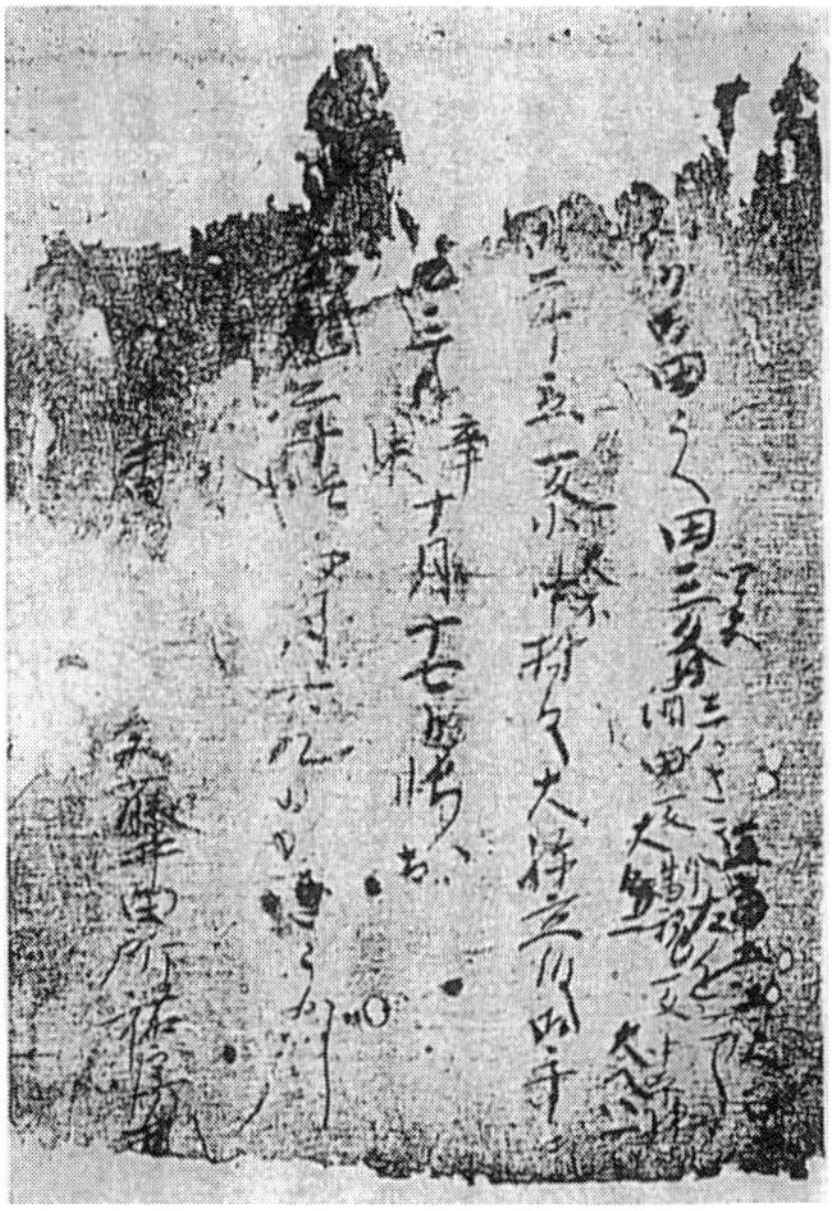

図 14　「香取田所家文書」香取大神宮年中諸个祭立帳末尾部分（(公財）東洋文庫蔵）

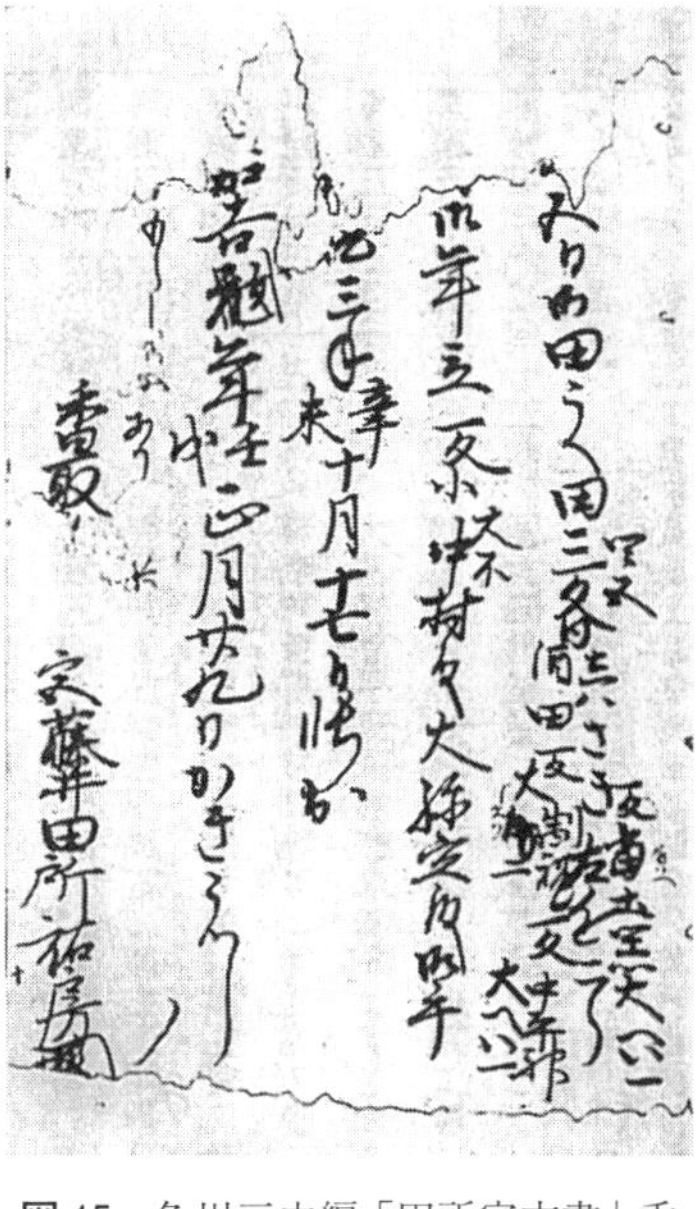

図 15　色川三中編「田所家文書」香取大神宮年中諸个祭立帳写末尾部分（静嘉堂文庫所蔵）

ある。「常在寺衆年代記」のなかにうかがえた、改元の翌年を「元二年」とする意識の存在が、文書の世界でも実証されたのである。

先の文書では元年を二年に訂正し、この文書では「元二年」と記載していたわけだが、それでは二年を「元年」とだけ書いた文書はないだろうか。もしも二年を「元年」と書いた文書を発見できれば、改元の翌年を「元年」と意識していたことの明証になる。

こう考えて香取社家文書中の「元年」文書の検討を開始したが、まず問題になるのは「元年」文書の干支記載が正しいかどうかである。「元年」とあるのに干支が二年のものであれば、二年でありながら「元年」と記載している証拠になる。そして捜索の結果、案主家文書のなかの一点を発見できた。

(端裏書)「畠の安もん　安主」

依有要用売渡申畠之状の事

合本銭壱貫文者

右、件之畠のつほハ、居やしきのうしろ西北東の山をそゑ候て、明年ひのとのうしの年より始候て、来候ハんかのとの卯の年之作まて、十五ケ作まて、うり渡申所実正

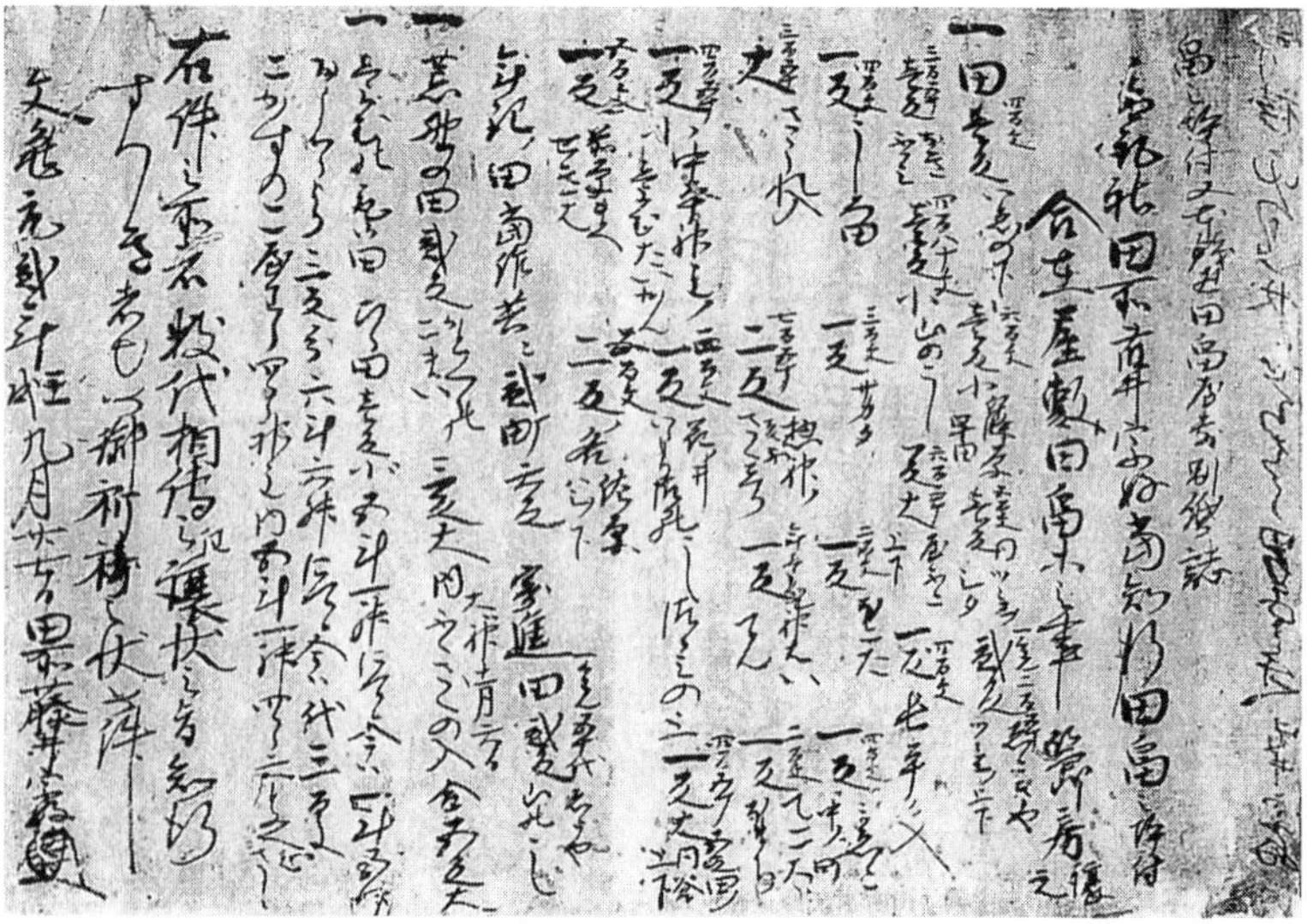

図16　「香取田所家文書」香取社田所藤井宗好譲状（(公財) 東洋文庫蔵）

也、若年紀より内ニうけかゑし申事候ハヽ、本銭一はいをもつて、うけ申へく候、たとゑ世間ニ御とくせいなり下候共、返申事あるましく候、但まんさう公事をちやうし候て、うりわたし申也、此ほか無沙汰候ハヽ、御方ニまかせて罪過をうけ可給候、仍為後日うりけんの状如件、

康正元年ひのゑの子十二月廿六日

売主下総国香取社佐原住人光房安主

案主家の光房が居屋敷のうしろの畠を一貫文で年期売りした時の売券である[4]。何の変哲もない文書だが、実をいうと「康正元年ひのゑの子」という記載に問題がある。康正元年（一四五五）は乙亥で、「ひのゑの子」すなわち丙子にあたるのは、翌年の康正二年なのである。

この文書が書かれたのは実際には康正二年丙子の十二月であるが、改元の翌年が元年であるという意識をもっていた筆者が、はしなくも「康正元年」と書いてしまったと考えたいところである。ただ「丙子」という干支の記載が必ず正しいという証拠もないから、康正元年のほうが正しく干支が誤りという可能性も皆無ではない。年号と干支のどちらが正しいかを判断する手がかりはないものだろうか。

ところでこの「康正」年号は、香取関係の文書にはあまり登場せず、しかもこの「康正元年」の文書以外はみな康正三年のものばかりである。康正三年の九月には長禄と改元されており、康正年号の時代が二年強にすぎないからともとれるが、実態はもっと複雑である。最近はようやく周知のこととなったが、ちょうどこの時代、関東においては古河公方足利成氏と関東管領上杉氏との戦いが展開しており、公方成氏とこれに従う武将たちは、京都の年号を使用せず、一貫して「享徳」の年号を用い続けたのである。そして香取関係の文書にも、多くの享徳年号が見出せるのである。

公方成氏と上杉氏の戦いが開始されたのは享徳四年（一四五五）のはじめからで、この年の七月に年号は「康正」

と改められている。しかし次に列記するように、香取の文書をみるとこの後もしばらく享徳年号を使用していたようなのである。

享徳四年十二月十三日　孫六田地売券（案主家文書）⑤
享徳五年四月二十一日　津宮村麦畠検注取帳案（案主家文書）⑥
享徳五年五月十二日　大畠村横宇麦畠検注取帳案（案主家文書）⑦
享徳五年五月十五日　新部村麦畠検注取帳案（案主家文書）⑧
享徳五年七月二十八日　相根村麦畠検注取帳断簡（案主家文書）⑨
享徳五年七月二十八日　相根村麦畠検注取帳案（案主家文書）⑩
享徳五年十一月十七日　大禰宜胤房寄進状写（新福寺文書）⑪
享徳五年十一月十七日　大禰宜胤房寄進状写（新福寺文書）⑫
康正三年五月十日　津宮村麦検注取帳案（案主家文書）⑬
康正三年五月十四日　大畠村横宇麦畠検注取帳案（案主家文書）⑭

この時期の文書を年月日順に並べるとこのようになるが、享徳五年（康正二年）の十一月頃までは享徳年号を使い、遅くとも翌年の五月には康正年号を使用していたように考えられる。もちろん香取関係の人々がみな一斉に享徳から康正に切り替えたかはわからないが、おおまかにはこのように推測することができよう。

このように当時の状況をとらえたうえで、先にみた「康正元年丙子十二月廿八日」の文書のことを想起したい。これを「康正元年」のもの（丙子は誤り）と考えると、前記した享徳四年十二月十三日の文書と、享徳五年四月二十一日の文書の間に入ることになるが、ここだけ「康正」年号の文書が入るのはやはり不自然である。一方この文書の干支（丙子）は正しいと判断し、「康正元年」は実は康正二年のことととると、康正二年十二月のこの文書は、享徳五年十一月の文書と康正三年五月の文書の間に入る。この時期はちょうど享徳から康正への切り替わりの時期にあたり、この文書が康正年号であることも別段不自然ではないのである。

あくまで状況証拠ではあるが、享徳年号から康正年号への推移の状況から判断しても、「康正元年丙子」の文書は康正二年丙子の時のものと考えるのが適当であろう。勝俣氏が示された改元の翌年を新年号のはじめとする意識は確実にあり、文書そのものにも「元年」と書いてしまい、訂正も加えないことがあったのである。

こうした事例は実をいうとまだある。大禰宜家の文書のなかに、江戸時代初頭の大禰宜から大宮司への上給年貢の納入を証明する証文がある[15]。これは寛永後半から正保にかけて一四年分が綴られたものであるが、その最後の年の分は次のようになっている。

　　申ノ御年具（貢）分
一　米弐百廿五俵　但本石三斗五升入、外弐升出目共、
　一　米四拾三表壱升　大宮司様渡ル
　　是前々よりノ大禰宜社役御神事入目十一ケ度御座候、社家・百姓立合、小日記有之、
　一　米弐拾九表三斗壱升八合　寺社渡ル
　　是前々より大禰宜つとむる社役御座候付而、寺社へ渡ル、手形有之、
　　　小以六拾三表三斗五升三合
一　残米百五拾弐表四升二合　但三斗七升入
　　此石五拾六石弐斗八升弐合
右金拾七両弐分　五百廿弐文　但壱両ニ付而三石弐斗かい
右通り隣郷あき人衆入札仕候へ者、左原助四郎札ニおち申候間、宮中社家・百姓立合、助四郎かたへ米相渡し、

金子請取、大宮司様へ相渡シ申候、以上、為後日仍如件、

宮中《みやなか》清三郎
長次郎
与十郎
勘三郎

正保元年酉九月十五日

大宮司様

これは「申ノ御年貢分」すなわち寛永二十一年（甲申）の分の年貢を大宮司に渡した証文だが、この日付の「正保元年酉九月十五日」という表記に問題がある。正保元年（一六四四）の干支は甲申で、翌年の正保二年（一六四五）が酉歳（乙酉）にあたるのである。

この場合は「酉」は正しく「正保元年」が誤りであることは明白である。この文書は「申」歳の年貢勘定の証文であるから、当然酉歳の作成であり、申歳（正保元年）九月に作成されるはずはない。また寛永が正保に改元されたのは十二月だから、この文書が正保元年九月のものである可能性はまったくないのである。

これは改元の翌年を「元年」と意識していたことを示す明証といえよう。こうした意識は中世だけでなく、近世になっても存在していたことが証明されたのである。

こう考えていくと、それでは干支記載のない「元年」の文書にも、実は「二年」のものがあるのではないかという疑念が生まれる。幕府や守護の発給するような文書ではあまり考えられないが、百姓の作成した売券や譲状などには、二年を「元年」と書いたものが相当数あるのではなかろうか。

ここで一つの手がかりになるのは改元の時期である。改元の情報が伝えられる時期（月日）より以前の月日記載のある「元年」の文書は、実は二年の文書である可能性が高いと判断できることになるが、こうした文書はないだろう

か。

そこで再び香取関係の「元年」文書を検討すると、とりあえず次のような文書をみつけることができる。

ひこ三郎やしきさういするによつて、こ二郎やしきをゆつられ申といへとも、ひこ三郎やしき本のことくかへり候ハヽ、こ二郎やしきおハかへし申へく候、くやくの事それにしたかうへく候、なお〳〵おき候て、このやしきニいき申ましく候、仍為後日あつしう状如件、

至徳元年二月　日

あつしよぬし香取いとにハ住人ひこ大郎（略押）

これは案主家の文書で、井戸庭の彦太郎という百姓が屋敷を返還した際の証文であるが⒃、この年月日記載「至徳元年二月日」に注目したい。至徳元年は永徳四年（一三八四）にあたるが、永徳から至徳への改元がなされたのは二月二十七日であった。したがって改元の情報が香取に届いたのは、早くみても三月のことと考えられ、二月に「至徳元年」と文書に記されるのは不自然である。確証はないが、おそらくこの文書が書かれたのは至徳二年二月であり、作成者の彦太郎が、改元の翌年だから元年だと思って「至徳元年」と書いてしまった可能性が高いのである。彦太郎はごく一般的な百姓（住人）であり、文書の内容も在地性の強いものであるから、在地の百姓の生活感覚が直接に反映してしまったものと考えることができるのである。

他に明確な事例を見出せないが、かつて偽文書あるいは後年の写と判断されていた、改元時期以前に新しい年号を記載している「元年」文書は、実はほとんど二年の文書であると考えることができよう。そして改元時期以後の月日をもつ「元年」文書も、すべてが「元年」のものとは限らず、とくに在地性の強い文書のなかには、「元年」とあっても実は二年である文書がかなりあるとみられるのである。

二　享徳年号の影響

古河公方足利成氏が、関東管領上杉氏と長年にわたって対立を続け、「享徳」の年号を用い続けたこと、そして香取関係の文書においても、康正二年（一四五六）の十一月頃までは享徳年号の使用がみられ（享徳五年）、この年の十二月から康正年号の文書がみえはじめることは前述した。

公方派と上杉派の戦いが開始されたのは享徳四年（一四五五）の正月であるが、千葉家でもこれに連動して大規模な分裂がおこり、この年の八月、上杉派の千葉介胤直が、公方派の千葉（馬加）康胤に敗れて滅亡する。七月に年号は康正と改元されていたが、香取の地において享徳年号を使い続けたのは、千葉家において公方派が優勢を占めた結果と考えられる。ところがこの後千葉実胤・自胤兄弟が康胤・輔胤父子に対抗し、京都から東常縁が下向して実胤らに協力したため形勢は逆転し、康正二年（享徳五年）十一月一日、千葉康胤は上総八幡で敗死してしまった。香取において康正年号が使用されるのはこの直後からだから、こうした情勢の転回によって香取地域が上杉派の勢力下に置かれ、その結果享徳年号にかわって康正年号が使用されたと考えることができよう。

この後香取関係の文書に享徳年号はほとんどみえなくなり、康正・長禄・寛正・文正・応仁・文明と京都の年号が使われるようになる。内乱状態は続き、千葉家の中心には公方派である千葉介家がいたが、香取の地は千葉介家とは異なる陣営に属していたと考えられるのである。

しかし香取の社家に残る文書を子細に検討すると、使用されなくなったはずの享徳年号が、香取の人々の意識のなかで生き続けていたことをうかがい知ることができる。まず新福寺文書にかつて存在した康正三年の文書（図17）をみてみたい。

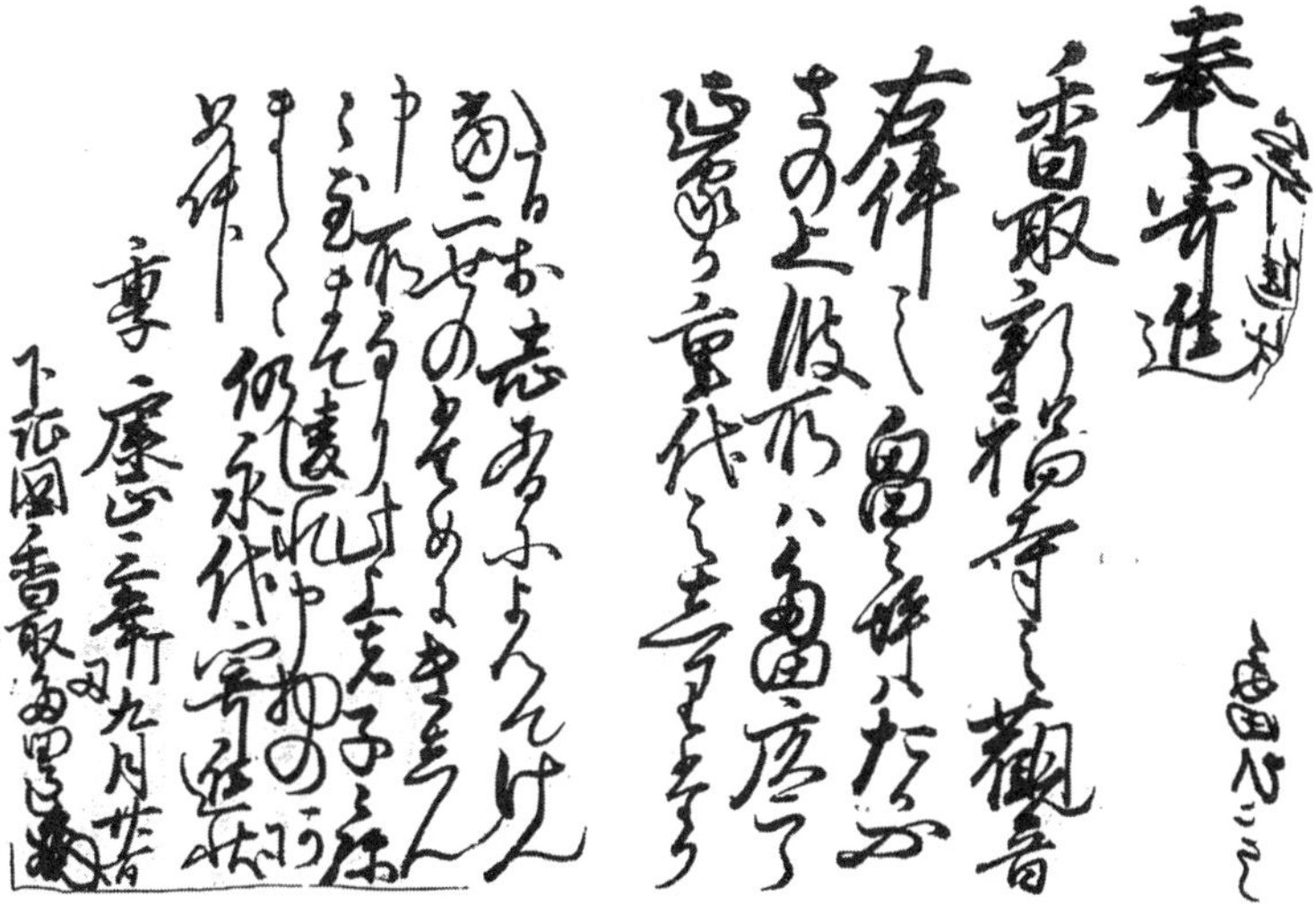

図 17　色川三中編「香取社新福寺文書」多田延家寄進状写（静嘉堂文庫所蔵）

これは色川三中が影写したもので、静嘉堂文庫に所蔵されている「香取社新福寺文書」のなかの一点であるが、[17]「康正三年丁丑九月廿一日」という年月日記載の上部に、なにやら字を消した痕跡があり、よくみると消された文字は「享」と読める。前述のようにこの前年（康正二年）の十一月までは享徳年号が使用されており、この文書が書かれたのは、享徳から康正への書き替えがなされて一年たたない時分である。もちろん確証はないが、この文書を作成した人物（多田延家か）は、昔のとおり「享徳」と書こうとし、「享」と書いたところで享徳ではなく康正だったと気づいて、あわてて「享」の字を墨で消し、その下に「康正三年」と書いたと考えられるのである。

政治情勢の転回によって「享徳」年号は使用できなくなったが、近隣の公方陣営では「享徳」年号を用い続けていたために、香取の人々もつい「享徳」と書いてしまったのであろう。これは変更直後の事例だが、図18にあげた次の例はもっとあとのものである。

この文書は東洋文庫所蔵の田所家文書の一点で、大禰宜大中臣胤房の宛行状であるが、[18]この年月日部分に注目して

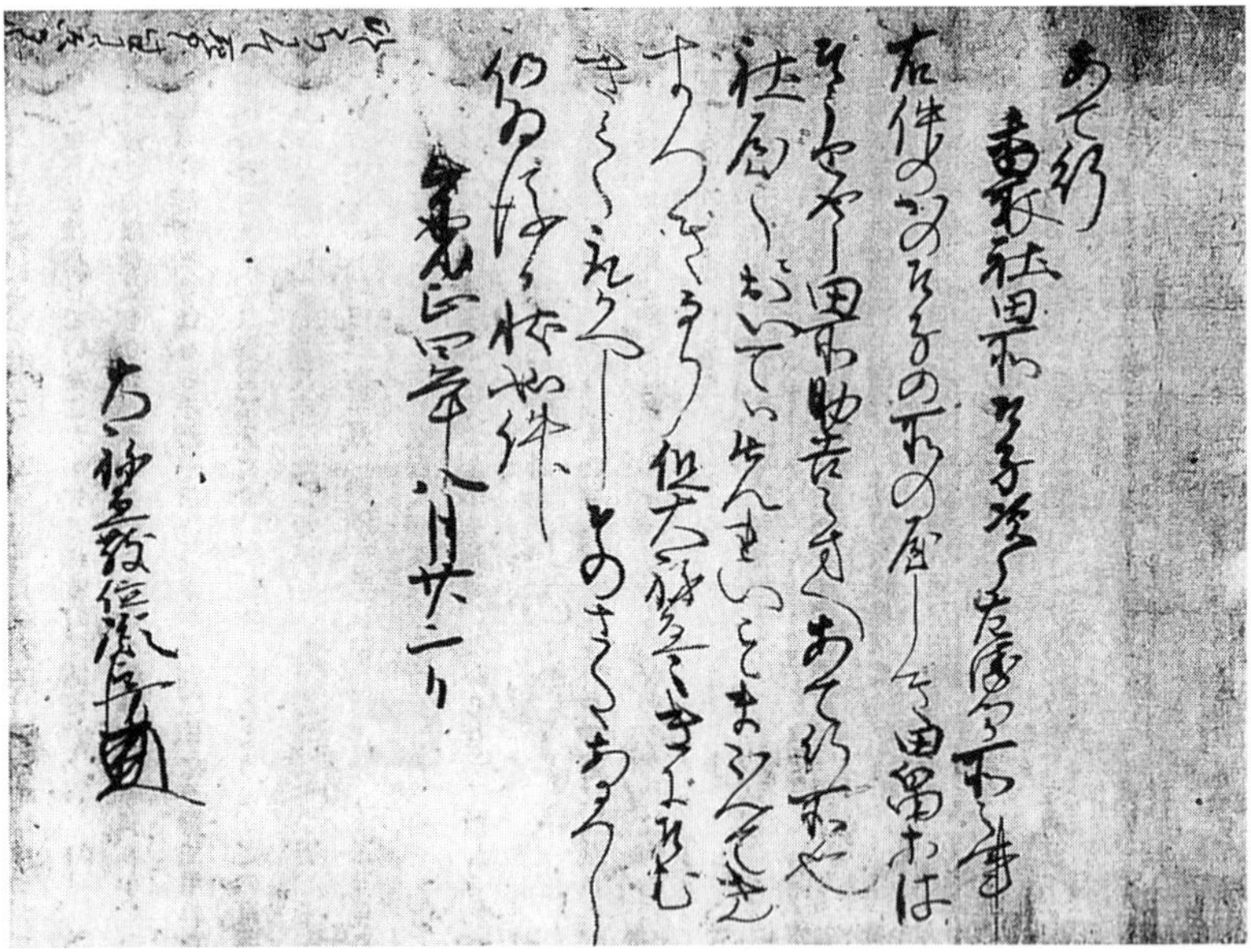

図 18　「香取田所家文書」香取社大禰宜大中臣胤房宛行状（(公財) 東洋文庫蔵）

ほしい。「くわん正四年八月廿一日」とあるが、よくみると「くわん」の三文字がかなり太く書かれており、その字の奥に細めの文字がみえる。この字はよく判読できないが、どうも「きやう」と書かれていたようである。

この文書の筆者は、まず「きやう」と書いて、そのあと誤りに気づき、上から「くわん」と書き直したのである。「くわん正」はもちろん「寛正」だが、「きやう」とは一体何を書こうとしていたのか。

すぐに想起されるのは、例の享徳年号である、享徳は普通「きやうとく」であるから、筆者の意識のなかには享徳年号があり、「きやうとく」「きやう徳」と書こうとしてまちがいに気づき、「くわん正」と改めたのではなかろうか。

公方陣営が享徳年号を使用し続けていた時代、下総・常陸一帯の過半は公方成氏派の勢力下にあり、千葉介孝胤も公方派の中核にいた。ただこの地域の大名たちの家中内部でも公方派と上杉派の対立が繰り広げられており、幕府や上杉氏の説得に従って公方派から離れる武士も多かった。こうした状況のなか、香取地域では京都の年号が使われており、一貫して上杉陣営に属していたと考えられるが、しかしその周辺には公方派が乱立しており、香取地域はその影響を常に被っていたのである。大中臣胤房が文書に享徳年号を書こうとした原因はわからないが、享徳年号が決して死滅せず、一定の影響力をもち続けたことをうかがうことができよう。

三　「延徳」年号をめぐって

室町後期から戦国にかけて、関東地方を中心にいくつかの私年号が使用されたことは、すでに周知のことであり、勝俣鎮夫氏はこれを一定の地域のみに流布したものとみて、「地域年号」と呼ぶことを提唱されている。香取の文書にも福徳・弥勒・永喜といった私年号（地域年号）の文書を見出すことができる。とりあえず列記すると次のようになろう。

福徳二年辛亥五月吉日　萱田地頭分麦畠検注取帳（録司代家文書[19]）
福徳二年辛亥五月吉日　津宮村下五殿分麦畠検注取帳（録司代家文書[20]）
福徳二年辛亥五月吉日　新部村大禰宜分麦畠検注取帳（録司代家文書[21]）
福徳二年辛亥五月吉日　大畠村横宇下五殿分麦畠検注取帳（録司代家文書[22]）
福徳二年辛亥五月吉日　大はし地頭分検注取帳写（物忌家文書[23]）
弥勒二年丁卯正月十九日　香取源三郎屋敷売券（録司代家文書[24]）
弥勒二年丁卯二月十三日　録司代慶満屋敷寄進状案（録司代家文書[25]）
永喜二年丁亥三月吉日　小林胤治証状（案主家文書[26]）

福徳二年辛亥は延徳三年（一四九一）、弥勒二年丁卯は永正四年（一五〇七）、永喜二年丁亥は大永七年（一五二七）

にあたる。香取地域においてもこうした年号が流布していたことが知られるのである。

ところがこのほかにもう一つ、きわめてやっかいな年号がある。その名は「延徳」。延徳年号はもちろん一四八九年から九二年にかけて用いられた一般的な年号だが、久保常晴氏によって指摘されたように、この京都の年号とは別に、東国でのみ流布した「延徳」年号も存在していた。そして香取の文書のなかにも、この私年号（地域年号）「延徳」がいくつか発見されるのである。このことはすでに久保氏が案主家や新福寺の文書をもとに指摘されているが(27)、香取関係文書の全体を展望しながら若干の検討を加えたい。

かつて検杖の職にあった要害家の文書は、現在香取神宮に所蔵されているが、文書は年次順に配列されている。そのうち延徳年号の文書を月日順に列記すると次のようになる。

延徳元年己酉十二月二十五日　直宗田地売券(28)
延徳二年壬午二月二十二日　七郎左衛門入道譲状(29)
延徳二年庚戌四月二十四日　某屋敷売券草案(30)
延徳二年壬午十二月七日　大禰宜胤房田地売券(31)

文書を一見しただけではわからないが、年号と干支の記載に注意すると、大きな問題があることに気づく。延徳二年の文書のうち、二通は「壬午」、一通は「庚戌」と、干支が全く違っているのである。京都の年号の「延徳」は、元年が「己酉」、二年が「庚戌」であるから、問題になるのは「壬午」の干支記載のある「延徳二年」の二通の文書ということになる。

この問題については、実をいうとあの色川三中が早くも気づき、注意を喚起している。彼が筆写した「香取検杖文書」のなかに、これらの文書の写もあるが、そこに三中の適切な注記があるのである。はじめの二月二十二日の文書には「按、延徳元己酉ナリ、壬午ナシ、イカ、アヤマルカ可考、四十一丁可考合」と細字で注記されており、延徳年間に壬午の年がないことを疑問に思っていたことがわかる。そして続く十二月七日の文書（これが「四十一丁」の文書である）の注記には「按、延徳二ハ庚戌ナリ、疑大永二壬午ナラン」と書かれている（図19）。三中は結局、干支は正しいだろうと判断し、この文書は延徳二年の後にはじめて登場する壬午の年、大永二年のものではないかと考えたのである。

年号と干支の違いに気づき、干支記載は信用して、この干支をもつ近くの年代のものと判断した色川三中の見識はさすがであるが、結果的にみれば彼は結論だけ誤ったことになる。すでに明らかにされているように、「延徳二年壬午」の年は、いわゆる延徳二年の次の壬午の年（大永二年）ではなく、延徳二年の前の壬午の年、つまり寛正三年壬午（一四六二年）のことだったのである。

こうして要害家文書の二点の「延徳二年」文書は、寛正三年のものであることが判明し

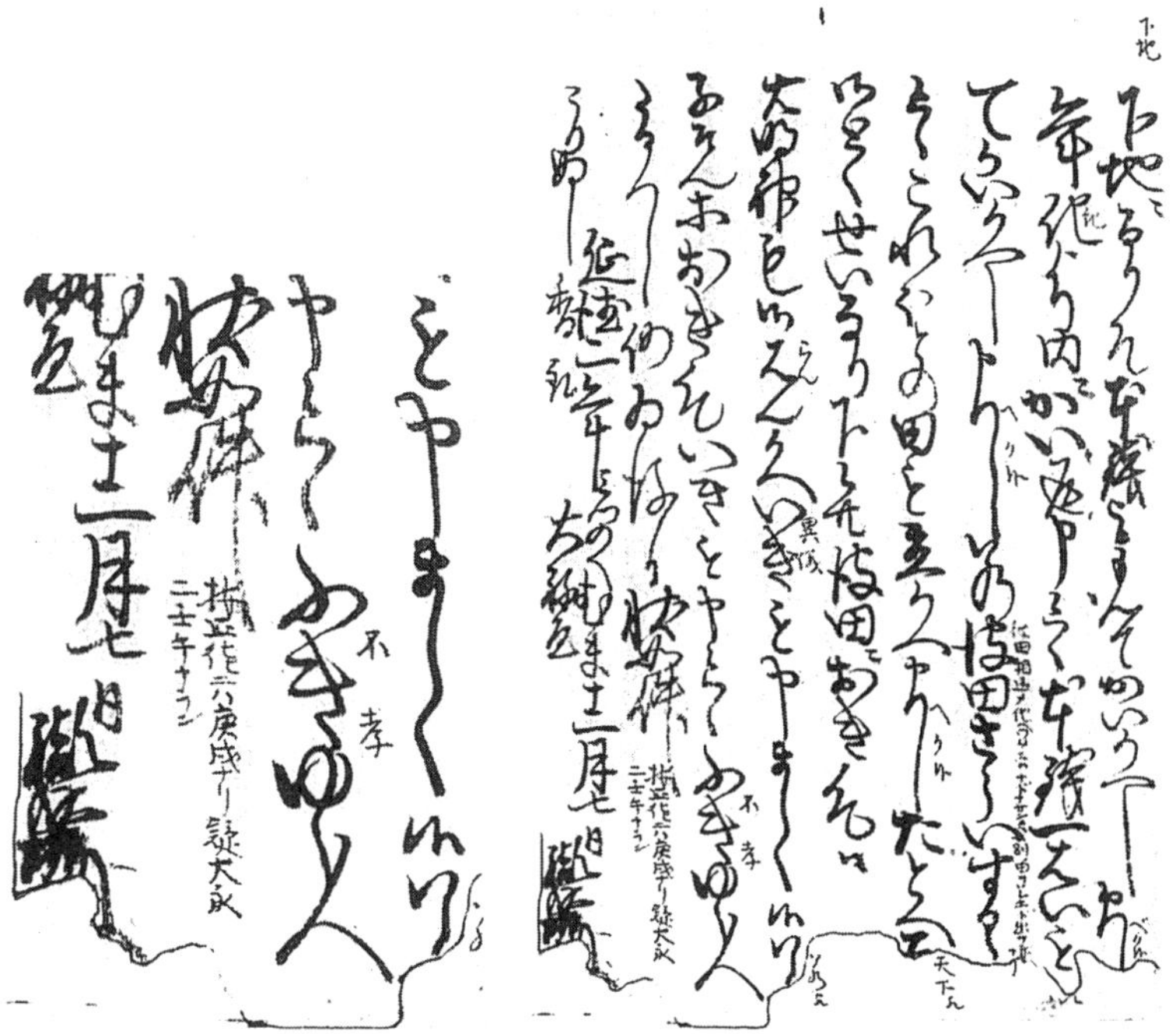

図19　色川三中編「香取検杖文書」香取社大禰宜大中臣胤房売券写　後半部分（静嘉堂文庫所蔵）　左は年記に関わる色川三中の注記部分の拡大

たのであるが、ここでこれ以外の文書に目を写すと、同じく私年号（地域年号）に「延徳二年壬午」の文書がまだあることがわかる。

延徳二年壬午五月六日　　新部村麦畠検注取帳（案主家文書）[32]
延徳二年壬午六月七日　　多田延家契状（新福寺文書）[33]
延徳二年壬午六月八日　　多田延家畠地安堵状（新福寺文書）[34]
延徳二年壬午九月十三日　佐原村司早田検注取帳断簡（案主家文書）[35]

今のところ壬午の年の文書は、みな「延徳二年」と記され、「寛正三年」と書かれたものはみつからない。そして翌年になると「寛正四年」と記されるようになる。どうもこの延徳年号はこの一年間に限って使用されたようにとりあえずは考えられるのである。

しかしこの延徳年号は二年で終ってしまったのではなく、しばらくその存在を保ち続けていたらしい。こう考える根拠は次の文書である。

（端裏書）「田うりけん状」
　よう〳〵あるに仍田の状の事
　　合ゑいたいにうりわたす□
右、件の田のつほわ、くみか□したかわおまたいて大、うりわたし候、田のふし処ひさかわしたなり、もしふさた候ハヽ、かの状をさきとして、めされ候ハんニ、いらんあるましく候、仍為後日しゆもんの状如件、
　延徳五年乙酉十月二日　　つのみやけんへいし
下総国香取郡いとにわ弥二郎の方へ

これは案主家の文書で、津宮の検非違使某が、井戸庭の弥二郎に田を売った時の証文であるが[36]、注目すべきは「延

徳五年乙酉十月二日」という年次記載である。いわゆる延徳年号は、延徳四年（一四九二）七月に明応と改元されており、延徳五年はない。ただ改元以後も前の年号を使うこともあるので、これは明応二年（一四九三）のものと考えることもできよう。ただこの年の干支は「癸丑」であって「乙酉」ではないのである。

それでは「延徳五年乙酉」とはいつか。ここで前述した「延徳二年壬午」を想起すると、壬午の年の三年後は乙酉であることに気づく。つまりこの「延徳五年乙酉」は、一般の延徳年号ではなく、前記した私年号の「延徳」年号だったのである。そして「延徳五年乙酉」は京都の年号でいえば寛正六年にあたるのである。

香取関係文書には多くの「寛正六年」の文書があり、「延徳五年乙酉」とあるのはこの一点だけである。香取の神官や百姓のほとんどは寛正年号を使用していたわけだが、一時期広く用いられた延徳年号は、その後もしばらく人々の意識の上に存在しつづけ、このような形で表面化することもあったのである。

おわりに

香取神宮の社家に伝来された文書から、中世人の年号意識の実態に迫る作業を、三点にわたって試みてみたが、香取の文書が中世の地域社会の実態を克明に映し出す稀有な文書群であることが、あらためて実感できる。

考察の結果については各所で述べたので繰り返さないが、冒頭で紹介した勝俣鎮夫氏の研究との関わりのみ最後に記しておきたい。本章の問題視角は勝俣氏の示唆的な研究を引き継いだものであり、改元の翌年を新年号のはじめの年とする意識が広がっていたという氏の指摘を、文書の分析によって裏付けたものとみることができる。

ただ子細に勝俣氏の論文を読むと、氏は改元の翌年の「二年」から新年号を使う場合が多いと指摘されており、この年が「元年」とも意識されたとは述べられていないようである。しかし香取の文書をみると、改元の翌年を「元年」

と表記したものが見当たるわけで、改元の翌年から新年号がはじまると考えた地域の人々が、ごく自然にこの年を「元年」と表記することもありえたことがわかるのである。

田所家の文書にみられる「文亀元二年」という表記は、改元の翌年が「元二年」と認識されていたことを示すと、とりあえず考えたい。勝俣氏は「常在寺衆年代記」にみえる「延徳元二開元庚戌」という年次記載を理解するにあたり、「編者が改元によって、その年（干支）も変わると考えていたこと、およびそれによって生じた干支と年次のくい違いを修正する編集上の操作によるものである」と指摘されたが、田所家の文書の場合は、当時の人々が改元の翌年をまさに「元二年」と意識していたため起きた年次表記と考えられる。そして軽率の誹りを恐れずいうと、勝俣氏が着目された「延徳元二」「享禄二元年己丑」という「常在寺衆年代記」の年次記載も、改元による年次（干支）の変化や、編者の修正作業によると考えるより、現実に改元の翌年を「元二年」と呼ぶ世界が存在していたことの現れとみるほうが自然なのではないかとも思えるのである。

改元の翌年を「元年」ととらえる意識は、前述のように近世前期にもあったようであり、中世に限らない問題の広がりをみせる。時代を超えて存在した地域住民の意識を知るうえでも、香取の古文書の存在価値はまことに大きいのである。

注

（1）勝俣鎮夫『戦国時代論』（一九九六年、岩波書店）。
（2）「香取田所家文書」四五号（『千葉県の歴史』資料編・中世2〈以下『県史』と表記〉二八八〜二九一頁）。
（3）「同右」五六号（『県史』二九五〜二九六頁）。
（4）「旧案主家文書」一五二号（『千葉県史料』中世篇・香取文書〈以下『県史料』と表記〉三九二〜三九三頁）。

(5)「同右」一五一号(『県史料』三九二頁)。
(6)「同右」一五三号(『県史料』三九三頁)。
(7)「同右」一五四号(『県史料』三九三～三九四頁)。
(8)「同右」一五五号(『県史料』三九四頁)。
(9)「同右」一五六号(『県史料』三九四～三九五頁)。
(10)「同右」一五七号(『県史料』三九五～三九六頁)。
(11)「新福寺文書」一一号(『県史』九二一～九二二頁)。
(12)「同右」一二号(『県史』九二二頁)。
(13)「旧案主家文書」一五八号(『県史料』三九六頁)。
(14)「同右」一五九号(『県史料』三九七～三九八頁)。
(15)「旧大禰宜家文書」三〇九号(『県史料』一九二～一九九頁)。
(16)「旧案主家文書」二四号(『県史料』三三四頁)。
(17)「新福寺文書」一三号(『県史』九二三頁)。
(18)「香取田所家文書」四六号(『県史』二九二頁)。
(19)「旧録司代家文書」七二号(『県史料』二四六～二四七頁)。
(20)「同右」七三号(『県史料』二四七頁)。
(21)「同右」七四号(『県史料』二四七～二四八頁)。
(22)「同右」七五号(『県史料』二四八頁)。
(23)「香取物忌家文書」一一号(『県史』四九五～四九六頁)。
(24)「旧録司代家文書」一〇五号(『県史料』二六〇頁)。
(25)「同右」一〇六号(『県史料』二六〇～二六一頁)。

(26)「旧案主家文書」二三二号（『県史料』四二六頁）。
(27)久保常晴『日本私年号の研究』（吉川弘文館、一九六七年）二八四〜二九二頁。
(28)「香取要害家文書」九六号（『県史』五五二頁）。
(29)「同右」六六号（『県史』五三九頁）。
(30)「同右」九七号（『県史』五五二頁）。
(31)「同右」六七号（『県史』五四〇頁）。
(32)「旧案主家文書」二一九号（『県史料』四二〇〜四二一頁）。
(33)「旧新福寺文書」一三号（『県史料』五三五頁）。
(34)「同右」一四号（『県史料』五三五〜五三六頁）。
(35)「旧案主家文書」二二〇号（『県史料』四二一頁）。
(36)「同右」二二二号（『県史料』四二二頁）。

付論　真壁氏の家臣団について

在地領主制の研究が活発さを失ってかなりの年月がたつ。まだ過去を振り返る歳ではないが、私が大学で研究らしいことをはじめた一五年前は、まだ領主制の研究が中世史研究の中核にあったたし、中世関東の武士たちの系譜と領主としての活動を追う研究はそれなりの位置を占めていた。そして私がはじめて参加した学内の日本中世史の自主ゼミは、常陸の真壁長岡文書を読む会だった。

当時はまだ長岡古宇田文書は一般には知られておらず、史料編纂所にある「真壁長岡文書小解」という写本しか手に入らなかったが、これを読みながら中世の在地領主の世界を解き明かそうとしていた。また真壁の高久（中世の竹来郷）と長岡にはみんなで出向いて水田や寺社の調査もした。文書の読解と現地調査によって、在地領主の実態を探るという研究視角と方法が生きていたのであり、そうした研究をするうえで真壁の地は絶好の素材だったのである。

その後真壁では町史の編纂が進められ、その過程で長岡古宇田文書が発見され、真壁文書と長岡古宇田文書は『真壁町史料』に写真つきで収録された。糸賀茂男氏や小森正明氏によって研究も進められており、一五年前と比べて研究の環境は格段に整備されている。しかし日本中世史の学界全体をみると、在地領主制の研究はこの間大きく進展したとはいいがたく、領主支配の実態はまだよくわからない状態にある。

真壁文書や古宇田文書を読み込むことで、何か新鮮な研究ができないものか。まだまとまった構想があるわけではないが、真壁文書には真壁の家臣のことがかなり書かれており、この家臣の問題を突破口とすることはできるかもしれない。従来の領主制の研究は在地領主当人か一族のみに注目し、数多い家臣たちへの言及は少なかった。しかし彼ら家臣たちこそ領主支配の担い手で百姓と直接あい対する存在であり、家臣の研究は今後の在地領主研究の最も重要な課題であるように思うのである。そこでここでは真壁の家臣について若干の思いつきを述べることにしたい。

周知のように真壁氏は常陸大掾の一族で、真壁の本宗家は若干の出入りはあるが山宇・窪・田村・伊佐々・亀隈・小幡・飯田・大曾根・竹来といった郷の地頭職をもっていた。そして庶子家の長岡・白井・飯塚・本木・安部田氏は、それぞれ一郷ずつをもち、その郷の名を名字としていた。鎌倉期の真壁氏の支配は真壁本宗家と庶子家によってなされており、南北朝内乱も乗り切って、真壁氏は独立した国人として勢力を保った。

しかし上杉禅秀の乱のあと、真壁秀幹は鎌倉公方足利持氏の攻撃の対象となり、応永三十年についに真壁城を落とされて逃亡した。こうして真壁氏は最大の危機に直面した。

真壁秀幹には慶幹という子がいたが、彼は間もなく行方をくらまし、真壁氏の正統な継承者が誰かが問題になった。ここで浮上したのが秀幹の甥にあたる朝幹と、秀幹の庶子という氏幹である。朝幹側の主張によれば、この氏幹は秀幹の実子ではなく、秀幹の妻の連れ子であったという。この二人のうち機先を制したのは朝幹で、彼は真壁氏相伝の文書を提出して持氏に訴え、公方の御料所となっていた真壁の地を預かるという形で真壁氏の復権を実現した。

しかしまもなく永享の乱がおき持氏が滅亡すると、真壁氏幹は自ら当主たらんとして幕府に訴えた。こうして真壁氏を二分する内紛がおきたのである。

この時の内紛に関わる史料は①永享十一年四月日づけの朝幹の代官皆河綱宗の申状、②六月十四日づけの氏幹方の一族家臣の連署起請文、③六月日づけの皆河綱宗の申状の三点である。まず②の氏幹方の起請文に注目したいが、これは「真壁親類家人等謹言上」とはじまり、氏幹が正当な相続人であると主張したもので、連署者は皆河法観・河田法栄・長岡広幹・白井貞幹・飯塚重幹・本木家幹・白井師幹の七人である。

この七人は並んで署名しているが、よくみると最初の皆河と河田は名前の高さが低く、あとの五人とは身分が異なると考えられる。そしてうしろの五人は名前に幹がつくことからわかるように真壁の一族である。冒頭に「真壁親族家人」とあることからみても、七人のうち長岡・白井・飯塚・本木・白井の五人が真壁一族（親類）、皆河と河田が家臣（家人）とみてよかろう。

ここにみられる一族・家臣が氏幹方の首脳であるが、一方の朝幹方はどうか。①・③の申状を書いた皆河左衛門尉綱宗は氏幹方の皆河法観と同族であり、真壁とは異姓の家臣といえる。彼は幕府に対する訴訟を担っており、朝幹方の中核にいたと考えられる。また③の申状に名がみえる竹来左衛門入道・河田伊豆入道は朝幹方であった可能性が高い。綱宗の主張によれば、真壁氏の相伝文書を所持し、それを朝幹のもとに届けたのがこの両名であった。

氏幹側は文書を家人に預けたところ朝幹方が奪い取ったといい、朝幹方は家人がもってきたと主張しているが、いずれも真壁の文書が家人に預けられたという点では一致している。したがってこの二人は真壁の家人とみてよかろう。そして確証はないが、文書を朝幹に渡したという行為から考えて、この二人は内紛の時は朝幹方にいたと推測できる。

このようにこの内紛は真壁の一族・家臣を二分したものであった。氏幹方には長岡・白井・本木・飯塚といった庶子家と、皆河法観・河田法栄という家人が加わり、朝幹方には家人の皆河綱宗・河田伊豆入道・竹来左衛門入道がいたと推測される。朝幹方の全貌がわからないので即言できないが、長岡・白井・本木・飯塚は当時の庶子家のほとんどであり（安部田氏はそれ以前に没落している）、真壁の庶子家はほぼ一致して氏幹方についたといえる。そして一方の朝幹方の主力は家人層で占められていたと考えられる。あくまでおおまかな傾向であるが、氏幹方と朝幹方の対立は、真壁の一族と家人層の対立ととらえることもできよう。

この内紛は結局朝幹方の勝利に終わる。そして真壁博氏所蔵の真壁氏の系図によれば、この時氏幹にくみした長岡・白井・飯塚・本木らはみな滅ぼされたという。これが事実かは確認できないが、内紛の結果多くの一族が没落したことは確からしい。そして一族の没落によって、真壁朝幹を中心とする真壁家の運営は、真壁とは異姓の家人によってなされることになったのである。

内紛から二七年たった寛正七年三月二十六日、真壁朝幹は自らの菩提所の新光寺の経営などを命じた置文を二通残した。

一つは①「掃部助殿・小三郎殿・宿老中」にあてられ、もう一通は②「光明寺・小幡殿・坂本殿・飯田殿・小倉殿・皆河殿」を宛所とし、そのあとに「其外面々憑入存候」と書かれている。①は掃部助（尚幹）と小三郎という二人の子息とともに「宿老中」にもあてられており、宿老の地位をうかがうことができるが、それをより強烈に示すのが②の置文である。ここに宛名としてみえる小幡・坂本・飯田・小倉・皆河はみな真壁の重臣であり、「其外面々」とはそれ以外の家臣を指す。

つまりこの置文は当主から家臣団にあてて出されたものなのである。そしてこの置文で朝幹は「寛正七年三月二十六日ニ申置候事共（①の置文）」「掃部助方へ申候事共」「後家分として譲候証文」といった文書を家臣団に預けるから、よく読んで新光寺の経営をし、後家分についても文書の通りに取り計らってほしいと頼み、「何事も頼み入申候、宿老中御談合候て新光寺之事をハ菩提所と成候て給へく候」と結んでいる。年老いた朝幹は菩提寺を建て、妻への所領譲与をするにあたって、関係文書をみな宿老に預け、すべてのことを宿老に頼んだのである。当時の真壁家の運営が宿老中の活動によってなされていたことが、この置文から明確にうかがえる。

永享十一年の真壁氏の内紛は、真壁氏の内部構造を決定的に変えた。一族を中心とした体制は解体し、真壁家の運営は異姓の家臣たちによってなされるようになったのである。

それではこうした異姓の家臣たちはどういう存在で、その出自はどこに求めればよいか。これがなかなか難問である。ただ一つ注目したいのは、真壁にある郷名を名乗る家臣がいることである。永享の内紛の時に活動した竹来左衛門入道や、寛正七年の置文にみえる小幡・飯田がそれである。こうした郷名を姓にもつ武士は一般的にはその郷の地頭職をもつ在地領主と考えられてきた。

しかしこの竹来・小幡・飯田はみな真壁本宗家の所領であり、郷の名をもつといっても彼らは地頭ではない。むしろ竹来が家人として活動し、小幡や飯田が宿老中の一員であることからみて、彼らは真壁とは同族ではない家人ととらえるのが適当であろう。証拠はないが、彼らはその郷に本拠をもつ侍で、真壁本宗家の所領を管理していたのではないか。ひょっとすると彼らは真壁氏がこの地に入部する以前から土着していた有力百姓で、真壁と主従関係を結んで被官となったのではないか。そんなふうに考えている。ことに竹来郷は平民名があったことで著名であり、竹来左衛門入道はこの平民名の名主の流れではないか、といった楽しい想像を巡らすこともできる。

真壁氏の文書からその家臣について思うところを述べてみた。まだまだ新しい発見をひきだすことができそうな「真壁文書」や「長岡古宇田文書」が『茨城県史料』に収録される日を心待ちにしている。

あとがき

卒業論文で南北朝・室町期の関東をテーマに選んだのはなぜだったが、記憶は定かでないが、『神奈川県史』資料編3（古代・中世3上）との出会いが重要なきっかけだったことはまちがいない。もともと戦国大名に関心があって、小田原の北条氏について研究してみようかと、漠然と考えていた。ちょうど神奈川県で県史編纂が進んでいて、戦国時代を対象とした「資料編3（古代・中世3下）」がもうすぐ刊行されるという情報を得ていた。この本には北条氏関係の史料がまとめて収められるらしいから、すぐにこれを使って研究すれば、何か新しいことがいえるだろうと思ったわけである。ところがこうした甘い見込みは突然のアクシデントによって見事に打ち砕かれる。「資料編3（古代・中世3下）」の刊行が一年先延ばしになり、卒論執筆に間に合わなくなってしまったのである。

北条氏のことを研究するのはすぐには難しいということになって、呆然としながら図書室の書棚をながめていたところ、目に入ってきたのが、待ち望んだ史料集が置かれるはずの場所の隣にあった「資料編3（古代・中世3上）」だった。この本には南北朝・室町期の史料が収められていて、鎌倉府の史料はほとんど網羅されていた。パラパラとながめているうちに、べつに戦国時代にこだわる必要もないので、目の前に存在するこの史料集を読み込めばなんとかなるかもしれないという気分になったのである。早速県庁に出向いて本を手に入れ、史料を読みはじめたが、ちょうど関東の各県で県史編纂が進んでいた時期で、『茨城県史料』『栃木県史』『群馬県史』といった史料集も刊行されており、史料に容易に触れられる環境にあったこともありがたかった。『神奈川県史』をはじめとする史料集をよりどころとしながら、なんとか鎌倉府に関わる卒論をまとめたのが一九八一年、在地社会の問題も含めて歴史学研究会の大会報告を行なったのがその一〇年後で、一九九五年にようやく論文集をまとめた。

室町期の関東に関わる研究は続けていくつもりだが、とりあえず現段階の成果をまとめておくことが必要だと思い、このタイミングで論文集を出したわけだが、研究に一区切りをつけた形になり、このあとは新たなテーマや切り口に関心が移っていった。ただ千葉県史・横須賀市史・三和町史といった自治体史編纂に参加させていただいていたこともあって、関東にかかわる研究論文も細々ながら書き続けることになった。歴研大会の報告で簡単にふれた鶴岡八幡宮領と日光山領の代官や百姓の動きについて具体的に示す作業が宿題として残されていたが、前者については著書を出してまもなく論文にまとめ（「上総佐坪にみる室町期の在地社会」）、後者についても最近になってようやく詳細な論文で示すことができた（「宇塚道慶の活躍」）。論文集をまとめないかとのお誘いは以前からあったが、ようやく宿題を果たしたので、そろそろ実行に移してもいいかと思い立ち、同成社の山田隆氏のご尽力によって、なんとか第二論文集をまとめあげることができた。

これまで書きためてきた論文のうち、前著に未掲載のものを収録するという形をとっているので、全体をまとめる論旨や主張がとくにあるわけではないが、今読み直してみると、自分がどのようなことを考えてきたのか、かすかにみえてくるような気もしなくはない。とりあえず思いつく点を三つあげたい。

最初は「鎌倉」「鎌倉府」というテーマについてである。鎌倉時代には鎌倉に幕府が置かれていたので、この時代の鎌倉についてはよく知られているが、室町時代になると政治の中心が京都に移り、鎌倉と関東のことはあまり話題にされない。第Ⅰ部第一章に収めた「室町時代の鎌倉」は、こうした有名でない時代の鎌倉と、統治者である鎌倉府について、少しでも知ってほしいという意図のもとにまとめられた論考であるが、室町時代の鎌倉と鎌倉府をもっと有名にしたいという願いは、一貫してもち続けてきた。今では鎌倉府に関わる研究論文もかなり増え、往時に比べればメジャーな存在になったが、まだ一般に認知されるところまではいっていないような気がするのである。

二つ目は「地域社会」についての関心である。卒論を書いていた当時、「地域史」という研究テーマがようやくとりあげられ、学界でも話題になっていた。もともと新潟県の田舎の出身だったこともあって、京都のような中心都市ではなく、ごくふつうの地域の歴史を解明してみたいという指向性をもっていたし、さまざまな自治体史の編纂に参加するなかで、地域の歴史をまとめる機会を与えていただいた。「地域史」というと、狭い空間を扱ったものにすぎないという印象もあろうが、対象とする地域を限定することによって、政治や経済、宗教や文化といったさまざまな側面をまとめてとりあげ、歴史を全体的に把握することが可能になるというメリットがある。残された史料をもとに地域の歴史を解き明かし、その地域の特質を考えてみるという作業は、地味だけれども重要ではないかと今でも考えている。

三つ目は、前記した地域の問題とも関わるが、支配権力ではなく、それぞれの地域に生きたふつうの人々のありようを、具体的に明らかにしたいという欲求である。「百姓」とよばれた一般民衆のことについては、史料が乏しくなかなかわからないが、支配する側が残した史料も活用することによって、なんとか実像に迫ることができないものか。こうした問題関心のもと、鶴岡八幡宮領や日光山領に関わる史料を分析して、所領の支配にあたった「代官」と、地域の百姓の動きの一端に光を当ててみた。確実なイメージはまだ結べないが、史料をもとに室町期の郷村と百姓の動きをみてみると、郷村でまとめて年貢を上納するような、「村請」に相当するシステムはまだ作られておらず、百姓がそれぞれ個別に領主とつながっているような印象を受ける。中世から近世に至る長い時代の民衆の歴史を段階的に跡づけることはなかなか難しいが、室町期の百姓の存在形態はのちの時代とはかなり違うような気がしてならないのである。

卒論を書いていた頃、室町期の関東という研究対象はいまだマイナーで、フロンティア気分に浸りながら研究をしていたが、三十余年を経るなかで研究も蓄積され、鎌倉府もそれなりに有名になった。本書収載の論考の多くは、かなり前に書いたものなので、現在では時代遅れのふしもあろうが、ここでまとめておくのも何かの意味があると思い、一書にまとめた次第である。研究のいっそうの進展を祈念しつつ、「あとがき」の筆を擱きたい。

二〇一四年九月

山田邦明

鎌倉府《かまくらふ》と地域社会《ちいきしゃかい》

■著者略歴■

山田邦明（やまだ　くにあき）

1957年　新潟県に生まれる

1984年　東京大学大学院博士課程中退

現　在　愛知大学文学部教授

主要著書

『鎌倉府と関東』校倉書房、1995年。『戦国のコミュニケーション』吉川弘文館、2002年。『戦国の活力』小学館、2008年。『室町の平和』吉川弘文館、2009年。『乱世から統一へ』小学館、2011年。『日本史のなかの戦国時代』山川出版社、2013年など。

2014年10月25日発行

著　者　山田邦明

発行者　山脇洋亮

印　刷　三報社印刷㈱

製　本　協栄製本㈱

発行所　東京都千代田区飯田橋4-4-8（〒102-0072）東京中央ビル　㈱同成社

TEL 03-3239-1467　振替 00140-0-20618

ISBN978-4-88621-681-6 C3321

同成社中世史選書（表示金額は本体価格）

①日本荘園史の研究　阿部　猛著・三二八頁・七五〇〇円
②荘園の歴史地理的世界　中野栄夫著・四一〇頁・九〇〇〇円
③五山と中世の社会　竹田和夫著・二八〇頁・六〇〇〇円
④中世の支配と民衆　阿部　猛編・三〇六頁・七〇〇〇円
⑤香取文書と中世の東国　鈴木哲雄著・三七〇頁・六〇〇〇円
⑥日本中近世移行論　池　享著・三三〇頁・七三五〇円
⑦戦国期の流通と地域社会　鈴木敦子著・三三八頁・八〇〇〇円
⑧中世後期の在地社会と荘園制　福嶋紀子著・三二二頁・七〇〇〇円
⑨紀伊国桛《かせ》田荘　海津一朗編・三一〇頁・六五〇〇円
⑩中世社会史への道標　阿部　猛著・三三六頁・七五〇〇円
⑪初期鎌倉政権の政治史　木村茂光著・二四二頁・五七〇〇円
⑫応仁の乱と在地社会　酒井紀美著・二七四頁・六八〇〇円
⑬中世都市根来寺と紀州惣国　海津一朗編・三六八頁・七三〇〇円
⑭室町期大名権力論　藤井　崇著・三七八頁・八〇〇〇円
⑮日本中世の学問と教育　菅原正子著・二五〇頁・六〇〇〇円